BAEDEKER SMART

Vancouver

und die kanadischen Rockies

Verlag Karl Baedeker – www.baedeker.com

Wie funktioniert der Reiseführer?

Wir präsentieren Ihnen Vancouvers Sehenswürdigkeiten und die der kanadischen Rockies in fünf Kapiteln. Jedem Kapitel ist eine *spezielle Farbe* zugeordnet.

Um Ihnen die Reiseplanung zu erleichtern, haben wir alle wichtigen Sehenswürdigkeiten jedes Kapitels in drei Rubriken gegliedert: Einzigartige Sehenswürdigkeiten und Reiseziele sind in der Liste der *TOP 10* zusammengefasst und zusätzlich mit zwei Baedeker Sternen gekennzeichnet. Ebenfalls bedeutend, wenngleich nicht einzigartig, sind die Sehenswürdigkeiten der Rubrik *Nicht verpassen!* Eine Auswahl weiterer interessanter Ziele birgt die Rubrik *Nach Lust und Laune!*

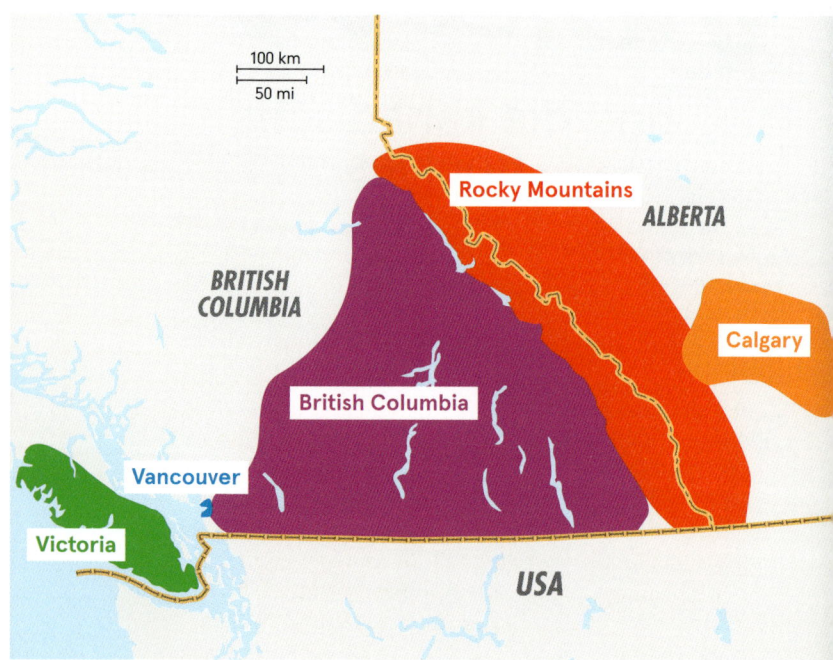

Calgary

Spaziergänge & Touren

Praktische Informationen

Anhang

Magische Momente

Kommen Sie zur rechten Zeit an den richtigen Ort
und erleben Sie Unvergessliches.

Die Rocky Mountains mit ihren schneebedeckten Gipfeln, klaren Bergseen (Lake Louise) und dichten Wäldern laden zur Erkundung ein.

Der Blick zur Skyline von Vancouver (hier vom Stanley Park aus) ist immer wieder imposant.

Praktische Informationen

Was vor der Reise wichtig ist, welche Verkehrsmittel man nutzen sollte und viele weitere Infos finden Sie hier.

Seite 198–214

VOR DER REISE

Tourist-Information

Vancouver TouristInfo Centre
Waterfront Centre, Suite 210, 200 Burrard
Street, Ecke Canada Place Way,
Tel. 604 683 2000 oder 1 800 663 6000,
www.tourismvancouver.com,
tägl. 8.30–18 Uhr.
Pläne und Broschüren, Karten für Ausflüge
und Veranstaltungen, Fahrpläne der öffentlichen Verkehrsmittel. Zimmervermitt-
ung.

Victoria Visitor Center
812 Wharf Street, Tel. 250 953 2033,
Tel. 1 800 663 3883, www.tourismvictoria.
com, Mai–Sept. tägl. 8.30–18.30 Uhr, Okt. bis
April 9–17 Uhr.
Pläne und Broschüren, Veranstaltungska-
lender, Zimmervermittlung.

Victoria International Airport
Tel. 250 9 53 75 00; www.victoriaairport.
com.

Visit Calgary
200, 238–11 Ave. SE, Tel. 403 263 8510,
1 800 661 1678, www.visitcalgary.com,
tägl. 8–17 Uhr.

Calgary International Airport
Tel. 1 800 6 41 39 58, www.yyc.com

Websites

www.hellobc.de
Reise- und Zielgebietinfos, Routenvor-
schläge, Hotelverzeichnisse und Aktivitäten auf Deutsch über British Columbia.

www.vancouverisland.travel
Visuell ansprechende, informative Seite
über Vancouver Island.

https://tourismtofino.com/
Alles rund um Tofino auf der offizielle Seite
von Tourism Tofino.

www.hellobc.com/thompson-okanagan
Reise- und Zielgebiet-Infos, Routentipps,
Hotel- und Restaurantverzeichnisse der
Region Thompson Okanagan.

www.kootenayrockies.com
Inspirierende, umfassende Online-Präsenz
der Region Kootenay Rockies.

www.banfflakelouise.com
Kompletter offizieller Online-Führer über
Banff und Lake Louise.

www.jasper.travel
Alles über Jasper.

www.pc.gc.ca/en
Die offizielle Seite von Parks Canada verlinkt
zu den Nationalparks.

www.env.gov.bc.ca/bcparks
Die offizielle Seite von BC Parks verlinkt zu
den Provinzparks in diesem Band.

www.albertaparks.ca
Die offizielle Seite von Alberta Parks verlinkt zu den Provinzparks in diesem Band.

Botschaften

Generalkonsulat Deutschland
Tel. 604 6 84 83 77,
www.kanada.diplo.de,
WTC, 999 Canada Place
Vancouver, V6C 3E1

Generalkonsulat Österreich
Tel. 604 6 87 33 38
www.bmeia.gv.at
595 Howe Street, Vancouver,
V6C 2T5

Generalkonsulat Schweiz
Tel. 604 6 84 22 31,
www.eda.admin.ch/vancouver
WTC, 999 Canada Place
Vancouver, V6C 3E1

Elektrizität

Die Stromspannung beträgt 110/120 Volt
(60 Hz). In der Regel brauchen Sie einen

Adapter, da die Steckdosen nur zwei eckige Eingänge haben (Stecker-Typ A).

Ermäßigungen

Kinder/Studenten: Fast alle Attraktionen bieten Ermäßigungen für Kinder, Jugendliche und Senioren an. Hotels gewähren Kindern Rabatte oder kostenlose Übernachtungsmöglichkeiten im Elternzimmer, Restaurants servieren oft spezielle Kindermenüs. Kinder bis zu zwei Jahren reisen mit Via Rail umsonst, bis zum elften Lebensjahr wird nur die Hälfte des Fahrpreises fällig. Studentenpässe garantieren Ermäßigungen zwischen 10 und 50 %. Ermäßigungen gibt es auch für viele Museen und Attraktionen. Daneben bieten viele öffentliche Verkehrsmittel je nach Ticket reduzierte Preise an. Seniorenrabatte gelten mal ab 60, mal erst ab 65 Jahren.

Etikette

Bezeichnungen: Kanadas Bewohner sind stolz auf ihren multikulturellen Mix und enorm interessiert an der Herkunft der Besucher. Die Bezeichnung "Indianer" oder "Indians" ist verpönt – stattdessen gilt "First Nations" oder "Natives" als korrekte Bezeichnung.

Dresscode: Sportliche Outdoorkleidung ist überall – bis auf noble Gourmetlokale – akzeptiert. "Zwiebellook" ist angesichts der Wetterlaunen angesagt.

Feiertage

1. Januar	Neujahr
März/April	Karfreitag, Ostern, Ostermontag
Mo vor dem 25.Mai	Victoria Day
1. Juli	Canada Day
Erster Mo im Sept.	Labour Day
Zweiter Mo im Okt.	Thanksgiving Day
11. Nov.	Remembrance Day
25. Dez.	Christmas Day
26. Dez.	Boxing Day

Am 1. Mo im August feiert British Columbia den British Columbia Day und Alberta den Heritage Day. In Alberta ist zusätzlich am dritten Mo im Februar Family Day.

Geld

Den kanadischen Dollar gibt es in Banknoten zu 5, 10, 20, 50, 100, 500 und 1000 CAD. Münzen sind im Wert von 5, 10 und 25 Cents sowie 1 und 2 Dollar im Umlauf. Im Übrigen hat Bargeld in Kanada eine geringere Bedeutung als in Europa. Nahezu alles kann mit der Kreditkarte bezahlt werden, selbst wenn es sich um Kleinstbeträge handelt. Der Vorteil: Bei Zahlungen mit der Kreditkarte wird der günstigere Devisenkurs und nicht der teurere Sortenkurs zugrundegelegt. Die bei Weitem gängigsten Kreditkarten sind Visa und Mastercard. Man braucht heutzutage auch kein Bargeld mehr von Deutschland aus mitzubringen: Mit der Maestro-fähigen Bankcard kann an jedem Geldautomaten Bargeld abgehoben werden. Der jeweilige Betrag wird dann zum aktuellen Devisenkurs abgerechnet.

Sperr-Notruf

Unter Tel. 0049 116 116 kann man in Deutschland Bank- und Kreditkarten, Online-Banking-Zugänge, Handykarten und die elektronische Identitätsfunktion des neuen Personalausweises bei Verlust sperren lassen. Für Österreich gilt für die Maestro-Karten die zentrale Nummer Tel. 0043 1 204 88 00, Kreditkarten müssen bei den ausgebenden Banken direkt gesperrt werden. Die Schweiz besitzt keine einheitliche Notfallnummer.

Gesundheit

Eine Auslandskrankenversicherung ist zu empfehlen, denn die (sehr gute) medizinische Versorgung für ausländische Besucher wird in kanadischen Krankenhäusern nach Tagessätzen oder der Dauer des Krankenhausaufenthalts bemessen und kann extrem teuer werden. Alle Papiere und die Notfallnummer der Versicherung sollten mitgeführt werden. Sämtliche vor Ort anfallenden Rechnungen werden per Kreditkarte beglichen und nach der Rückkehr bei der Versicherung eingereicht.

Verschreibungspflichtige Medikamente sollten in ausreichender Menge mitgebracht werden. Standardmedikamente sind verschreibungsfrei in den in Supermärkten untergebrachten »Pharmacies« erhältlich.

In Kontakt bleiben

WLAN: In Kanada sind freie WLAN-Netze (in Kanada: »WiFi«) weit verbreitet. Es gibt sie an allen Orten des öffentlichen Lebens, in Hotels, Coffeeshops, Fastfood-Restaurants und in Supermärkten. Messenger-Dienste wie WhatsApp mit Telefonfunktion, Skype und Facetime machen herkömmliche Handys auf Auslandsreisen inzwischen eigentlich überflüssig.

Telefonieren: Telefonzellen gibt es kaum noch, und wenn, dann meist als öffentliche Apparate in Tankstellen oder Supermärkten. Neun von zehn dieser Apparate funktionieren nur noch mit Kredit- oder Telefonkarten (calling cards). Sie sind in Supermärkten oder Tankstellen erhältlich, oft dort, wo auch die Apparate stehen. Wer mit Smartphone, Tablet oder Laptop unterwegs ist, kann zum Telefonieren die freien WLAN-Netze benutzen. Die Vorwahl für Deutschland ist 01149, für Österreich 01143 und für die Schweiz 01141. Vom Hotelzimmer aus nach Hause zu telefonieren ist dagegen keine gute Idee: Besonders große Hotels schlagen gleich mehrere Steuern und Gebühren auf. Für Gespräche innerhalb Kanadas wird zunächst die »1« gewählt, dann die dreistellige Ortsvorwahl und schließlich der siebenstellige Anschluss. Vom Ausland ist die Vorwahl nach Kanada 001.

Notruf

Notrufnummer für ganz Kanada: 911
Notfallnummer des ADAC: 1 888 222 1373

Reisedokumente

Für die Einreise wird ein über die Rückreise hinaus gültiger Reisepass benötigt. Seit 2016 müssen Urlauber die "Electronic Travel Authorization" (ETA) ausfüllen. Die ETA muss spätestens 72 Stunden vor der Einreise online beantragt werden (www.cic.gc.ca/english/visit/etafacts-de.asp). Die ETA-Gebühr beträgt derzeit 7 CAD. Die Einreisegenehmigung ist gültig für alle maximal 90-tägige Reisen nach Kanada innerhalb der nächsten zwei Jahre. Für Einreisen auf dem Land- oder Seeweg ist eine ETA nicht erforderlich.

Reisezeit

Die beste Reisezeit für West-Kanada sind die Monate Juli und August. Die Temperaturen klettern dann teilweise auf über 26 °C. Allerdings ist dann auch am meisten los. In den Rocky Mountains wird es zusätzlich während der Skisaison (Dez.–März) recht voll. Im Winter kannn es in den Bergen extrem kalt werden. Bis zum Winterende sammeln sich in Whistler bis zu 3 m Schnee. Auch Sunshine Village in der Nähe von Banff gilt als schneesicher. Zum Herbstanfang und am Frühlingsende herrscht oft trockenes, angenehmes Klima; allerdings sind die kleinen Museen und Attraktionen oft nur zwischen Victoria Day (Montag vor dem 25. Mai) und Labour Day (erster Montag im September) geöffnet.

Sicherheit

Reisen in West-Kanada ist grundsätzlich sicher. Trotzdem sollten Sie die üblichen Vorsichtsmaßnahmen beherzigen. Meiden Sie nach Einbruch der Dunkelheit Bahnhöfe, Parks und unbelebte Seitenstraßen. Im Stanley Park von Vancouver kam es in der Vergangenheit vereinzelt zu schwulenfeindlichen Übergriffen. Vancouvers zentraler Busbahnhof und der Bahnhof liegen etwas abseits – seien Sie umsichtig, wenn Sie spät ankommen. Vermeiden Sie die zwielichtigen Gassen von Chinatown, East Hasting, East Cordova, Powell und Main. Nehmen Sie nicht mehr Bargeld mit als nötig, verwahren Sie Pässe und Kreditkarten im Brustbeutel oder Sicherheitsgürtel. Lassen Sie die übrigen Wertsachen im Hotelsafe. Lassen Sie vor allem keine Wertsachen im Fahrzeug liegen, auch wenn dieses auf einsamen Parkplätzen im Hinterland oder in den Bergen abgestellt wird. Melden Sie Diebstähle der Polizei (als Beweis für ihre Versicherung).

Polizei: 911 von jedem Telefon

Zeit

West-Kanada erstreckt sich über zwei Zeitzonen. In Alberta gilt die Mountain Standard Time (MST). Sie liegt acht Stunden hinter der mitteleuropäischen Zeit. Um eine weitere Stunde müssen die Uhren in British Columbia zurückgestellt werden. Dort gilt die Pacific Standard Time (PST).

Zollbestimmungen

Urlauber können persönliche Gebrauchsgegenstände zoll- und gebührenfrei einführen. Ferner darf man eine Stange Zigaretten (Mindestalter 16 Jahre) und eine Flasche Alkohol (Mindestalter 19 Jahre) mitbringen. Frische Lebensmittel dürfen grundsätzlich nicht ins Land gebracht werden. Bei der Rückkehr nach Europa beachten Sie die Bestimmungen Ihrer Zollbehörde (in Deutschland www.zoll.de, in Österreich https://www.bmf.gv.at/zoll/zoll.html, in der Schweiz https://www.ezv.admin.ch/ezv/de/home/information-private/reisen-und-einkaufen--freimengen-und-wertfreigrenze/einfuhr-in-die-schweiz.html).

ANREISE

Den öffentlichen Nahverkehr in den Städten übernehmen Bus, Bahn, Skytrain und Airport Shuttles, dazwischen verkehren Fluglinien, Züge, Überlandbusse, Fähren, Wasserflugzeuge und Helikopter.

Transportgebühren (ohne Trinkgeld)

$	unter 8 CDN $
$$	8–14 CDN $
$$$	14–18 CDN $
$$$$	über 18 CDN $

Ankunft in Vancouver

Internationale Flüge werden im Zentralterminal des **Vancouver International Airport** (Tel. 604 2 07 70 77; www.yvr.ca) abgefertigt (13 km vom Stadtzentrum). Nach Passieren des Zolls finden Sie Schalter für Auskünfte und Geldwechsel, diejenigen für Mietwagen auf Level One bei den Parkplätzen. In die Stadt nehmen Sie am besten die schnelle **Canada Line** von TransLink (www.translink.ca) zur Waterfront Station, die alle 8 bis 20 Minuten fährt und für die Strecke (wie der SeaBus) 26 Minuten benötigt (tägl. 5.10–0.57 Uhr). Weitere Haltestellen: Yaletown-Roundhouse und Vancouver City Center. Der Bahnhof am Flughafen befindet sich zwischen den Terminals für internationale und inländische Flüge. Auf Fahrkarten wird ein Zuschlag (»Canada Line YVR AddFare«) von 5 $ erhoben; Ausnahme: bei »Prepaid Tickets« wie dem Tagespass (DayPass).

Unser besonderer Tipp

Den Westen im Luxuszug entdecken

In den luxuriösen Ferienzügen der Royal Canadian Pacific lebt die Faszination der Bahnreisen wieder auf. Geschäftswaggons aus den 1920er-Jahren werden von zwei prächtigen Lokomotiven aus den 1950er-Jahren gezogen. Auf verschiedenen Routen erleben Fahrgäste die atemberaubende Landschaft der kanadischen Rocky Mountains hautnah. Eine einwöchige Traumrundfahrt, die Royal Canadian Rockies Experience, startet in Calgary und führt zu den schönsten Sehenswürdigkeiten, u. a. nach Banff mit dem Nationalpark, nach Fort Steele und über den Crownest Pass.

Und damit Sie die grandiosen Landschaften nicht verpassen, ist der Zug nur tagsüber unterwegs.
(Royal Canadian Pacific, 7550 Ogden Dale Street SE, Calgary, Alberta T2C 4X9, Tel. 877-665-3044, www.royalcanadian pacific.com)

Der **TransLink Bus** 424 verkehrt alle 7 Minuten zwischen Airport und Airport Bus Station, wo Sie Busverbindungen ins Stadtzentrum haben (www.translink.ca).

Vor den Terminals befinden sich Stände für **Taxis** ($$$$ bis Downtown) und nur geringfügig teurere **Limousinen**.

Wer mit **Bus** oder **Zug** anreist, landet 2 km südöstlich des Stadtkerns beim zentralen Terminal der VIA Rail Pacific Central Station, 1150 Station Street (Tel. 604 6 40 57 00 oder 1 888 8 42 72 45; www.viarail.ca). Von dort nimmt man am besten ein Taxi ($$$$) in die Innenstadt.

Vom Ausgang des Terminals 150 m nach links finden Sie als öffentliches Verkehrsmittel die **SkyTrain**-Station Science World-Main Street. Nehmen Sie einen »Waterfront«-Zug in die Innenstadt. Fahrkarten erhalten Sie an den Automaten auf dem Bahnsteig.

Downtown Vancouver liegt auf einer großen Halbinsel. Ost-West-Magistrale ist die **Robson Street**, Nord-Süd-Ader die **Granville Street**. Um die Kreuzung beider Straßen herum befindet sich das eigentliche Stadtzentrum (Downtown), besonders im Areal zwischen der Robson Street und der Waterfront im Norden.

Touristeninformation

Wichtigstes Besucherzentrum ist das **Vancouver TouristInfo Centre** (Waterfront Centre, Suite 210, 200 Burrard Street, Ecke Canada Place Way, Tel. 604 6 83 20 00 oder 1 800 6 63 60 00; www.tourism vancouver.com; tägl. 9–17 Uhr). Dort erhalten Sie Pläne und Broschüren, außerdem Karten für Ausflüge und Veranstaltungen sowie Fahrpläne der öffentlichen Verkehrsmittel. Die Zimmervermittlung verfügt über ein exzellentes Angebot an Privatzimmern (Bed & Breakfast).

Ankunft in Victoria

Der **Victoria International Airport** (Tel. 250 9 53 75 00; www.victoriaairport.com) liegt 19 km nördlich des Stadtzentrums, wohin Sie regelmäßig Verbindung haben mit dem **YYJ Airport Shuttle** (Tel. 778 3 51 49 95 oder 1 888 3 51 49 95; https:// yyjairportshuttle.com; $$$$).

Reisende aus Vancouver per kombinierter Bus-Fähr-Verbindung treffen am **Bus Terminal** nahe dem Royal British Columbia Museum, 700 Douglas und Belleville Street (Tel. 250 3 82 61 61), ein.

Victoria ist eine kompakte Stadt, in der man kaum den Überblick verliert. Die Innenstadt konzentriert sich um den Inneren Hafen sowie die Nord-Süd-Magistralen Douglas und Government Street. Vom Hafen sind die meisten Hotels und Attraktionen zu Fuß zu erreichen, so das Empress Hotel (S. 96), Parlamentsgebäude (S. 83) und Royal BC Museum. Südlich des Zentrums erstreckt sich der Beacon Hill Park (S. 93).

Touristeninformation

Das Hauptbüro des Visitor Center befindet sich an der Waterfront nahe dem Empress Hotel, 812 Wharf Street (Tel. 250 9 53 20 33, Zimmervermittlung Tel. 1 800 6 63 38 83; www.tourismvictoria.com; geöffnet Mai–Sept. tägl. 8.30–18.30, Okt.–April 9–17 Uhr).

Ankunft in Calgary

Der **Calgary International Airport** (Tel. 1 8 00 6 41 39 58; www.yyc.com) liegt 9,5 km nordöstlich des Stadtzentrums (kleine Touristeninformation im 1. Stock).

In die Stadt verkehrt der **Allied Downtown Shuttle-Bus** (Tel. 403 2 99 95 55; www.air portshuttlecalgary.ca; tägl. 8–24 Uhr alle halbe Stunde; $$$). Unterwegs hält er an elf Hotels der Innenstadt. Fahrkarten kaufen Sie im Ankunft-Terminal am Busschalter nahe Gate C oder online. Die Busse fahren direkt vor dem Terminal von Haltestelle Nr. 8 ab.

Vom Ankunftsterminal verkehrt die **Calgary Transit Rte. 57** (Tel. 403 2 62 10 00; www.calgarytransit.com; 6–24 Uhr; $), die eine Stunde in die Stadt braucht. Fahrgeld abgezählt bereithalten. Wer in eine andere Linie umsteigen muss, fragt den Fahrer nach einem Transfer-Ticket.

Ein **Taxi**-Stand befindet sich vor dem Ankunftsterminal ($$$$).

Greyhound-Busse aus BC, den Rockies und Vancouver halten am Greyhound Bus

Terminal (877 Greyhound Way SW, Tel. 403 2 60 08 77; www.greyhound.ca); an der nahen Kreuzung zur 16th Street hält der Downtown Shuttle (Rte. 31), der wichtige Plätze im Zentrum anfährt sowie die **C-Train Station** an der Kreuzung 7th Avenue SW/10th Street. Taxis in die Innenstadt sind ebenfalls relativ preiswert ($$). Calgary ist eine Großstadt ohne klar umrissenes Zentrum. Orientierungspunkte bilden im Südosten der Calgary Tower und das Glenbow Museum sowie der Bow River im Norden: In diesem Dreieck liegen die meisten Malls und wichtigen Gebäude, besonders auf der 7th und 8th Avenue SW. Adresskürzel wie »SE« (= South East) beziehen sich jeweils auf den zugehörigen Quadranten (NW, NE, SW und SE): So ist 1438-4th Avenue SW der 1436-4th Avenue SE nicht benachbart, sondern weit südwestlich davon gelegen. Damit nicht genug: Die erste(n) Ziffer(n) der Zahlenangabe einer Adresse bezieht sich auf die Nummer der Straße, die letzte(n) auf die Hausnummer! 1438-4th Avenue SW heißt also: 14th Street Nr. 38, nahe Kreuzung zur 4th Avenue.

Touristeninformation

Das Hauptbüro von **Visit Calgary** befindet sich an der 200, 238–11 Ave. SE, Tel. 403 2 63 85 10 und 1 800 6 61 16 78; www.visit calgary.com; geöffnet tägl. 8–17 Uhr).

Verkehrsverbindungen zu den Nationalparks

Von Calgary und Calgary Airport gehen Busse ($$$$) nach **Banff und Lake Louise.** Das einzige Unternehmen, das die Strecke von **Banff nach Jasper** über den Icefields Parkway bedient, ist Brewster (Tel. 403 7 62 67 67 oder 1 800 7 60 69 43; www. brewster.ca; Mai-Mitte Okt.; $$$$). Mehrmals täglich verkehren Greyhound-Busse zwischen **Vancouver und Calgary** ($$$–$$$$) mit Halt in den Nationalparks Yoho und Banff (Field, Lake Louise und Banff Town, siehe oben). Die Greyhound-Busse von **Calgary nach Vancouver** fahren südlich über den Highway 3 durch den Kootenay National Park.

Die Verkehrsverbindungen in der Region sind gut, besonders in Vancouver, von wo man mit Bussen und Fähren auch leicht zu den Sehenswürdigkeiten von North und West Vancouver gelangt. Größere Orte in BC sind per Flugzeug, Greyhound-Bus oder Schiff zu erreichen und die Straßen in gutem Zustand, selbst in entlegeneren Gegenden.

Fahrpreise

innerstädtisch

$	unter 5 CDN $
$$	5–10 CDN $
$$$	10–20 CDN $
$$$$	über 20 CDN $

Überland

$	30–50 CDN $
$$	50–75 CDN $
$$$	75–100 CDN $
$$$$	über 100 CDN $

Unterwegs in Vancouver

Der **öffentliche Nahverkehr in Vancouver** wird bestritten von Bus, Schiene (SkyTrain) und Fähre (SeaBus). Fahrpläne der Verkehrsgesellschaft **TransLink** (Tel. 604 9 53 33 33; www.translink.ca) sind an deren Geschäftsstellen, bei Touristeninformationen und in Bibliotheken erhältlich.

Fahrscheine

Fahrscheine von TransLink ($) gelten im gesamten Wegenetz.
Es gibt sie an den **Automaten** der SeaBus- und SkyTrain-Haltestellen, in 7-Eleven-**Läden** und allen anderen mit »TransLink Faredealer«-Emblem.
Zum **Fahrscheinkauf direkt beim Busfahrer** das Fahrgeld abgezählt bereithalten und in die Geldbox werfen – Wechselgeld wird nicht herausgegeben.
Einheitsfahrscheine ($) gibt es für Zone 1, die fast das ganze Zentrum abdeckt. Fahrscheine bis in Zone 2 und 3 sind teurer (außer am Wochenende und nach 18.30 Uhr, dann gilt allgemein der Zone-1-Tarif, ferner Mo-Fr für Fahrten mit dem SeaBus in der Rush Hour).

Fahrscheine sind nach Fahrtantritt jeweils anderthalb Stunden gültig.
Benutzt man innerhalb der Zeitspanne mehrere Busse, benötigt man ein **Transfer-Ticket**. Bei Fahrtantritt erhält man meist einen Fahrschein, auf dem die Uhrzeit vermerkt ist. Gegebenenfalls fragen Sie den Fahrer ausdrücklich nach einem solchen **Umsteigefahrschein** und zeigen diesen während der restlichen Fahrt unaufgefordert vor.
Kinder zwischen fünf und 13 Jahren sowie Senioren über 65 erhalten um 30 % **ermäßigte Fahrscheine** (Altersnachweis erforderlich).

Tagespässe

Ab drei Fahrten am Tag lohnt sich ein **Tagespass** (DayPass; 10,00 $).
Gültig ist der Tagespass Mo–Fr ab 9.30 Uhr, am Wochenende ganztägig.
Erhältlich ist dieser **Scratch & Ride-Pass** an den genannten Verkaufsstellen: Man entwertet ihn erst durch »Ankratzen« von Monat und Tag, sobald man ihn tatsächlich benutzen möchte.

Busse

Städtische Busse sind **sauber, schnell und effizient**. Ticketkauf beim Fahrer (siehe oben). Auf den Hauptlinien verkehren **Nachtbusse** (2–4 Uhr).
Zwischen Zentrum und North sowie West Vancouver fahren auch die blauen Busse von **Blue Bus** in West Vancouver, in denen Fahrscheine von TransLink gültig sind. Information unter Tel. 604 9 85 77 77.
Im TouristInfo Centre und den meisten Läden mit TransLink-Emblem bekommt man den **Transit Route Map and Guide** ($) mit allen Infos rund um das Verkehrssystem. Das TouristInfo Centre hält kostenlos Einzelfahrpläne und die Broschüre **Metro Vancouver on Transit** bereit.

SkyTrain

Das vollautomatische Schienenbahn-Netz (**Light-Rail**) verbindet teils unterirdisch auf den Linien Expo, Canada und Millennium die Waterfront Station im Zentrum mit dem Flughafen und Vorstädten wie Richmond und Surrey im Süden bzw. Südosten.
Für **Touristen** sind vorwiegend die ersten vier der 20 Stationen von Belang: Waterfront, Burrard, Granville und Stadium.
Die SkyTrains fahren alle **2–8 Minuten**. Von der Waterfront Station fahren neben den SkyTrains auch die Schnellbahnzüge (Rapid Transit) der Canada Line (www. canadaline.ca).

SeaBus

Zwischen Waterfront SkyTrain Station am Ende von Granville Street und Lonsdale Quay jenseits des Hafens in North Vancouver verkehren die **400-sitzigen** SeaBus-Katamarane.
Auf der **12-minütigen** Fahrt über den Burrard Inlet nach North Vancouver genießt man eine fantastische Rundsicht.
Abfahrt je nach Tageszeit alle 15 bis 30 Minuten.

Fähren

Schnell und komfortabel sind auch die kleinen privat betriebenen Schiffchen von Aquabus und False Creek Ferries. Sie verkehren zwischen der Station im Zentrum (am Ende der Hornby Street) und **Granville Island** (S. 48) sowie von Granville Island zum Vanier Park und um den False Creek.
Fahrscheine (3,50–11 CDN$) sind jeweils an Bord erhältlich.
Information unter Tel. 604 6 89 58 58 (www.theaquabus.com) und 604 6 84 77 81 (www.granvilleislandferries.bc.ca).

Fundbüros

TransLink **Lost-Property-Büro** in der Station SkyTrain Stadium, geöffnet Mo–Fr 8.30–17 Uhr (590 Beatty Street; Tel. 604 9 53 33 34 www.translink.ca/en/Custo mer-Service/Lost-and-Found.aspx). Wer in West Van-Bussen etwas liegen lässt, meldet sich unter Tel. 604 9 85 77 77.

Taxis

Einfach auf der Straße anhalten oder anrufen bei **Black Top** (Tel. 604 7 31 11 11), **Vancouver Taxi** (Tel. 604 8 71 11 11) und **Yellow Cab** (Tel. 604 6 81 11 11). Gute Fahrzeuge und faire Preise sind die Regel.

Unterwegs in Victoria

In Victoria sind die meisten Sehenswürdigkeiten gut zu Fuß zu erreichen – die Butchart Gardens (S. 91) ausgenommen. Transit-Fahrscheine aus Vancouver sind in Victoria nicht gültig.

In und um die Stadt verkehren **50 Buslinien** der Gesellschaft Victoria Regional Transit (etwa 6–24 Uhr).

Fahrscheine ($) gibt es für zwei Zonen, erhältlich beim Visitor Centre, in 7-Eleven- und anderen Läden. Kauft man sie direkt im Bus, gilt dasselbe wie in Vancouver (exaktes Fahrgeld bereithalten).

Tagestickets ($$) sind im Vorverkauf bei den genannten Adressen erhältlich.

Informationen zu den Bussen erhält man unter Tel. 250 3 82 61 61 (www.bctransit. com) sowie im Bus selbst durch das Faltblatt **Victoria Rider's Guide** ($). Im Visitor Centre und anderswo gibt es ferner die Broschüre **Explore! Victoria by Bus.**

Unterwegs in Calgary

Für die touristische Erkundung Calgarys gilt im Prinzip dasselbe wie für Victoria: alles zu Fuß erreichbar. Der öffentliche Nahverkehr wird hier von **Bussen** und Bahnen des **C-Train** bestritten; Letzterer ist gratis benutzbar auf der Hauptlinie entlang der 7th Avenue zwischen 10th Street SW und 3rd Street SE.

Fahrscheine ($) und **Tagestickets** ($$) bekommt man in Bussen und Bahnen, an den Haltestellen des C-Train (Münzautomaten) sowie in Läden mit »Calgary Transit«-Emblem (im Bus exaktes Fahrgeld bereithalten). **Information** unter Tel. 403 2 62 10 00; und www.calgarytransit.com

Von Stadt zu Stadt

Von Vancouver nach Victoria

Hier bestehen Verbindungen per **Flugzeug oder Fähre**.

Die interessanteste (und teuerste) Variante ist der **Flug** per Helikopter oder Wasserflugzeug (beide $$$). Sie starten im Coal Harbour von Vancouver und landen direkt im Inneren Hafen von Victoria. Vom Jachthafen in Sichtweite des Canada Place starten die Wasserflugzeuge von **Harbour Air Seaplanes** (Tel. 604 2 74 12 77 oder 1 800 6 55 02 12; www.harbourair.com) zum Inneren Hafen von Victoria.

Helijet International Incorporated fliegt vom Landeplatz östlich des Canada Place oder vom Flughafen (Tel. 604 2 73 46 88; gebührenfrei 1 800 6 65 43 54; www.helijet.com).

Die Hauptflughäfen beider Städte verbindet **Air Canada** ($$$$), Tel. 604/ 688-5515 oder 1 888 2 47 22 62; www.aircanada.com. Individualreisende nutzen gerne die Verbindung mit **Bus und Fähre**, gemeinsam betrieben von **Pacific Coach Lines** (Tel. 604 6 62 75 75 oder 250 3 85 44 11; gebührenfrei 1 800 6 61 17 25; www.pacificcoach. com) und **BC Ferries Connector** (www. bcfconnector.com). Kombi-Tickets (48 $) sind an den Schaltern der PCL in den Busterminals von Vancouver und Victoria erhältlich. Mit dem Bus geht es dann beim Terminal in Tsawwassen (bei Vancouver) oder Swartz Bay (Victoria) auf die Fähre über die Georgia Strait, die schöne Meerenge zwischen beiden Städten, und anschließend mit demselben Bus weiter. Im Sommer fahren diese Busse stündlich, im Winter zweistündlich, mit einer Gesamtfahrtzeit von dreieinhalb Stunden (davon anderthalb auf der Fähre).

Die Fähren von **BC Ferries Connector** (Reservierung Tel. 1 888 7 88 88 40, außerhalb Nordamerikas 604 4 28 94 74) transportieren natürlich auch Autos. Das ist in der Hochsaison relativ teuer ($$$$); Reservierung nötig. Die Fährhäfen Tsawwassen (Vancouver) und Swartz Bay (Victoria) sind von der Stadt 40 Autominuten entfernt.

Von Vancouver nach Calgary

Die **Flugverbindungen** zwischen Calgary und Vancouver sind ausgezeichnet und vielfältig, egal in welcher Richtung man sie zurücklegt.

Mit dem **Flieger** ($$$$) beträgt die Reisezeit eine Stunde. Nahezu stündlich gehen Flüge zwischen Vancouver und Calgary et vice versa, mit **Air Canada** (Tel. 604 6 88 55 15 oder 1 888 2 47 22 62; www.aircana da.com) oder kleineren einheimischen Gesellschaften.

Wer es nicht eilig hat, setzt sich lieber ins **Auto** und genießt die landschaftlichen Reize der Rocky Mountains und British Columbias. Die schnellste Route ist der Highway 1 (Trans-Canada Highway; 970 km), die attraktivere Alternative der Highway 3 entlang der Grenze zu den USA. Am erlebnisreichsten ist die dritte Variante: über Banff, Jasper, Mount Robson, Highway 5, Kamloops und den Fraser Canyon.

Gar nicht so schlecht sieht es auch beim **Öffentlichen Fernverkehr** aus: Rund sechsmal täglich fahren **Greyhound**-Busse ($$$$) zwischen Calgary und Vancouver via Trans-Canada-Highway oder (etwas länger) über den Highway 3.

Auch ohne Reservierung haben Sie bei **Greyhound** stets eine Sitzplatzgarantie: Ist ein Bus belegt, wird ein Zusatzwagen eingesetzt.

In allen Greyhound-Bussen herrscht **Rauchverbot** und die Busse halten nur an fahrplanmäßigen Zwischenstationen. Auf längeren Strecken erfolgt alle paar Stunden eine gut 20-minütige Rast.

Informationen zu Greyhound unter Tel. 403 2 63 12 34 in Calgary, 604 6 83 81 33 in Vancouver oder gebührenfrei in Kanada und USA unter Tel. 1 800 6 61 87 47 sowie auf www.greyhound.ca.

Eine gut achtstündige Eisenbahnverbindung zwischen Vancouver und Kamloops unterhält **VIA Rail** (Tel. 604 6 69 30 50 oder gebührenfrei 1 888 8 42 72 45 in ganz Nordamerika; www.viarail.ca). Von Kamloops hat man per Greyhound Anschluss nach Calgary und Jasper (16,5 Std.; in Jasper Anschluss nach Banff mit Brewster Transportation).

Plätze im Schlafwagen gibt es als Schlafsofasitz (abgetrennt mit Gardine) oder separates Abteil für ein, zwei oder drei Personen (geräumig mit Klappbetten, Tisch, Toilette und Waschgelegenheit). Mahlzeiten sind dabei im Ticketpreis inbegriffen. Die Tickets des **Canrailpasses** von VIA Rail für beliebige Streckenabschnitte zwischen zwei Städten sind 60 Tage gültig (Economy Class; Preise 2018: 329 $ für 7, 439 $ für 10 One Way Tickets. Unbegrenztes Reisen für 769 $).

Von Calgary nach Banff
Die Verbindungen nach Banff sind gut. Die Stadt liegt 144 km westlich von Calgary. Per **Auto** über den Trans-Canada Highway ist Banff in 90 Minuten erreicht.

Vorteilhaft für Touristen aus Calgary ist die Tatsache, dass direkt vom **Calgary International Airport** aus mehrere Zubringerbusse nach Banff verkehren, u. a. von Brewster (Tel. 403 7 62 67 00; gebührenfrei 1 866 6 06 67 00; www.brewster.ca). Die meisten Unternehmen fahren zwei- bis viermal täglich, manche auch noch weiter bis zum Lake Louise, der 40 Minuten hinter Banff liegt. Von Calgary aus empfiehlt sich die Verbindung per Bus nach Banff und Lake Louise (tägl. sechsmal) vom **Greyhound Bus Terminal**.

Zwischen Calgary und Banff gibt es **keine regelmäßige Zugverbindung**. Lediglich die private Gesellschaft Rocky Mountaineer Company (Tel. 604 6 06 72 45; www.rocky mountaineer.com) fährt im Sommer und gelegentlich auch im Winter (hohe Preise, Reservierung erforderlich).

Überlandbusse
Ein komfortables, sicheres und **preiswertes** Verkehrsmittel für den Großteil von British Columbia und der Rocky Mountains. Wichtigstes Unternehmen ist **Greyhound** (links) mit Verbindungen u. a. nach Calgary, Banff, Lake Louise und Vancouver. **Brewster Transportation** (oben) unterhält Busse zwischen Calgary, Banff, Lake Louise und Jasper.

In den meisten Städten gibt es eine Greyhound-**Bushaltestelle**, in kleineren manchmal auch nur ein Büro, oft an Tankstellen, in Cafés oder Restaurants. **Fahrscheine** kauft man dort und nicht im Bus. Gegen geringe Gebühr kann man für die meisten Greyhound-Fahrten **Sitzplätze wählen und reservieren**. Sitzplatzgarantie an sich hat man immer; im Bedarfsfall werden stets Zusatzbusse eingesetzt. Sparen kann, wer seine Fahrkarte mindestens eine Woche im voraus erwirbt (www. greyhound.ca, Tel. 1 800 6 61 87 47). **Rabatte von bis zu 50 %** vom Ticketpreis sind möglich.

Auto fahren

Für das Autofahren in Kanada reicht der nationale Führerschein.

Die Straßen sind in perfektem Zustand, zumindest die Kategorie vierspuriger »Expressways« und (zwei- oder vierspuriger) »Highways« zwischen größeren Städten. »Secondary Highways« verbinden meist als Landstraßen kleinere Orte, »Tertiary Roads« sind Asphaltsträßchen und »Gravel Highways« gemeinhin Schotterstraßen, die oft zum Holztransport dienen (staubig bei Trockenheit, matschig bei Regen). Straßen tragen eine Nummer und sind gut beschildert (Entfernungsangaben in Kilometer).

Verkehrsregeln

In Kanada herrscht Rechtsverkehr. Auf mehrspurigen Straßen darf jedoch außerhalb von Ortschaften auch rechts überholt werden. An **Kreuzungen** ohne Ampel in Ortschaften hat das zuerst ankommende Auto Vorfahrt, bei gleichzeitigem Eintreffen zweier Autos gilt Rechts vor Links.

Man darf **an roten Ampeln rechts abbiegen**, sofern von links kein Verkehr kommt. Zuvor muss man jedoch an der Kreuzung anhalten.

Gelb blinkende Ampeln mahnen, langsam zu fahren, und weisen oft auf eine Gefahrenstelle hin.

Die **Benutzung von Sicherheitsgurten** ist obligatorisch, ebenso technisch einwandfreie Kindersitze für Kinder bis 18 kg Körpergewicht.

Die generelle **Geschwindigkeitsbegrenzung** auf Expressways beträgt 100, auf Trans-Canada- und Yellowhead-Highways 90 km/h. Auf Landstraßen gelten gewöhnlich 80, innerhalb von Städten 40–60 km/h. Die Einhaltung wird streng überwacht, Übertretungen geahndet.

Haltende gelbe/orangefarbene **Schulbusse** mit aktivem Warnblinker dürfen aus keiner Fahrtrichtung überholt werden.

Fahren unter **Alkohol** gilt als schweres Vergehen, alkoholische Getränke dürfen nur verschlossen im Kofferraum mitgeführt werden.

Parkverbot herrscht grundsätzlich auf Gehsteigen, in der Nähe von Ampeln, in 5 m Umkreis von Hydranten sowie 13 m vor und hinter Bahnübergängen.

Die **Scheinwerfer** müssen in British Columbia und Alberta Tag und Nacht eingeschaltet sein.

Pannenhilfe

Öffnen Sie im Fall einer Motorpanne die Kühlerhaube und binden Sie ein weißes Tuch an die Fahrerseite zum Zeichen, dass Sie Hilfe benötigen. Notfalltelefone finden Sie an größeren Überlandstraßen.

Der bedeutendste hiesige Automobil-Club, die **Canadian Automobile Association** (CAA, www.caa.ca), unterhält Büros in den meisten größeren Städten von BC (Tel. 1 8 00 2 22 43 57, www.bcaa.com) und Alberta (Tel. 1 800 2 22 43 57, www.ama.ab.ca).

Autovermietung

Autos kann man gegen **Vorlage des nationalen Führerscheins** mieten.

Günstige Tarife erhält man bei Vertragsabschluss mit einer Verleihfirma im Heimatland oder im Rahmen eines Fly-and-Drive-Pakets. Bei Buchung in Kanada fallen oft Zusatzgebühren an wie **Goods and Services Tax** (GST) und **Provinzsteuern**. Gibt man den Wagen nicht wieder am Verleihort ab, wird eine **Drop-off Charge** fällig, oft in Höhe einer Wochenrate.

Empfehlenswert ist der Abschluss einer **Collision** (Teilkasko-) oder **Loss Damage Waiver** (Vollkaskoversicherung mit Haftungsbefreiung).

Beachten Sie, ob Sie eine unbegrenzte Anzahl von Kilometern fahren dürfen oder einer im Reiseland Kanada nicht sinnvollen **Kilometerbeschränkung** unterliegen.

Viele Autovermieter verleihen auch **Mobiltelefone** und **GPS-Geräte**.

Manche Verleiher untersagen das Befahren von **Schotterstraßen**.

Alle Autoverleiher verlangen vor Fahrtantritt die **Kreditkartennummer**.

ÜBERNACHTEN

Sie haben die Wahl: Im Raum Vancouver warten über 25 000 Hotelzimmer auf Sie, davon allein 13 000 in Downtown! Dabei

reicht die Palette von preiswerten Hostels über durchgestylte Boutiquehotels und bezahlbare Travellerhotels bis zu Edelherbergen, in denen Sie Tür an Tür mit gekrönten Häuptern übernachten (könnten).

Preise

für ein Doppelzimmer pro Nacht (ohne Frühstück und Steuern):

$	unter 100 CDN $
$$	100–200 CDN $
$$$	200–300 CDN $
$$$$	über 300 CDN $

Hotels

Kanadische Hotels lassen sich grob in drei Kategorien einteilen. Die **einfachsten und preiswertesten** pflegen funktional eingerichtete, von Privatpersonen oder Familien betriebene Motels an belebten Ausfallstraßen zu sein. Die Zimmer sind meist klein, verfügen jedoch in der Regel über Kabel-TV, WLAN, Telefon und Bad. Vor dem Einchecken sollten Sie sich jedoch vergewissern, dass Zimmer und Bad Ihren Ansprüchen genügen.
Mittelklasse-Hotels Gehören diese zu Best Western oder einer anderen großen Marke, dürfen Sie einen gewissen Standard erwarten. Verlässliche Logos sind außerdem Holiday Inn, Ramada, Travelodge und Sandman. Am oberen Ende der Skala wiederum rangieren die **Luxushotels und -resorts**, die vor allem in Vancouver, Banff und Lake Louise einen internationalen Standard aufweisen, wie man ihn in Europa und den USA gewohnt ist.

Motels

In der Regel erwarten Sie dort angenehme, mit allen zeitgemäßen Annehmlichkeiten ausgestattete Zimmer zu fairen Preisen. Manche Motels verfügen auch über Familienzimmer und Küchenzeilen, Swimmingpool oder Sauna. Mit Essen und Trinken sieht es hier dagegen eher mager aus.

Bed and Breakfast

Bed and Breakfasts (B&Bs) und **Pensionen** findet man in British Columbia und Alberta überall, und zwar in den Städten ebenso wie auf dem Land. Reservierungen lassen sich meist im lokalen Visitor Centre oder online vornehmen, mancherorts gibt es aber auch zentrale Zimmervermittlungen, die einen bei der Buchung solcher Unterkünfte unterstützen.
Ein eigenes Bad ist in solchen Unterkünften jedoch nicht überall vorhanden, und auch die Qualität des angebotenen Frühstücks kann deutlich variieren.

Jugendherbergen

Neben den im Verband **Hostelling International** (HI; www.hihostels.ca) organisierten Herbergen gibt es jede Menge unabhängige Häuser. Die Einrichtung ist normalerweise recht modern, meistens gibt es auch eine Cafeteria und lange Öffnungszeiten. Oft werden Einzelzimmer oder Gemeinschaftsschlafräume angeboten.

Reservierung

Im Juli und August sollten Sie in Vancouver, Victoria, Banff, Lake Louise und Jasper Ihre Unterkunft **unbedingt rechtzeitig reservieren**. Außerhalb der Hochsaison reicht gewöhnlich ein Vorlauf von wenigen Tagen aus. Falls Sie die Reservierung über Kreditkarte vornehmen, sollten Sie eine etwaige Stornierung immer möglichst frühzeitig tätigen, denn sonst wird unter Umständen der komplette Zimmerpreis für eine Nacht fällig.
Erkundigen Sie sich nach den Zeiten für das **Einchecken**, denn in manchen Hotels stehen die Zimmer erst am mittleren oder späten Nachmittag zur Verfügung. Bei später Anreise sollte man die Rezeption informieren, denn nach 16 oder 18 Uhr kann die Reservierung hinfällig werden.
Reservierungen aller Art bieten die **AAA und CAA Travel Agencies** für jedermann (für ihre eigenen Mitglieder mit deutlichen Rabatten).
Banff und Jasper in den Rocky Mountains haben spezielle Zimmervermittlungen. Sie sind erreichbar über die jeweiligen Besucherzentren und vermitteln Ihnen gegen geringe Gebühr Unterkünfte aller Art. Entsprechende **Agenturen** gibt es auch für **Bed-and-Breakfast**. Besucherzentren

nehmen Vermittlungen an Gäste meist kostenlos vor.

Viele Hotels verfügen über eine (allerdings nur von Kanada und den USA aus) gebührenfreie telefonische Zimmerreservierung. Sonst fallen die üblichen Kosten für internationale Ferngespräche an.

Preise

Touristen aus Europa sind gemeinhin angenehm überrascht von den moderaten Zimmerpreisen, die nur in Vancouver und den Resortstädten der Rocky Mountains höher ausfallen. B&Bs kosten gewöhnlich etwa so viel wie ein Mittelklasse-Hotel.

Von kanadischen Reisebüros und den örtlichen Touristenbüros in British Columbia und Alberta kann man **Unterkunftskataloge und Preislisten** vorab beziehen. Zu den dort gedruckten Preisen kommen meist noch Steuern hinzu.

Die **Übernachtungssteuer** beträgt in British Columbia 5,5 %, in Alberta 4 % des Zimmerpreises. Oft fällt noch zusätzlich eine Tourismussteuer an (BC 2 %, Alberta 4 %). Die **Federal Goods** and **Services Tax** (GST) beträgt in beiden Provinzen 5 %.

Falls Sie mit **Kindern** reisen, erkundigen Sie sich nach dem **Family Plan** des jeweiligen Hotels oder Motels: In manchen von ihnen übernachten Kinder kostenlos im Zimmer ihrer Eltern, oder man zahlt 5–20 $ für ein Zusatzbett.

Vielerorts werden in der **Nebensaison**, Wochenmitte oder bei **längerem Aufenthalt Rabatte** angeboten. In Hotels von Vancouver und Victoria, die auf Geschäftsreisende eingestellt sind, winken wiederum niedrigere Wochenendpreise. Im Winter zahlt man außer in den Wintersportzentren gemeinhin weniger als im Sommer.

ESSEN UND TRINKEN

Calgary, Victoria und viele der hübschen Kleinstädte in BC und den Rocky Mountains bieten bemerkenswerte kulinarische Erfahrungen. Getoppt werden sie allerdings von Vancouver. Deren multikulturelle Belegschaft hat nicht nur zig ethnische Landesküchen etabliert, sondern auch eine immer beliebtere regionale Küche, deren saisonale Zutaten aus Bio-Anbau stammen und, kreativ inszeniert, stets so frisch wie möglich serviert werden.

Preise

für ein Drei-Gänge-Menü (ohne Getränke und Service):

$	unter 50 CDN $
$$	50–100 CDN $
$$$	über 100 CDN $

Die Preise halten sich meist im Rahmen – und selbst wer mit einem kleineren Geldbeutel reist, findet fast überall eine **Auswahl** an Cafés, Imbiss-, Fastfood- oder Lebensmittelständen in den Malls vor.

Zum Netto-Rechnungsbetrag werden 5 % **Steuern** (Goods and Services Tax, GST) addiert; in BC kommen noch 7 % Provinzsteuern hinzu.

Trinkgeld (»Tipping«) wird überall erwartet. Auch in einfacheren Lokalen wird das Personal damit bedacht, außer man ist mit dem Service wirklich absolut unzufrieden. Üblich sind 15–20 % des Rechnungsbetrags vor Steuern. Auch in **Bars** mit Bedienung am Tisch ist ein Trinkgeld angebracht.

Man gibt sich locker, in Spitzenrestaurants herrscht ein **Dresscode** lässiger Eleganz – Jackett und Krawatte sind selten nötig.

Es herrscht überall **Rauchverbot**, selbst auf Freischankflächen darf nicht geraucht werden.

Die Schankgesetze (»**Licensing laws**«) sind recht streng. In zahlreichen Bars erhält man alkoholische Getränke nur, wenn man dazu auch etwas isst. Alkoholkonsum in der Öffentlichkeit (in Parks, am Strand etc.) ist vielerorts verboten. Als Mindestalter für den Erwerb alkoholischer Getränke gilt 18 (Alberta) bzw. 19 Jahre (British Columbia).

Viele Restaurants servieren ab 12 Uhr **Lunch (**Mittagessen), **Dinner** (Abendessen) bekommt man in der Regel ab etwa 18/19 Uhr. Anspruchsvollere Häuser in den Städten sind meist bis mindestens 23 Uhr geöffnet, in kleineren Orten dagegen schließt man oft schon gegen 21 Uhr.

Wie man sparen kann

Günstig isst man gemeinhin in den **Food Malls**, Ständen mit einer breiten Auswahl an Sandwiches, Snacks, Fastfood und exotischen Gerichten, die man – wie den geräumigem Gemeinschafts-Essbereich – meistens im Unter- oder Obergeschoss von Shoppingmalls findet.

Besonders japanische und chinesische Restaurants bieten häufig **Festpreismenüs** zum Mittagessen an.

Großstadt-Bars servieren zur **Happy Hour** (17–19 Uhr) oft Getränke zu deutlich reduzierten Preisen.

EINKAUFEN

Vancouver ist eines der Einkaufsparadiese Nordamerikas – riesige, moderne Malls, Designer- und Spezialgeschäfte neben einer bunten Mischung kleiner Einzelhändler wie in Yaletown, Granville Island und am Commercial Drive. Auch in Victoria und Calgary findet man eine gute Auswahl an Fachgeschäften, während man in den Resortstädtchen der Rockies wie Banff auf Outdoorbekleidung spezialisiert ist.

Vancouvers Downtown wird seit jeher vom renommierten Einkaufszentrum Hudson's Bay (S. 72) dominiert – neben Malls wie dem Pacific Centre, aber auch exklusiveren wie dem Sinclair Centre (S. 72), wo sich hinter historischen Mauern Mode- und interessante Fachgeschäfte konzentrieren, oder dem Oakridge Centre (etwa 150 Läden mit Schwerpunkt Mode). Ähnlich reichhaltig ist das Angebot um die Märkte von **Lonsdale Quay** (S. 71) und **Granville Island** (S. 71) sowie in Szene-Vierteln wie Yaletown oder Kitsilano (4th Avenue zwischen Burrard und Alma Street). Als Shoppingmeile in der Innenstadt präsentiert sich die **Robson Street**, von Gianni Versace einst geadelt als »eine der zehn Straßen auf der Welt, wo man einen Laden haben muss«. In Gastown konzentrieren sich immer mehr kleine Galerien für Inuit- und anderes Kunsthandwerk, in Chinatown asiatisch geprägte Läden und Märkte.

Im Umkreis Vancouvers beherbergt **Burnaby** (SkyTrain-Netz) eine der größten Malls:

Metropolis at Metrotown (www.metropolis atmetrotown.com) bietet u. a. 470 Läden und das größte Gastro-Angebot Westkanadas. In **Richmond** ist das **Aberdeen Centre** (www.aberdeencentre.com) ein Schaufenster des asiatischen Handels. Auch das wesentlich kleinere **Victoria** besitzt mit Government und Douglas Street (samt Nebenstraßen) attraktive Einkaufszonen. Ein Pendant zu Granville Island bildet der **Market Square** (www.market square.ca, S. 86), ein viktorianisches Gebäudeensemble mit Restaurants, Galerien, Handwerks-, Kunst- und Designerläden. Hier gibt es vorzügliche Schokolade, Ahornsirup, Tee und Kaffee, Bücher (in zwei ausgezeichneten Buchläden) und Kunsthandwerk. Allein im Mayfair Shopping Centre konzentrieren sich 100 Geschäfte.

Calgary shoppt um den Stephen Avenue Walk im Herzen von Downtown. Das historische Viertel Inglewood (9th Avenue SE zwischen 10th und 14th Street) besitzt tolle Off-Mainstream-Galerien, Antiquitätengeschäfte, Boutiquen und Lokale, während Marda Loop (33rd Avenue SW/19th Street SW; www.mardaloopbrz.ca) einen originellen Laden-Mix vereint. Größte Mall ist das Chinook Centre (Macleod Trail/ Glenmore Trail SW; https://www.cfshops. com/chinook-centre.html).

In den Rockies bietet nur **Banff** nennenswerte Einkaufsmöglichkeiten.

Normale Läden sind meist **geöffnet** Mo–Sa 10–18 Uhr (Fr und Sa zuweilen länger), **Malls** dagegen oft die ganze Woche, meist 7.30–21 Uhr.

Rund um die Uhr öffnen in manchen Städten **Apotheken und Mini-Supermärkte**, wie Mac's oder 7-Eleven.

Sonntagsöffnung, die in ganz Kanada lange Zeit durch »Blue Laws« (zum Schutz religiöser Gemeinschaften) eingeschränkt wurde, wird zunehmend gestattet, meist zwischen 12 und 17 Uhr.

Die staatliche **Goods and Services Tax** (GST) wird mit 5 % auf die meisten Güter erhoben und ist im Preis von Waren und Dienstleistungen oft nicht enthalten. Hinzu kommen in BC noch 7 % **Provinzsteuern**.

AUSGEHEN

Langeweile ist hier ein Fremdwort: Wer Westkanada fade findet, ist nicht zu retten! Die Großstädte und dazu etliche der charmanten Kleinstädte haben genug Freizeitaktivitäten in petto, um Sie auf viele Jahre hinaus auf Trab zu halten!

Festivals und Volkstümliches
Populäre Großveranstaltungen sind Calgary Stampede, Banff Festival of the Arts (S. 160) und Victoria International Festival. Vancouver bietet ein Festival-Programm von Weltniveau: Jazz, Folk und klassische Musik; Film, Komödie und Sport; oder das bunte Neujahrsfest in Chinatown (S. 62).

Kunst und Kultur
Neben klassischen und sonstigen **Musikkonzerten** – etwa des renommierten Vancouver Symphony Orchestra – gibt es in Vancouver noch viele andere Veranstaltungen von **Tanz- und Theatergruppen**. Auch Städte wie Victoria und Calgary verfügen über eine lebendige Kulturszene.

Nachtleben
In Calgary und Vancouver mit ihren **Bars**, **Clubs** und **Kneipen** ist abends viel geboten. **Comedy Clubs** werden ebenso gern besucht wie **Live-Musik-Events**. Auch das ruhigere Victoria besitzt interessante Clubs und nette Kneipen.

Outdoor-Aktivitäten
Kaum eine andere Region der Welt hat ein so umfangreiches Freizeitangebot. Nicht nur in den Rocky Mountains, sondern in so gut wie allen Gebirgen zwischen Pazifik und Prärie finden sich Hikingreviere, die passionierten Wanderern Tränen des Glücks in die Augen treiben. **Mountainbiken**, **Klettern**, **Wildwasser-Rafting**, **Reiten** und **Kanufahren** sind ebenso angesagt wie **Golf** und **Angeln**, **Segeln** oder **Bootfahren**. Die **Wintersport**-Möglichkeiten sind unbegrenzt, etwa in Whistler, Austragungsort der Winterolympiade 2010, oder den Rockies mit Orten wie Banff und Lake Louise. So gut wie alles, was Spaß macht im Schnee, ist möglich, darunter Eislaufen und Rodeln, Eisfischen und Hundeschlittenfahrten, Tubing und Schneeschuhwandern.

Sportveranstaltungen
Eishockey wird in Kanada nur Hockey genannt und ist Nationalsport. Im Westen spielen die Calgary Flames, Edmonton Oilers und Vancouver Canucks in der National Hockey League, der stärksten Eishockeyliga der Welt. (NHL; Saison Okt.–Mai). Tickets können auf den offziellen Vereinsseiten reserviert werden (Informationen in den Visitor Centern).

Informationen
Die Tourist Office genannten Fremdenverkehrsämter und die in allen touristisch bedeutsamen Orten stationierten Visitor Centers liefern aktuelle Informationen über Aktivitäten und Unterhaltungsangebote, ebenso die **wöchentlichen Veranstaltungspläne** in Tageszeitungen oder Zeitschriften.
Anlaufstelle auf der Reise ist das örtliche **Visitor Center** (bzw. Infocenter), wo Sie aktuelle Informationen und Broschüren erhalten und oft auch reservieren oder Tickets für Touren und Veranstaltungen buchen können. Eintrittskarten gibt es in den Städten auch bei zentralen Agenturen wie **Ticketmaster** (www.ticketmaster.ca/).
In den Infocentern wird man kompetent über Aktivitäten in der Region beraten, ganz besonders in den National- und Regionalparks, wo kundige Mitarbeiter geeignete Touren und Unternehmungen empfehlen.

VERANSTALTUNGSKALENDER

Das Angebot an Veranstaltungen ist sehr abwechslungsreich und bietet Events zu jeder Jahreszeit. Es ist für Teilnehmer wie Zuschauer gleichermaßen attraktiv.

Januar/Februar
Polar Bear Swim: Am Neujahrstag stürzen sich über 1000 Menschen an Vancouvers English Bay ins frostig-kalte Meerwasser.
Ice Magic Festival: In Banff arbeiten Künstler die Nacht hindurch vor dem Hotel

Chateau Lake Louise an fantasievollen Eiskreationen.

Chinesisches Neujahrsfest: Mit Tanz, farbenprächtigen Drachenumzügen und Feuerwerk sowie Köstlichkeiten für den Gaumen wird in den chinesischen Vierteln von Vancouver und Calgary gefeiert. Das genaue Datum folgt dem Mondkalender.

Flower Count Week: Die Rockies versinken noch unter einer hohen Schneedecke. Im klimatisch begünstigten Victoria werden die Vorboten des Frühlings präsentiert.

März/April

Vancouver Wine Festival: Während des einwöchigen Festes dreht sich alles um den Wein. Natürlich stehen Weinproben im Vordergrund, es gibt aber auch Weinseminare und verschiedene Galas.

Sun Run: Zu einem der größten Straßenläufe Nordamerikas kommen Läufer und Geher in der vierten Aprilwoche nach Vancouver, wo sie vom Publikum gebührend und lautstark gefeiert werden.

Mai/Juni

Vancouver Craft Beer Week: Kleinbrauereien und natürlich insbesondere deren Brauergebnisse erfreuen sich einer immer größer werdenden Beliebtheit. Ende Mai kommen Bierliebhaber voll auf ihre Kosten. Prost!

Banff Rocky Mountain Wine & Food Festival: Leckermäuler und Gourmets zieht es im Mai nach Banff, wo Köstlichkeiten aus Küche und Keller serviert werden.

Elvis Festival: Sind Sie zufällig Ende Juni in Penticton, dann sollten Sie Elvis nicht verpassen. Dutzende Elvis-Imitatoren sind unterwegs und huldigen dem großen Star.

Vancouver International Jazz Festival: Während des mehrtägigen Events Ende Juni gibt es zahlreiche Open-Air-Konzerte von den Stars der Szene, aber auch von Newcomern.

Juli/August

Calgary Stampede: Das dürfen Sie nicht versäumen! Die «Greatest Outdoor Show on Earth» lockt jährlich rund zwei Millionen Besucher an. Planwagenrennen, Rodeos und jede Menge Cowboys wetteifern bei Wettkämpfen und Vorführungen um den Preis. Ein Event mit großem Rahmenprogramm für die ganze Familie.

Regatta in Kelowna: Segler messen sich im Rahmen der Internationalen Regatta auf dem Lake Okanagan im Juli.

Celebration of Light: Ende Juli und Anfang August findet einer der größten Feuerwerkswettbewerbe Nordamerikas an der English Bay in Vancouver statt. Lassen Sie sich von den spektakulären Feuerwerken verzaubern.

Walbeobachtung: In den Monaten Juli und August ist die beste Zeit für ein ganz besonderes Naturschauspiel an der Pazifikküste – man kann Wale beobachten.

Pacific National Exhibition: In der dritten Augustwoche findet in Vancouver die größte Landwirtschafts- und Industriemesse Westkanadas mit einem großen Rahmenprogramm statt. Dabei dürfen Holzhacker-Wettbewerbe, Livemusik und Imbissstände nicht fehlen.

September/Oktober

Fall Okanagan Wine Festival: In Kelowna wird dieses Fest zur Wein- und Obstlese im Okanagan Valley gefeiert.

Vancouver International Film Festival: Ende September startet das beliebte Filmfestival, das Autorenfilme und weniger beachtete nationale sowie internationale Produktionen zeigt.

Parade of Lost Souls: Während des größten Halloween-Events in Vancouver ziehen gespenstisch verkleidete Teilnehmer in einem von Fackeln erleuchteten Umzug durch die Straßen.

November/Dezember

Eastside Culture Crawl: Ende November öffnen Künstler in Eastside Vancouver ihre Ateliers und präsentieren ihre neuesten Werke.

Santa Claus Parade: Nun herrscht Advents- und Weihnachtsstimmung! In der ersten Dezemberwoche zieht ein großer Festumzug durch die Straßen Vancouvers, und natürlich ist der Weihnachtsmann mit dabei.

Reiseatlas

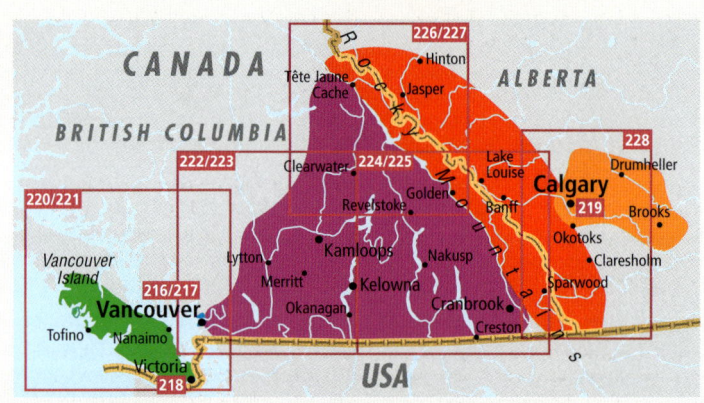

Legende

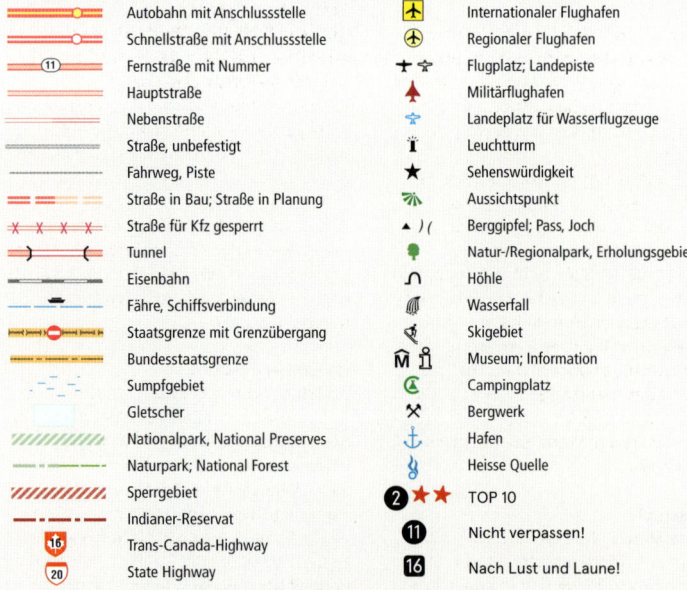

Autobahn mit Anschlussstelle			Internationaler Flughafen	
Schnellstraße mit Anschlussstelle			Regionaler Flughafen	
Fernstraße mit Nummer			Flugplatz; Landepiste	
Hauptstraße			Militärflughafen	
Nebenstraße			Landeplatz für Wasserflugzeuge	
Straße, unbefestigt			Leuchtturm	
Fahrweg, Piste			Sehenswürdigkeit	
Straße in Bau; Straße in Planung			Aussichtspunkt	
Straße für Kfz gesperrt			Berggipfel; Pass, Joch	
Tunnel			Natur-/Regionalpark, Erholungsgebiet	
Eisenbahn			Höhle	
Fähre, Schiffsverbindung			Wasserfall	
Staatsgrenze mit Grenzübergang			Skigebiet	
Bundesstaatsgrenze			Museum; Information	
Sumpfgebiet			Campingplatz	
Gletscher			Bergwerk	
Nationalpark, National Preserves			Hafen	
Naturpark; National Forest			Heisse Quelle	
Sperrgebiet			TOP 10	
Indianer-Reservat			Nicht verpassen!	
Trans-Canada-Highway			Nach Lust und Laune!	
State Highway				

1 : 1 600 000

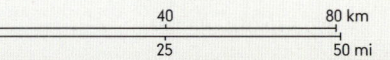

Burra

14 Grouse Mountain
19 Capilano Suspension Bridge Park
20 Whistler

S t a n l e y

2 ★★

P a r k

Beaver Lake

Stanley Park Dr.

Vancouver Aquarium
Marine Science Center

'guson Point

Stanley Park Causeway

Pipeline Rd.

Brockton Pt. Trail

Stanley Par

Seawall

Lost Lagoon Dr.

Lost Lagoon

Royal Vancouver
Yacht Club

WESTEND

Lagoon Dr.

Bayshore Dr.

Georgia St.

W Pend

St r a i t   o f   G e o r g i a

Park Lane
Nelson St.
Chilco St.

Comox St.
Pendrell St.
Guildford St.

Beach Ave.

Denman

English Bay
Beach

English Bay

St.

Robson St.

Alberni St.

Cardero St.

**Robson
Public Market**

Nicola St.
Broughton St.

Coa

Jervis St.

Bute St.

Haro St.

Barclay St.

Davie St.

Burnaby St.

Cardero St.

Nicola St.

Broughton St.

Nelson St.

Pendrell St.

**Nelson
Park**

Comox St.

Seawall Promenade

Jervis St.

Bute St.

Burnaby St.

Sunset Beach

Harwood St.

Thurlow St.

Aquabus

Pacific St.

Burrard St.

Hornby St.

Ho St.

**Maritime
Museum**

Ⓜ

**Vanier Park
Museums**

Ogden Ave.

13 *Vanier Park*

**H. R. MacMillan
Space Centre**

Ⓜ

**Vancouver
Museum**

**Vancouver
Aquatic Centre**

Beach Ave.

**Burrard
Bridge**

Pacific St.

Granville

Seymou

Creelman Ave.

Chestnut St.

**Museum of
Anthropology**

Cornwall Ave.

Burrard St.

**Granville
Public Market**

**Granville
Island Museum**

Ⓜ

**Granville
Bridge**

1st Ave.

Arbutus St.

York Ave.

Burrard St.

2nd Ave.

1st Ave.

2nd Ave.

10 ★★ **Granville
Island**

Cartwright St.

A   B   C

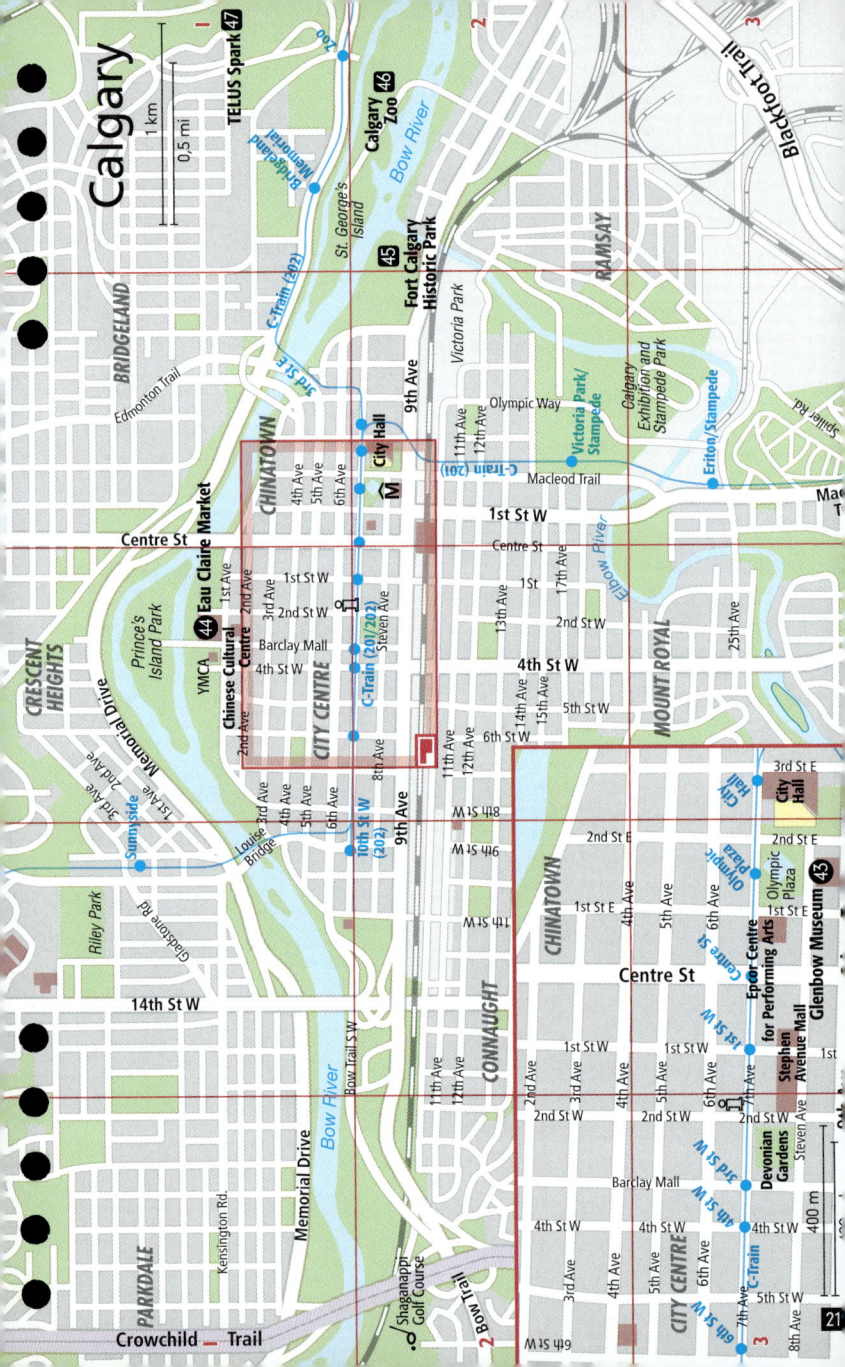

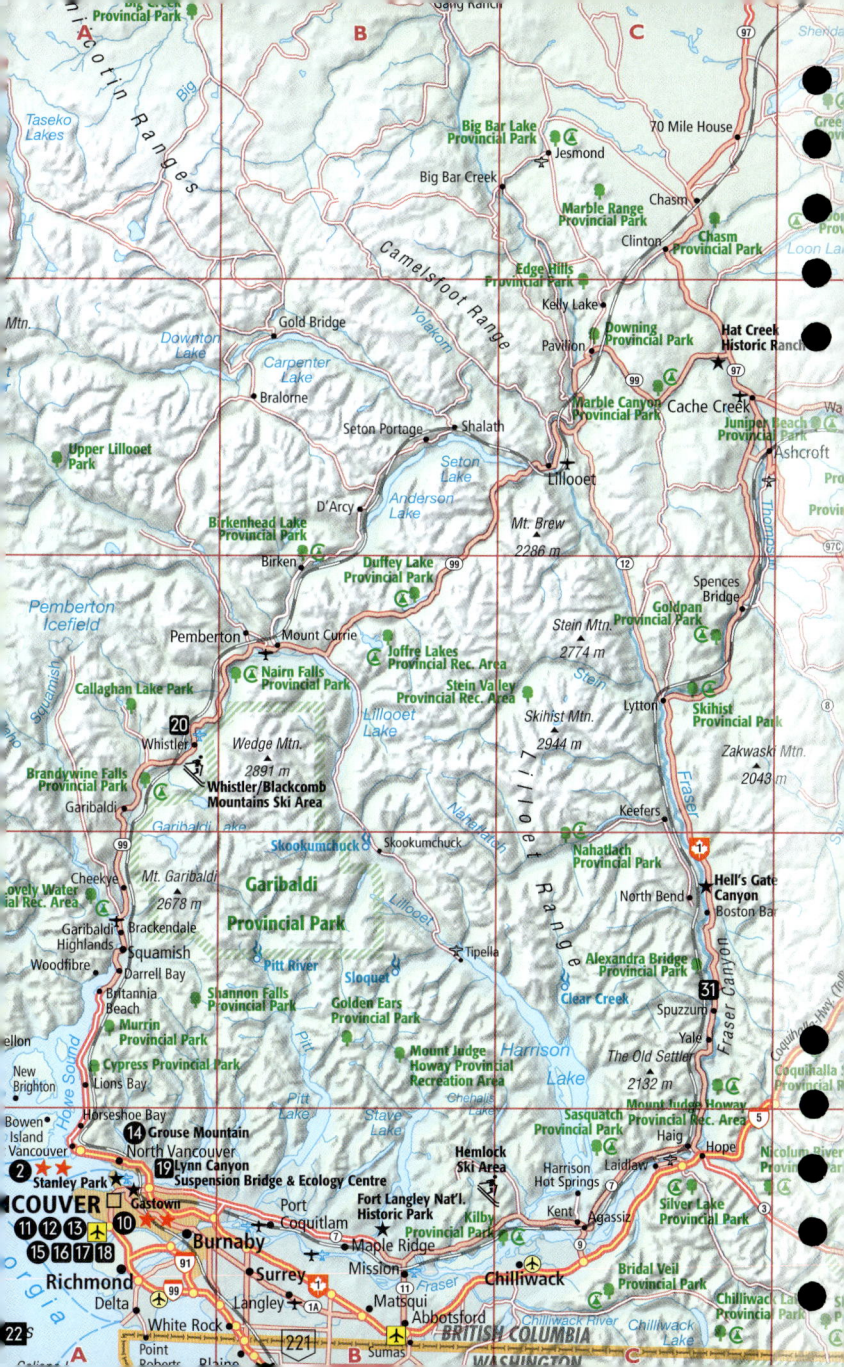

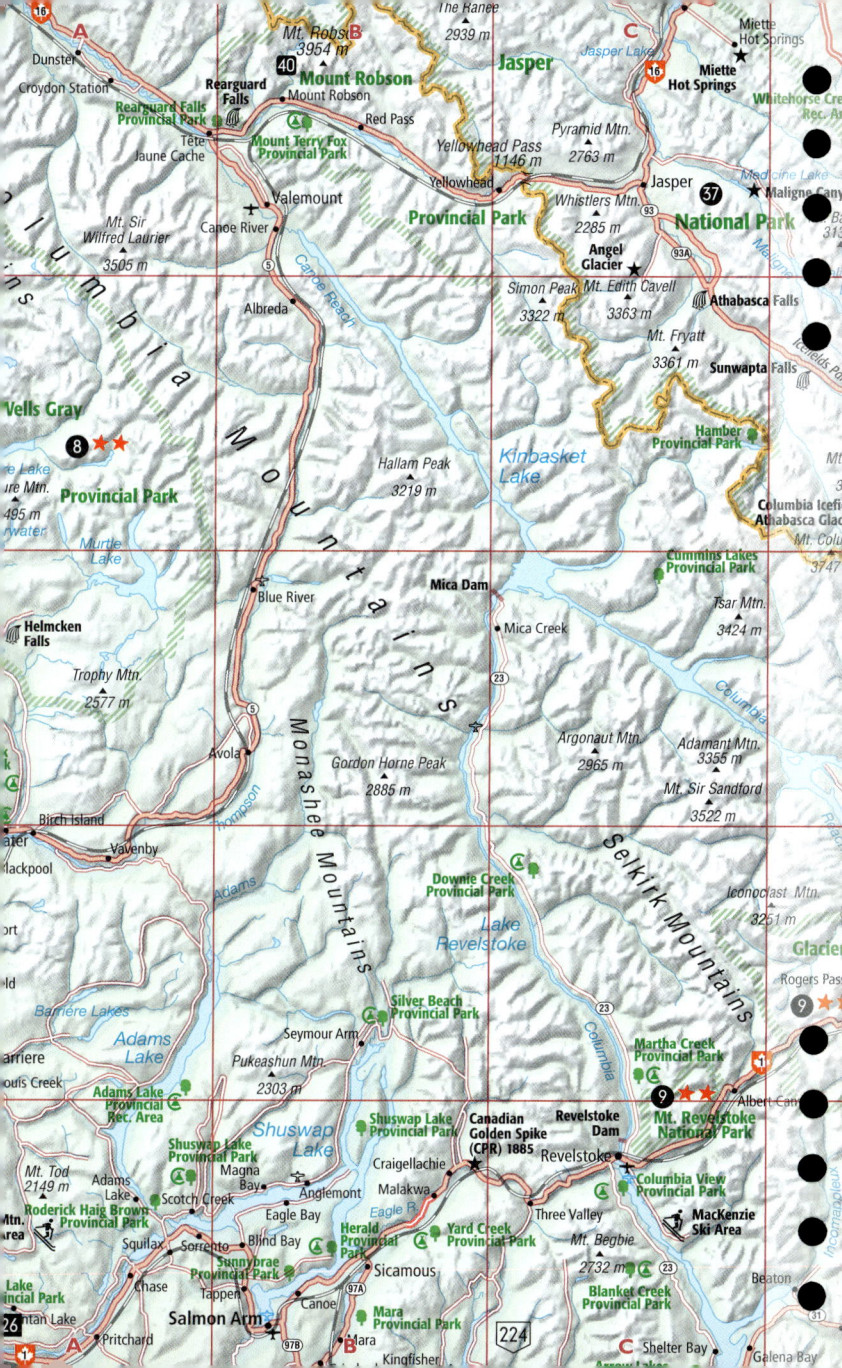

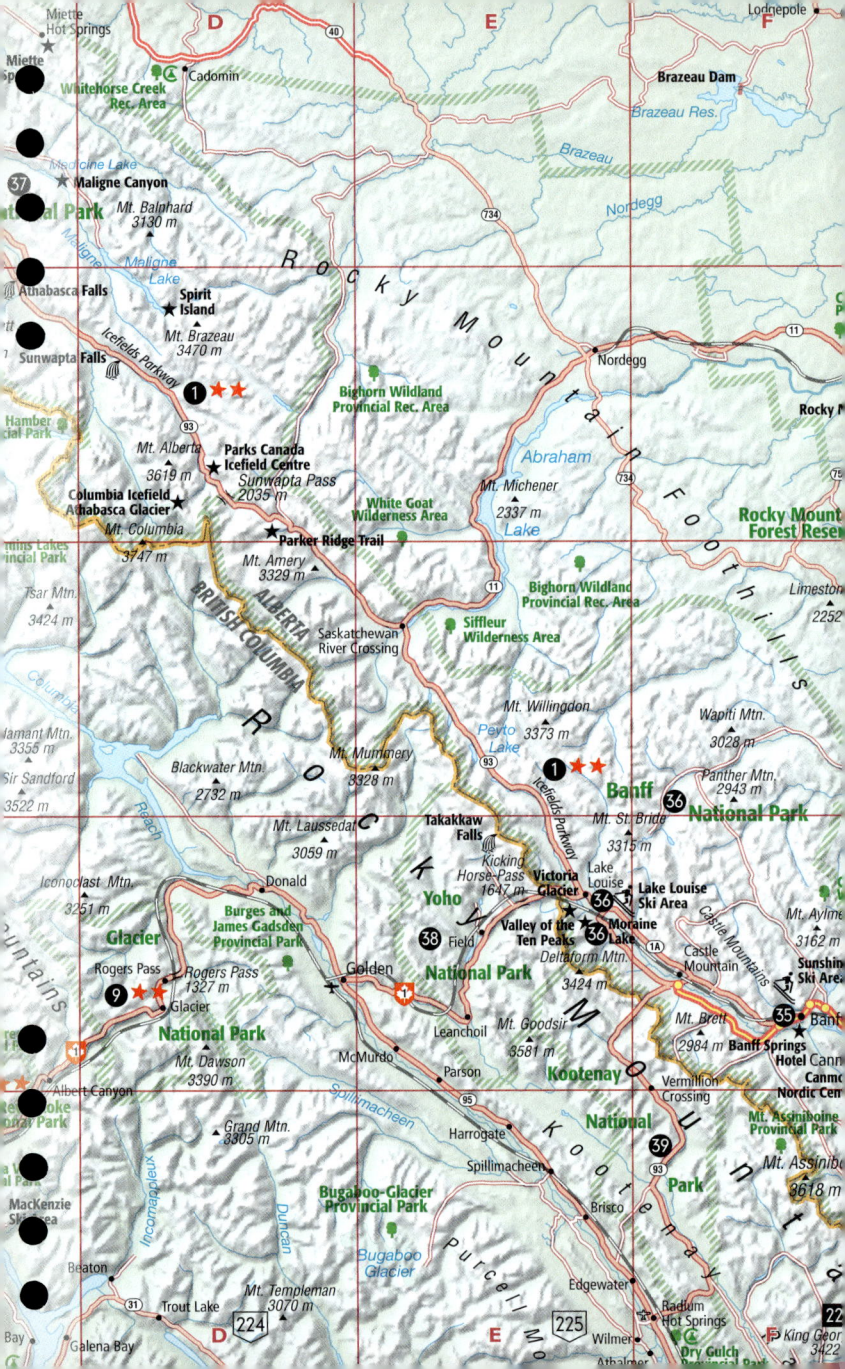

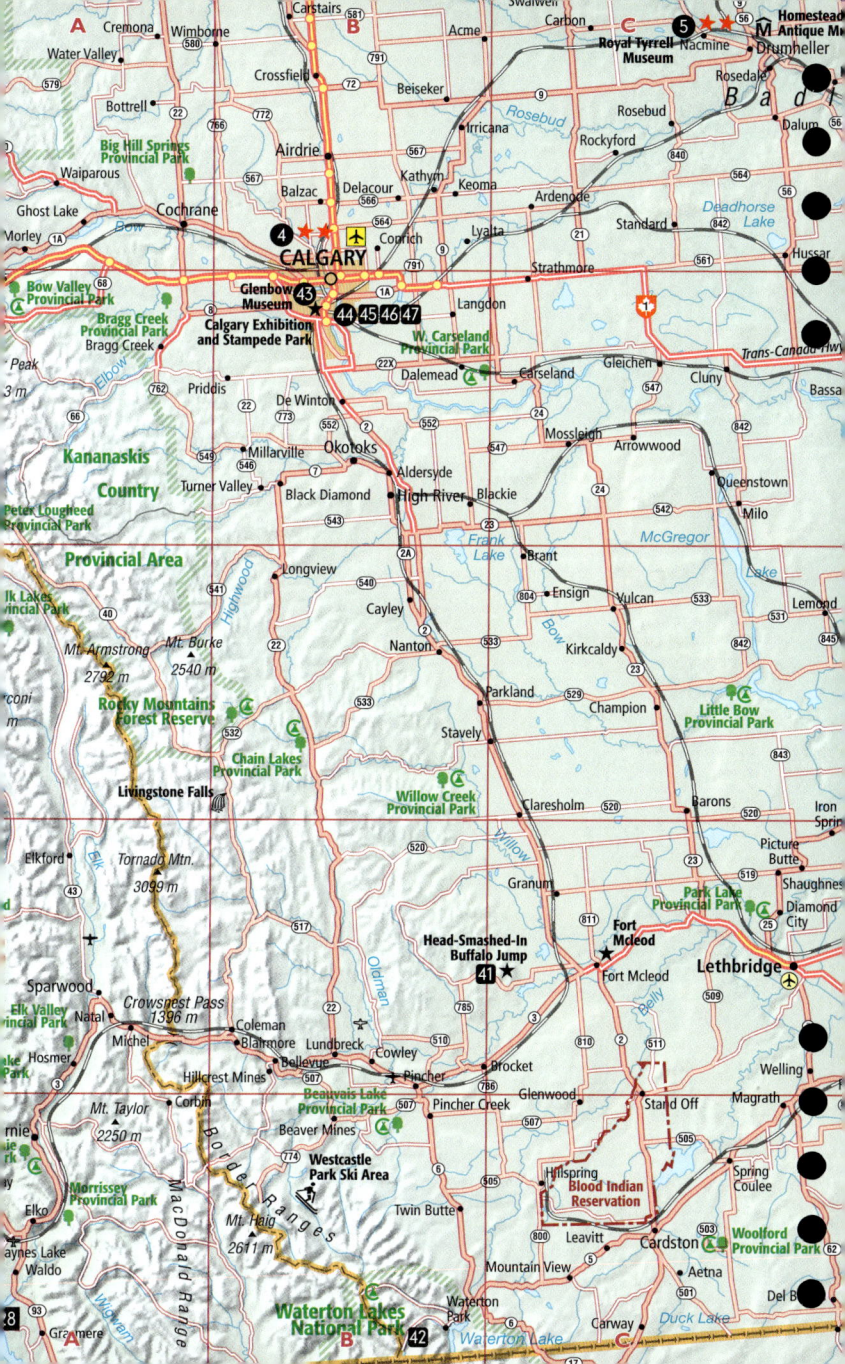

Register

Bildnachweis

AA: J. Tims 21, P. Bennett 24, J. Tims 26 o., C. Coe 31 r. o., P. Timmermans 40/41 m., J. Tims 41 r. und 43 m., P. Bennett 45, J. Tims 50, 56 und 57, C. Sawyer 79 o., J. Tims 82 und 6 (3), 89 r. und l., 111, C. Sawyer 117 u. 118, J. Tims 137, 145, 146, 147, 148, 153, P. Bennett 155, C. Sawyer 178, J. Tims 188, C. Sawyer 189, J. Tims 195, P. Bennett 196, J. Tims 197

akg-images: Sotheby's/Louis Dodd 20, Werner Forman 177

DuMont Bildarchiv/Frank Heuer: 5 o., 10 o., 12/13, 16 o., 16/17, 19 o., 19 u., 23, 25, 26 m. und u., 28, 29, 30, 31 l., 32/33, 37 o. r., 38, 39 r., 40 l., 42 und 6 (2), 43 o., 49 und 6 (10), 52, 53, 54, 59 u., 60, 61, 62, 63, 65, 72 u., 74/75, 79 r. u., 80, 84 und 6 (7), 85, 87, 91, 100/101, 105 o. und u., 106, 107 o. l., l. u. und r., 108 und 6 (6), 109, 115, 116, 120, 124/125, 131 l. o., 132/133 und 6 (1), 135, 136, 138 o. und u., 141, 144, 149, 150, 151, 154, 157, 160, 161, 167 o., 168, 173 und 6 (4), 174 und 6 (5), 175, 183, 184, 185, 186/187, 194, 198/199

DuMont Bildarchiv/Rolf Hicker: 5 u., 37 l., 38/39 m. o., 96, 129 o. und u., 131 l. u. und r., 192/193

Four Seasons 67

Getty Images: Photodisc 22

Glow Images: 93, 119
huber-images: Pietro Canali 14/15, Wolfgang Fuchs 55, Silko Bednarz 112 und 6 (8)

laif: Thomas Linkel 10 u., Le Figaro Magazine/Martin 59 o., hermis.fr/Gil Giuglio 68, Aurora/Michael Hanson 70, Le Figaro Magazine/Fautre 72 o., VU 73, hemis.fr/Jean-Paul Azam 83, robertharding/Christian Kober 94, Andreas Hub, Heeb 113 , Frank Heuer 114 und 6 (9), Karl-Heinz Raach 162/163

Lookphoto: age fotostock 178

mauritius images: ib/Dirk Enters 9, Alamy/Dorling Kindersley ltd 37 m., Alamy/Patti McConville 38 m. u., Alamy/Philip Mugridge 61, Danita Delimont 81 o., Alamy/Emily Riddell 81 r., SuperStock 90, Gerard Lacz 95, age fotostock/Melba 121, Travel Collection 130, Alamy/StockShot 134, Alamy/John Keates 140, Alamy/JessicaVeltri 143, Alamy/Stuart Forster 158, Alamy/Rick Rudnicki 167 u. l. , Hero Images 167 u. r., Alamy/Rosanne Tackaberry 168/169 m. und 169 o., Alamy/Rick Rudnicki 170, Alamy/Richrad Cummins 170/171 m. o., Hero Imafes 170/171 m. u., Alamy/Martin Thomas 171, Alamy/ John Elk III 176, Alamy/All Canada Photos 181, Alamy/John Mitchell 191, Alamy/Anna Stevenson 203

Titelbilder: U1 Oben: Getty Images / Arterra / Kontributor, U1 Unten: Getty Images / Frank Fell, U8: Getty Images / Matteo Colombo

Impressum

© MAIRDUMONT GmbH & Co. KG
VERLAG KARL BAEDEKER

3. Aufl. 2019
Völlig überarbeitet und neu gestaltet

Text: Ole Helmhausen, Tim Jepsen
Übersetzung: Joachim Nagel, Dagmar Lutz
Redaktion: CLP · Carlo Lauer & Partner, Valley
Layout: CYCLUS · Visuelle Kommunikation, Stuttgart
Projektleitung: Dieter Luippold
Programmleitung: Birgit Borowski
Chefredaktion: Rainer Eisenschmid

Kartografie: © MAIRDUMONT GmbH & Co. KG, Ostfildern
3D-Illustrationen: jangled nerves, Stuttgart
Visuelle Konzeption: Neue Gestaltung, Berlin

Anzeigenvermarktung: MAIRDUMONT MEDIA
Tel. 0711 45 02-0, media@mairdumont.com
media.mairdumont.com

Printed in Poland

Trotz aller Sorgfalt von Autoren und Redaktion sind Fehler und Änderungen nach Drucklegung leider nicht auszuschließen. Dafür kann der Verlag keine Haftung übernehmen. Berichtigungen, Kritik und Verbesserungsvorschläge sind uns jederzeit willkommen, bitte informieren Sie uns unter:

Verlag Karl Baedeker / Redaktion
Postfach 3162
D-73751 Ostfildern
Tel. 0711 45 02-262
smart@baedeker.com
www.baedeker.com

FSC
www.fsc.org
MIX
Papier aus verantwortungsvollen Quellen
FSC® C018236

Meine Notizen

Meine Notizen

Meine Notizen

★★ Baedeker Topziele

Unsere TOP 10 helfen Ihnen, von der absoluten Nummer eins bis zur Nummer zehn, die wichtigsten Reiseziele einzuplanen.

❶ ★★Icefields Parkway
Fahrgenuss pur: Der als Icefields Parkway bekannte Highway 93 von Banff durch die Nationalparks Banff und Jasper nach Jasper mit zwei Dutzend Gletschern ist der spektakulärste. (S. 132)

❷ ★★ Stanley Park
Dank seiner nie geschlagenen Hemlock- und Douglasienbestände und schönen Spazierwegen strahlt der Park Westcoastmagie aus. (S. 42)

❸ ★★ Inner Harbour, Victoria
Ein schöner Naturhafen mit dem traditionsreichen Empress Hotel von 1908 als Ausgangspunkt. (S. 82)

❹ ★★Calgary Tower
Im Osten die Prärie, im Westen die schneebedeckten Rocky Mountains – die Aussichtsplattform des 191 m hohen Tower ist der schönste Ort für Ankommen und Vorfreude. (S. 172)

❺ ★★Royal Tyrell Museum
Die grandios inszenierten Dinosaurierskelette und die Lage in den ariden Badlands machen diesen Trip zum schönsten Abstecher von Calgary aus. (S. 174)

❻ ★★ Okanagan
Kontrastprogramm! Das liebliche Okanagan Valley und sein wüstenhaftes, eher an Nevada erinnerndes Anhängsel Osoyoos Valley zählen zu den besten Weinbaugebieten Nordamerikas. (S. 108)

❼ ★★ Pacific Rim National Park
Fischerhafen, Hippie-Enklave, Surf-City: Tofino ist heute ein beliebter Ausgangspunkt für Touren zu den Walen, Bären und sonstigen Naturschönheiten des oft nebelverhangenen Nationalparks. (S. 84)

❽ ★★Wells Gray Provincial Park
Der Hauptgrund für den Besuch sind die zahlreichen Wasserfälle, allen voran die 141 m hohen, spektakulären Helmcken Falls. (S. 110)

❾ ★★Glacier & Mt. Revelstoke National Park
Steile Berge mit dramatischen Lawinenabgängen, 400 Gletscher und Rogers Pass, ein von Straße und Schiene über- und unterquerter Gebirgspass – Kanada in XXL! (S. 114)

❿ ★★ Granville Island
Das pulsierende Herz der Pazifik-Metropole Vancouver! Galerien und Indie-Bühnen, Bio-Gärtner, Künstler und der beste Public Market im Westen – auf Granville Island trifft man sich. (S. 48)

Ein Gefühl für Vancouver & die Rockies bekommen ...

Erleben, was den Westen Kanadas ausmacht, das einzigartige Flair der Stadt und die Naturerlebnisse der Rockies spüren. So, wie die Einheimischen selbst.

Robson rockt

Jung, trendy, multiethnisch – die von Downtown nach West End strebende *Robson Street* (+216 C3) verkörpert das junge Vancouver wie keine andere Straße der Stadt: Die über 100 *Boutiquen, Spas, Bars und Straßencafés* sind insbesondere an lauen Sommerabenden die wichtigsten Treffs der »People Watcher«: Was isst man gerade wo, was ist der neueste Szene-Drink? Trends beginnen hier, andere werden hier zelebriert, wie das frühmorgendliche Jogging um den Block oder die Radtour in den Stanley Park nach Feierabend.

Unter Giganten

Feucht dampfende Stillleben aus umgestürzten Zedern, hüfthohem Farn und im Blätterdach verschwindenden Baumstämmen, und das alles untermalt vom unüberhörbaren Plitsch-Platsch und Geruch von Moder und Verwesung. Genießen Sie auf einem Spaziergang zwischen uralten und bis zu 9 m dicken Douglasien des *MacMillan Provincial Park>* (+220 D3) auf Vancouver Island die Urwüchsigkeit des letzten gemäßigten Regenwalds Nordamerikas (Hwy 4).

Besuch bei Willy & Co.

Keine British-Columbia-Broschüre ohne vor den nebelverhangenen Bergen der *Coast Mountains* auftauchende Orcas! Ein Besuch bei den intelligenten Meeressäugern gehört zum Pflichtprogramm jeder Reise durch Kanadas Westen. Das Fischernest *Telegraph Cove* auf Vancouver Island ist der beste Ausgangspunkt für Besuche bei den aus den »Free Willy«-Filmen bekannten und beliebten Tieren (Stubbs Island Whale Watching, Tel. 250 9 28 31 85, www.stubbs-island.com).

Strandwanderungen in Tofino

Im Winter schleudert das berüchtigte Aleuten-Tief einen Sturm nach

Fühlen Sie den Sand unter den Füßen und den
Pazifik, der um ihre Knöchel spielt.

Bis zu 75 m hohe Baumgiganten, mehrere hundert Jahre alte Zedern, geleiten Sie durch die Wälder von Vancouver Island.

Eine Shopping-Tour entlang Vancouvers Robson Street ist ein Muss – wie wäre es mit ein Paar echten Cowboystiefeln?

dem anderen gegen die Pazifikküste von Vancouver Island, das Resultat: betonharte Sandstrände, vor allem bei Tofino (S. 84), ideal für ausgedehnte Strandspaziergänge im Sommer, bei denen man den mächtig gegen die Klippen krachenden Pazifik und Surfer aus aller Welt beobachten kann. Denn Tofino ist Kanadas Surf City!

Die Rockies mit dem Drahtesel erkunden

Wapitis, Kojoten und Schwarzbären, dazu dichte Nadelwälder und über alledem die mächtigen, oft noch schneebedeckten Dreitausender der kanadischen Rockies: Radeln Sie den 55 km langen *Bow Valley Parkway* (†227 F2) von Banff nach Lake Louise und erleben Sie Kanada so noch näher und unmittelbarer (Radverleih: Soul Ski & Bike, Banff, 203A Bear St., Tel. 403 7 60 16 50, www.soulskiandbike.com).

Life is a Highway

Auf geht es zu einem Kanadaerlebnis der besonderen Art. Steigen Sie ins Auto oder in ein Mobilhome, machen Sie es sich hinter dem Lenkrad bequem und genießen Sie fortan die vorbeigleitenden Traumlandschaften. Von den vielen Panoramastraßen im Westen sind diese die schönsten: der *Sea-to-Sky-Highway* von Vancouver nach Whistler, der *Kootenay Parkway* durch den Kootenay National Park (S. 152) und die *Highways 97 und 20* von Williams Lake nach Bella Coola am Pazifik. Und für den perfekten Genuss: Vergessen Sie Ihre Playlist nicht!

Im Tipi träumen

Der Mond geht auf, am Firmament leuchten unendlich viele Sterne, ein Windstoß schüttelt sanft das beigefarbene Segeltuch auf. Eine Nacht in einem der kegelförmigen, nach oben offenen Tipis im Tipi-Dorf von *Head-Smashed-In* (S. 154) bleibt ein unvergessliches Erlebnis. In der Regel sind die Tipis mit Matratzen und Decken ausgerüstet. Und mit etwas Glück gesellt sich abends am flackernden Lagerfeuer ein »Storyteller« vom Stamm der Blackfoot hinzu.

Einmal zu Fuß durch die Wildnis und Kanada pur erleben

Ausgedehnte Wildblumenwiesen, imposante Berge, immer wieder neue Aussichten und mit etwas Glück rot glühende Sonnenuntergänge: Machen Sie eine Pause von der Straße und schließen Sie sich einer der geführten Wanderungen durch den *Wells Gray Provincial Park* (S. 110, Wells Gray Adventures, Clearwater, Tel. 250 5 87 64 44, www.skihike.com) an. Tagsüber erkunden Sie bei einfachen, aber erlebnisreichen Wanderungen die Wildnis im Hinterland, nachts schlafen Sie in rustikalen Hütten an der Baumgrenze – wie sollten Sie ein Stück echtes Kanada authentischer erleben?

Das Museum of Anthropology in Vancouver ist eine der führenden Institutionen für die Kultur indigener Völker Nordamerikas.

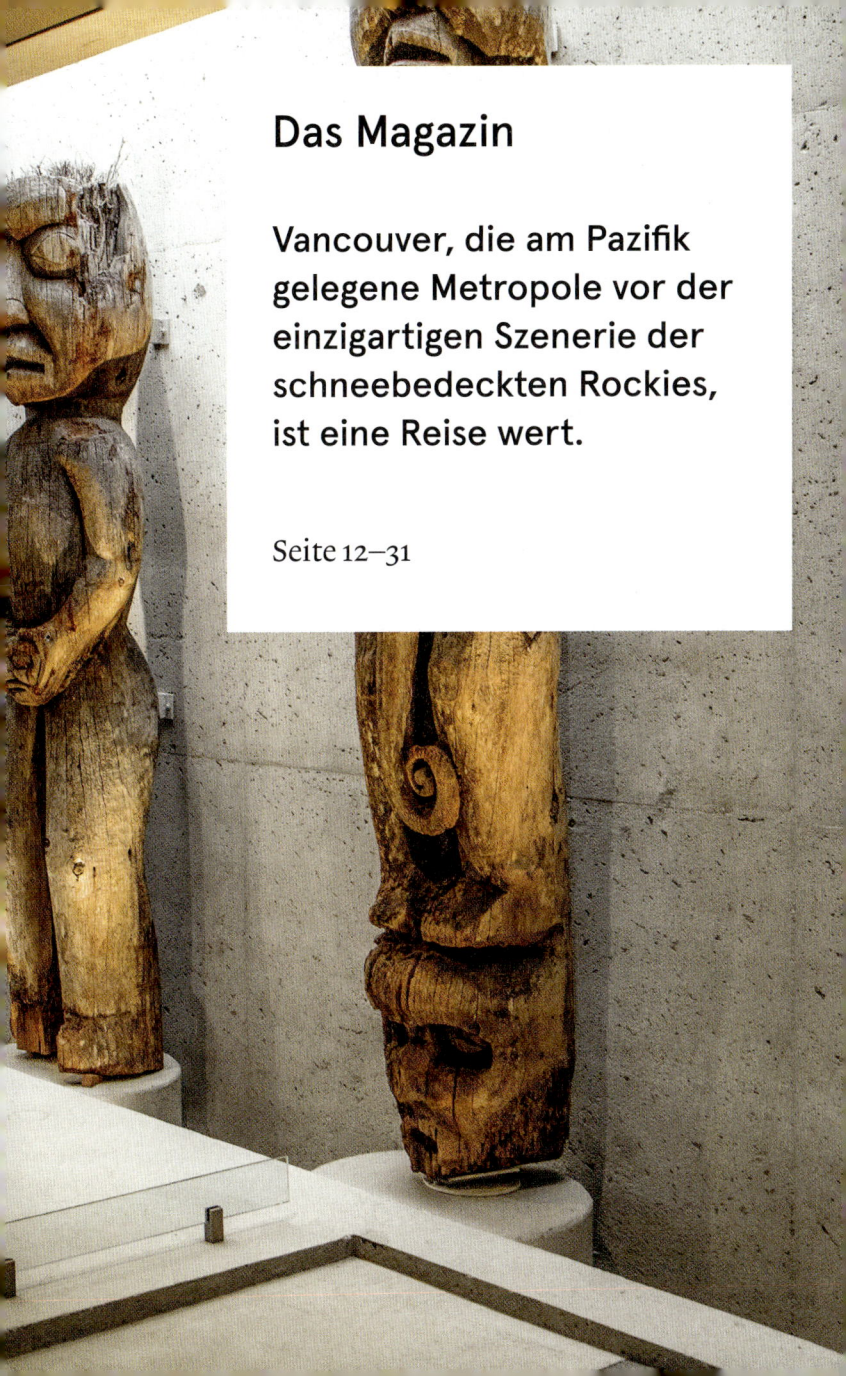

Das Magazin

Vancouver, die am Pazifik gelegene Metropole vor der einzigartigen Szenerie der schneebedeckten Rockies, ist eine Reise wert.

Seite 12–31

Vancouver rangiert stets ganz oben auf der Liste der schönsten Städte der Welt. Die markante und in allen Farben leuchtende Skyline bestätigt diese Position.

Vancouver – Stadt des Lichtes und der Zukunft

Vancouver ist dynamisch, kosmopolitisch, wachstumsorientiert – eine der schönsten und lebendigsten Städte der Welt. Vancouver ist die Stadt, die alle Kanadabesucher zuerst sehen wollen. Hier erfahren Sie warum.

Dabei verwöhnt einen der Wettergott nicht unbedingt: Vancouver wird nicht umsonst die "Rain City" genannt. Doch Stadtbild und Licht sind eindeutig Westcoast, verspielt designt und bunt am Abend. Das allein wird Sie tief durchatmen lassen und Ihnen ein Lächeln auf die Lippen zaubern.

Dazu die Natur vor der Haustür: Skilaufen von November bis April, Parks und Strände nur Minuten von Downtown entfernt. Und die Restaurants sind Weltklasse.

Hier regiert die Lebenslust
Tolle Natur, aber langweilige Städte? Höfliche Menschen, aber ein

bisschen zu korrekt? Von wegen! Vancouver straft alle Vorurteile über Kanada Lügen. In der Pazifikmetropole herrscht Lebensfreude pur, in einer spektakulären Kulisse und mit aufregendem Nachtleben, von aktiven Vancouverites wimmelnden Stadtstränden, angesagten Cafés und gestylten Bars. Was Westcoast-Flair und Lage zwischen Bergen und Pazifik angeht, braucht sich Vancouver nicht hinter San Francisco zu verstecken. Am Canada Place, wo alle Rundgänge beginnen oder enden, zeigt die Stadt zukunftsweisende Inner-City-Architektur. Auf den Bergen warten Vier-Jahreszeiten-Spielplätze der Extraklasse. Segeln kann man hier auch, und auf Granville Island (S. 48) ist man in den Cafés umringt von Shoppern, Flaneuren und Müßiggängern.

Pazifische Gefilde

Bedingt durch seine Lage am Pazifik ist Vancouver seit Generationen Ziel von Einwanderern aus China und anderen asiatischen Ländern – sie stellen fast die Hälfte der rund 2,5 Mio. Einwohner im Großraum, und die Chinatown hier ist die drittgrößte Nordamerikas (nach New York und San Francisco). Das moderne British Columbia (BC) ist auf den Ozean ausgerichtet. Etwa drei Viertel leben an der Küste. Der Pazifik sowie die Märkte Asiens spielen eine immer bedeutendere Rolle für Vancouvers Wirtschaft und Gesellschaft.

Stadt voller Dynamik

Auch der Zensus von 2016 bestätigte: Vancouver wächst weiterhin schneller als alle andere kanadischen Städte, dieses Mal um 6,5 Prozent seit 2011! Damit liegt die Perle am Pazifik nicht nur über dem nationalen Durchschnitt (5,0 %), sondern auch über dem von BC (5,6 %).

Stadtviertel im Wandel

Exemplarisch für diese enorme Dynamik ist Downtown, das

kommerzielle Herz der Stadt, auf der Halbinsel im Burrard Inlet. Südlich und östlich der ersten Magistralen Robson und Burrard Street pulst es mit Malls, Hotels und glitzernden Kondominiumtürmen, angesagten Kunstgalerien und matt schimmernden Bürogebäuden.

Auch Gastown, der alte Stadtkern, hat Veränderungen durchlaufen: In den 1970ern ein für tot erklärtes Niemandsland, erlebte es die Verwandlung in eine Touristenfalle und zuletzt in ein trendiges Kunst- und Ausgehviertel. Chinatown im Osten verweigert sich dem Wandel und wirkt nach wie vor wie ein soeben in Kanada angekommenes Fragment des Reichs der Mitte. Immer mehr zum Refugium gut verdienender Millenials wird das West End am anderen Rand von Downtown, ein großzügiges, feines Wohnviertel mit von Bäumen

gesäumten Straßen, das allerdings auch sprichwörtlich in den Schatten großer Apartment-Komplexe am Coal Harbour gerät.

Etwas außerhalb

An der Nordküste zum Burrard Inlet erstrecken sich mit North und West Vancouver zwei gediegene, zum Bezirk Metro Vancouver gehörende Städte. Damit verglichen quirlig ist das südlich von Downtown und False Creek anschließende Wohn- und Geschäftsviertel South Vancouver, ein munteres Biotop junger Familien und Einwanderer. In den 1960er-Jahren war dessen Kitsilano-Distrikt Mittelpunkt einer alternativen Szene. Inzwischen etwas schicker geworden, hat es sich dennoch viel von seiner angestammten Lässigkeit erhalten. Im benachbarten False Creek liegt in Granville Island, einst

eine Industriebrache und heute mit seinem von Cafés, Kleinbetrieben und Mikrobrauereien umgebenen Public Market eine der Attraktionen der Stadt. Seit ein paar Jahren ist Yaletown besonders im Trend. Die alte Speicherstadt am Südende der Halbinsel ist heute eines der anziehendsten Viertel Vancouvers.

Drei Gebäude der Great Period …

★ *Marine Building (1930)*
355 Burrard Street Vancouvers einzig erhaltener Art-déco-Prachtbau: Schmuckfassade mit kunstvollen Reliefs, dazu die schönste Halle der Stadt.

★ *Toronto-Dominion Bank (1920)*
580 West Hastings Street Meisterwerk des Architekten Marbury Somervell.

★ *St. James Anglican Church (1936)*
303 East Cordova Street Eine der hier raren alten Kirchen, erbaut nach einem Entwurf von Adrian Gilbert Scott.

… und drei der Moderne

★ *Vancouver Public Library (1995)*
350 West Georgia Street Moshe Safdie schuf ein modernes Kolosseum. Gemeinsam mit dem nahen General Motors Place bezeugt es die Ausbreitung der Stadt nach Osten.

★ *Robson Square (1979)*
800 Robson Street Arthur Erickson bezog ein historisches Justiz- und Verwaltungsgebäude in eine moderne Platzgestaltung ein.

★ *MacMillan Bloedel Building (1969) 1075 West Georgia Street* Für den Forstwirtschaftsgiganten MacMillan Bloedel ersann Erickson dieses neoklassizistische Meisterwerk.

Kreativität liegt in der Luft …

Vielleicht liegt es ja an der herrlichen Umgebung – stolze Gipfel und rauschende See –, dass in dieser lebendigen, stilvollen Stadt so ungewöhnlich viele kreative Köpfe beheimatet sind.

Vancouver ist eine Stadt des Films – in den vergangenen zwei Jahrzehnten avancierte sie zum viertgrößten Produktionszentrum Nordamerikas für Kino und Fernsehen (nach Los Angeles, New York und dem ostkanadischen Toronto). Hier kann man preiswert produzieren und findet sowohl in der Stadt als auch im schönen Umland herrliche Kulissen. Aus Vancouver stammen übrigens die Stars Michael J. Fox, Pamela Anderson, Ryan Reynolds und James Doohan (»Scotty« in *Star Trek*).

Hervorragende Noten

Vancouver ist auch die Heimat namhafter Maler, Fotografen, Dichter, Schriftsteller (wie Douglas Coupland, Autor von *Generation X – Geschichte für eine immer schneller werdende Kultur*, 1991) und Musiker: Rock-Star Bryan Adams verbrachte hier seine Jugendjahre, Jazz-Diva Diana Krall und die Sängerin Nelly Furtado stammen gleichfalls aus der Gegend. Die musikalische Vielfalt ist beachtlich und reicht von den romantischen Balladen einer Sarah McLachlan und der Folk-Band Be Good Tanyas bis zu den klassischen Ensembles des Vancouver Symphony Orchestra und des Vancouver Chamber Choir; einen exzellenten Ruf genießt ferner die hiesige Oper (die Adressen aller drei Institutionen und nähere Informationen siehe S. 73).

Rudyard Kipling

Der britische Schriftsteller und Nobelpreisträger (1865–1937) hielt sich mehrmals in Vancouver auf und erwarb dort sogar einige Grundstücke (eines Ecke Fraser und East Eleventh Street), die er erst nach 30 Jahren wieder veräußerte.

Halb Hipster-Fashion, halb Underground-Art, so präsentiert sich die trendige Boutique El Kartel in Chinatown.

Das Bauhaus in einem historischen Gebäude in Gastown ist eine gelungene Mischung aus Galerie und Gourmet-Cuisine.

Kunststücke

Dass die Bildende Kunst in Vancouver auf eine lange Tradition zurückblickt, verdankt sie auch den Ureinwohnern wie dem Haida-Künstler Bill Reid (1920–1998), dessen Leben und Schaffen man in der Bill Reid Gallery bewundern kann.

Nach wie vor als Größe unter den Vertretern British Columbias gilt Emily Carr – die Vancouver Art Gallery (S. 54) zeigt etliche Werke der 1945 verstorbenen Malerin. Ein Hort der Künste ist Vancouver heute mehr denn je, mit zahlreichen Galerien aller Art. In der Mehrzahl sind sie in South Granville und Granville Island angesiedelt, während die Contemporary Art Gallery, eine der ältesten unabhängigen Kunstgalerien der Stadt, bis heute in der Nelson Street zwischen zehn und 20 aufregende Ausstellungen pro Jahr durchführt.

Die Expeditionsschiffe von Kapitän Vancouver vor Anker

Die Wurzeln Vancouvers

Der Großraum Vancouver begann als Siedlungsgebiet der Küsten-Salish. Vor rund 140 Jahren kamen ein paar armselige Holzfällersiedlungen dazu, und dann ging plötzlich alles ganz schnell.

Über 10 000 Jahre waren das spätere British Columbia und Vancouver Siedlungsgebiet kulturell hoch entwickelter Nordwestküstenstämme. Der erste Europäer, der hier seinen Fuß an Land setzte, war möglicherweise im Jahr 1778 James Cook. In dessen Mannschaft befand sich auch ein Seekadett namens George Vancouver.

George Vancouver

1791 war dieser Kadett zum Kapitän aufgestiegen und von der britischen Regierung mit der Kartografierung der nördlichen Pazifikküste beauftragt worden. Im Jahr darauf entdeckte er die Mündung des Fraser River und segelte um eine bewaldete Landzunge in einen ausgedehnten natürlichen Fjord, den er (nach einem Besatzungsmitglied) Burrard nannte. Hier sollte später die Stadt Vancouver entstehen. Auf dem Areal des heutigen Stanley Park trieb er kurz Handel mit den zu den Salish gehörenden Squamish und verließ den Ort noch am selben Tag. 1886 wurde die hier gegründete Stadt nach ihm benannt.

»Gassy« Jack

1867 landete John (»Jack«) Deighton (1830–1875), ein ehemaliger Flussschiffkapitän, mit seinem Kanu an einer Waldlichtung nahe jenem Platz, wo Kapitän Vancouver geankert hatte. Dort stand inzwischen ein Sägewerk neben dem anderen. Für deren Arbeiter herrschte strengstes Alkoholverbot. Der findige Deighton nutzte die Chance und eröffnete außerhalb der »Sperrzone« einen Saloon (heute Ecke Water und Carrall Street), wenig später einen zweiten. Seine Schwatzhaftigkeit brachte dem Wirt den Spitznamen »Gassy« (»Plaudertasche«) ein. Um die Kneipen herum etablierten sich bald Wohngebäude. Und heute ist Gassy Jack lebensgroß verewigt auf dem Maple Tree Square in dem nach ihm benannten Viertel Gastown (S. 62).

Die allseits beliebte Bronzestatue von Gassy Jack thront seit 1970 auf einem Whiskeyfass.

Kunst der Ureinwohner

Fisch, Wale, Holz und Mineralien im Überfluss versorgten die Nordwestküstenstämme einst mit Nahrung, Unterkunft und Handelsgütern. Stämme wie die Bella Coola, Stólo, Tlingitu und Haida waren sesshaft, unterhielten Handelsbeziehungen bis nach Kalifornien sowie weiter südlich bis nach Mexiko und hatten noch genug Muße für die Schöpfung hochwertiger Kunstwerke. Die künstlerische Tradition vor allem der Haida hat bis heute überlebt, etwa im Schaffen Bill Reids.

Die Wildnis vor der Haustüre

In den Straßen von Banff oder Jasper begegnet man nicht selten Hirschen und Bergziegen. Und in den Bussen Vancouvers werden Sie hin und wieder auf Fichtennadeln treten, die Pendler aus North Vancouver hinterlassen. So nahe ist die Wildnis.

Die erste Begegnung mit einem Grizzly lässt einem den Atem stocken.

Der Bär ist los

West-Kanada ist Bärenland, sehr zur Freude der Touristen. Der Lebensraum von Meister Petz erstreckt sich über den Großteil der Rocky Mountains und British Columbias und man begegnet ihm eher am Straßenrand als auf Wanderwegen im Hinterland. Von den beiden ansässigen Großbärenarten die weitaus größere ist der Grizzly, erkennbar an dem Buckel hinter dem massigen Schädel. Wie sein kleinerer Kollege, der täuschend harmlos wirkende Schwarzbär, kann er sehr gefährlich

BÄREN-KODEX

Taucht ein Bär am Straßenrand auf, kommt es leider oft zu Verkehrsstaus, und Neugierige eilen mit Kameras bewaffnet dem Objekt der Begierde entgegen. Ein Bär, der dies mehrmals erlebt, droht sein Gespür für die Gefährlichkeit des Verkehrs zu verlieren, was nicht selten in Kollisionen von Tier und Technik mündet. Lassen Sie die Bären Bären sein und fotografieren aus dem Auto.

Die Hot Springs Cove bei Tofino sind nicht leicht zu erreichen, aber ein Bad in den warmen Pools ist eine Wohltat.

werden. So täppisch diese Petze anmuten, sie sind auf kurzer Strecke schneller als ein Rennpferd. Trotzdem: Nie hastig weglaufen, sondern behutsam den Rückzug antreten – niemals auf einen Baum, denn Bären klettern hervorragend.

Whale Watching

Ein Höhepunkt sind die Wale. Whale-Watching-Touren werden sogar in Vancouver angeboten, doch die meisten Veranstalter gibt es in

Lang erwartet: Die mächtige Schwanzflosse eines Grauwals erhebt sich anmutig.

Victoria, Tofino (S. 84) und auf Vancouver Island, unweit der Migrationsrouten von Grauwalen, Orcas und ihren Verwandten. Die Wale kalben vorwiegend vor der Küste der mexikanischen Baja California und suchen im Sommer Planktongründe in der vor Sibirien gelegenen Bering- und Chukchi-See auf – mit 8000 km die längste Reise, die eine Säugetierart auf sich nimmt. Im März und April sieht man sie von Vancouver Island nordwärts ziehen, Ende September und Anfang Oktober kommen sie zurück.

Gut zu Fuß

Auf Liebhaber unberührter Natur warten in West-Kanada spektakuläre Berge, endlose Wälder und einsame Küsten – ein herrliches Revier für Ausritte, Mountainbike-Touren oder Kanu- und Wildwasserfahrten. Abenteuerlustige können ihren Adrenalinkick beim Paragliding finden oder beim Zip-Lining über Gipfel und Täler. Die einfachste und preiswerteste Art der Fortbewegung bleibt indes das Wandern!

Vor mehrtägigen Hikes ins Hinterland sollten Sie jedoch unbedingt alles Notwendige mit der jeweiligen Nationalparkverwaltung klären und für adäquate Ausrüstung sorgen.

Panoramablicke

Ist Ihnen nur an entspanntem Schlendern durch atemberaubende Landschaft gelegen, sind Sie bestens im Johnston Canyon (S. 141) aufgehoben oder frisch bergauf zum Lake Agnes Teahouse (S. 192). Darf es allerdings ein bisschen mehr sein? Dann sollten Sie von dort aus zur Plain of Six Glaciers (S. 192) wandern. Schöne Alternativen sind der Yoho National Park (S. 148) mit dem 20 km langen Iceline Trail (der sich in steilem Zickzack an Gletschern vorbei zu den Takakkaw Falls windet) oder der West Coast Trail (S. 84) im Pacific Rim National Park.

Blick vom Whistler Mountain zum Black Tusk, einen ehemalligen Vulkanschlot

Rocky Mountains

**Die Rocky Mountains sind eines der eindrucksvolls-
ten und schönsten Gebirgsmassive der Welt.
Der Mensch erschloss sie erst Ende des
19. Jahrhunderts – mit der Eisenbahn.**

Eine Traumlandschaft ensteht

Vor einer Milliarde Jahren bedeckte die Granitmasse des Kanadischen Schildes weite Teile Nordamerikas. Im Verlauf mehrerer Millionen Jahre wurden erodierte Sedimente aus dem Fels gewaschen, wanderten quer über den Kontinent und wurden im heutigen Pazifik abgeladen. Während weiterer Jahrtausende wuchs diese Sedimentablagerung, vermehrt um den Kalk von Algen und anderen Meerestieren, auf eine Dicke von knapp 20 km.

Unter immensem Druck wurde bei diesem Prozess kontinuierlich Schlamm zu Schiefer, Sand zu Sandstein und die Ablagerungen der Meeresbewohner zu Kalkstein zusammengepresst – was heute noch sichtbar ist an den geometrischen Formationen bunter Felsen (gut zu beobachten z. B. im Banff National Park, S. 137).

Wegweiser bei den Takakkaw Falls im Yoho National Park

Gebirgswehen

Damals befanden sich die Rockies noch unter Wasser. Vor 175 Mio. Jahren falteten dann Kollisionen zwischen der Land- und Sedimentmasse das Ganze in die Form, wie wir sie als Westliche Rocky Mountains kennen. 75 Mio. Jahre danach wiederum setzte sich gerade der Staub, als eine zweite Erschütterung ihren östlichen Teil schuf. Nun begann die Ära des Abschliffs: Wind, Regen und Gletscher gruben, spülten und schabten alle einein- halb Jahrzehnte rund 1 m der Ober- fläche fort, vor allem während der drei Haupteiszeiten der letzten 240 000 Jahre – nur ein Augenblick, vergli- chen mit der langen Vorgeschichte des Gebirges.

In den Nadel- wäldern Kanadas leben auch Wapitihir- sche, hier im Jasper National Park.

Zug um Zug

Lange blieben die Rockies eine alpine Wildnis, deren Trails nur die Indianer und weißen Pelzhändler kannten. Dies änderte sich jedoch mit dem Bau der Canadian Pacific Railway (CPR). Erste, 1871 entworfene Pläne scheiterten an Geldmangel und Skandalen, sodass die Arbeiten erst zehn Jahre später begannen, dann jedoch zügig vorangetrieben wurden durch Ontario und die Prärien. Bald waren Winnipeg und Calgary erreicht.

Westlich von Calgary nahm die CPR Kurs auf das spätere Banff und die Berge. Einmal dort angelangt, sorgte die Bahnstrecke für eine völlig neue Sicht auf die Rockies. So wurde die Entdeckung heißer Quellen durch Gleisarbeiter im Jahr 1885 zur Geburtsstunde des Banff National Park (S. 137). Es entstanden großzügige Eisenbahnhotels wie das Banff Springs oder das Chateau Lake Louise (S. 138), die die ersten Touristen in die Gegend lockten und heute noch beliebte Ziele sind.

Als 1887 der erste transkanadische Zug in Vancouver einlief, bedeutete dies den Beginn einer neuen Ära auch für viele an der Strecke gelegene Ortschaften, die sich, wie Calgary und Winnipeg, zu modernen Metropolen emporschwangen. Später jedoch setzte in den Prärien eine Landflucht ein, da viele nun weiter im Westen ihr Glück versuchten.

Traumhafte Landschaft im Duffey Lake Provincial Park zwischen Lillooet und Pemberton

EISERNE LADY

Als die Canadian Pacific Railway im Jahr 1886 die Rockies durchbrach, unternahm Agnes MacDonald, die mutige Gattin des kanadischen Premierministers, eine recht waghalsige Fahrt auf einem Sessel, der an einem Schienenräumer vor der Lokomotive befestigt war. Als der Zug am sogenannten Big Hill im Yoho National Park ein extremes Gefälle bewältigen musste, hatte sie deshalb ein paar Schreckensmomente zu bestehen. Diese Abfahrt, gab sie zu verstehen, habe ihr »das Privileg einer gänzlich ungewohnten Empfindung verschafft«. Ihr Gatte, der sie anfangs im Sessel begleitet hatte, gab hingegen schon vor dem Bif Hill die Position auf dem Schleudersitz auf und zog sich in seinen bequemen Luxuswaggon zurück.

Green Peace –
Umwelt verpflichtet

Die anfangs geschmähte und heute einflussreichste Umweltorganisation aller Zeiten entstand während der Proteste gegen amerikanische Atomversuche in Alaska. 1971 stach eine Handvoll Aktivisten dazu von der English Bay in Vancouver aus an Bord eines Fischerboots in See.

Umweltschutz

Dieses Boot, die »Phyllis Cormack«, wurde später umbenannt in »Green Peace 1« – der Rest ist Geschichte: Nach Protesten gegen den Walfang 1974 entwickelte sich die Organisation zu einer weltweit engagierten Macht in allen Fragen des Umweltschutzes.

Heute ist Kanada wirtschaftlich wie politisch in Umweltfragen keineswegs ein glänzendes Vorbild. So gibt es heftige Debatten um die Rolle der Ölschieferindustrie, die Calgary einen lang anhaltenden wirtschaftlichen Boom bescherte, möglicherweise aber um den Preis irreparabler Schäden an der Natur. Recht umstritten ist auch die Vergabepraxis von Abbaurechten seitens der kanadischen Regierung.

Vancouver will grüner werden – der Dachgarten des Fairmont Waterfront Hotels.

Natur pur: Scheues Wild im Schutz des Grüns mit Farnen und Wildblumen

Nationalparks

Notwendigkeit und Probleme des Umweltschutzes werden vielleicht dort am deutlichsten offenbar, wo man es am wenigsten erwartet: in den Nationalparks. Was als unermessliche, intakte Wildnis erscheint, entpuppt sich als fragiles Ökosystem – belastet ausgerechnet durch den unablässigen Strom enthusiastischer Besucher. Hinzu kommen Erderwärmung und Luftverschmutzung als Produkte einer konsumorientierten Gesellschaft, die ironischerweise zugleich ihr Herz für die Natur entdeckt und sie dabei in eine vielleicht tödliche Umarmung verstrickt.

Ehrgeizige Ziele

Vancouver ist Kanadas Vorreiter in puncto Umweltschutz, den es erfolgreich mit seinem Anspruch als lebendige Großstadt zu vereinen sucht. So wurde die Durchführung der XXI. Olympischen Winterspiele 2010 geplant nach dem Motto »Green Vancouver« – das hieß, mit möglichst weitgehender Minimierung der hierbei anfallenden Mengen an Abfall, der Emissionen sowie des Energie- und Wasserverbrauchs. Die Stadt verfügt über 400 km Fahrradwege und baut, innerhalb eines ohnehin umweltfreundlichen Transportsystems, dieser Tage eine Flotte von Bussen mit Wasserstoffmotoren auf. Seit 2005 gibt es zudem jährlich am 15. Juni einen (fast) autofreien Tag. Ohnehin hat Vancouver ehrgeizige Ziele: Mit der Initiative »Greenest City 2020« will es bis 2020 auch seine übrigen Umweltprobleme in den Griff bekommen und die »grünste« Stadt der Welt werden.

Die ganze Welt
auf dem Teller

**In kaum einer Großstadt an der Westküste herrscht
ein derart kosmopolitisches Gewusel wie in
Vancouver. Entsprechend breit gefächert ist seine
kulinarische Szene mit über 3000 Restaurants und
den vielleicht genussfreudigsten Bürgern des Landes.**

Zuflüsse und Zutaten

Am deutlichsten spürbar ist der
Einfluss Chinas, mit Billigrestau-
rants und Nudelhäusern in Chinatown sowie natürlich feineren
Etablissements an allen Brennpunk-
ten der Stadt. Auf dem Vormarsch
sind asiatische Konkurrenten vor
allem aus Japan und Vietnam,
gefolgt von Thailand, Korea und
Kambodscha. Europäischen Einwanderern wiederum verdankt sich
u. a. die Existenz griechischer und
italienischer Lokale. Daneben findet
man einheimische Kost, dominiert
von Fisch und Meeresfrüchten, und

Der japanische Starkoch Tojo serviert in seinem Restaurant in Vancouver Sushi.

Ocean Wise

Verdienste um die Qualitätssi-
cherung und den Artenerhalt
bei der Fischindustrie hat sich
die Initiative »Ocean Wise«
erworben (www.oceanwise.ca).
Unter Federführung des Vancouver Aquarium beteiligen sich
über 50 Restaurants in Vancouver, Calgary und anderswo an
dieser Initiative, u. a. auch das
900 West (S. 70).

eine immer beliebtere »Regional Cuisine«, die hochwertige Naturprodukte aus British Columbia (Lachs, Meerestiere, Wild, Rind, Obst und Gemüse) mit italienischen, mexikanischen und französischen Akzenten kombiniert. Eine exzellente Adresse ist beispielsweise das *Le Crocodile* (S. 68) in Vancouver, außerdem in Victoria der *Canoe Brewpub* (S. 97) und die Brasserie *L'École* (S. 97).

Kanadas Weinangebot ist vielfältig.

Wein-Weisheiten

Lesen Sie beim Kauf einer Flasche kanadischen Weins genau das Etikett: Einheimische Tropfen gerne mit auswärtigen Rebsäften verschnitten (in niedrigen Preisstufen). Wenn man etwas mehr über die hiesigen Anbauflächen und Weingüter erfahren möchte, lohnt sich ein Abstecher ins Besucherzentrum von Okanagan.

In den Restaurants kommt das Beste aus dem Meer fangfrisch auf den Teller wie hier die frischen Austern.

Rebensaft kanadisch

Die gute Küche West-Kanadas sollte auch Ihr Vertrauen in die hiesigen Weine bestärken, die unter Kennern noch bis vor einigen Jahren skeptisch beäugte Exoten waren.

Traditionell flossen hier immer eher Bier oder Whiskey ins Glas, wobei sich neben Marktgiganten wie Labatt Blue und Molson Canadian inzwischen regionale Brauereien wie Kokanee Lager (aus Kootenay) und zusehends auch immer mehr lokale Craft-Bier-Brauereien behaupten.

Kanadischer Wein wird vornehmlich in Ontario und im Okanagan Valley (S. 108) in British Columbia angebaut. Gekeltert werden fruchtige, geschmacksintensive Tropfen, neben Weißwein (aus Rebsorten wie Seyval Blanc oder Chardonnay) erobern zunehmend leichte Rotweine (etwa aus den Trauben von Cabernet Sauvignon und Meritage) das Feld. Und eine Delikatesse für sich ist der Okanaga-Eiswein, der hinsichtlich Aroma und Textur mit den weltbesten aus Deutschland und Österreich mithalten kann.

Granville St

In der Granville Street pulsiert das urbane Leben in Vancouvers Zentrum.

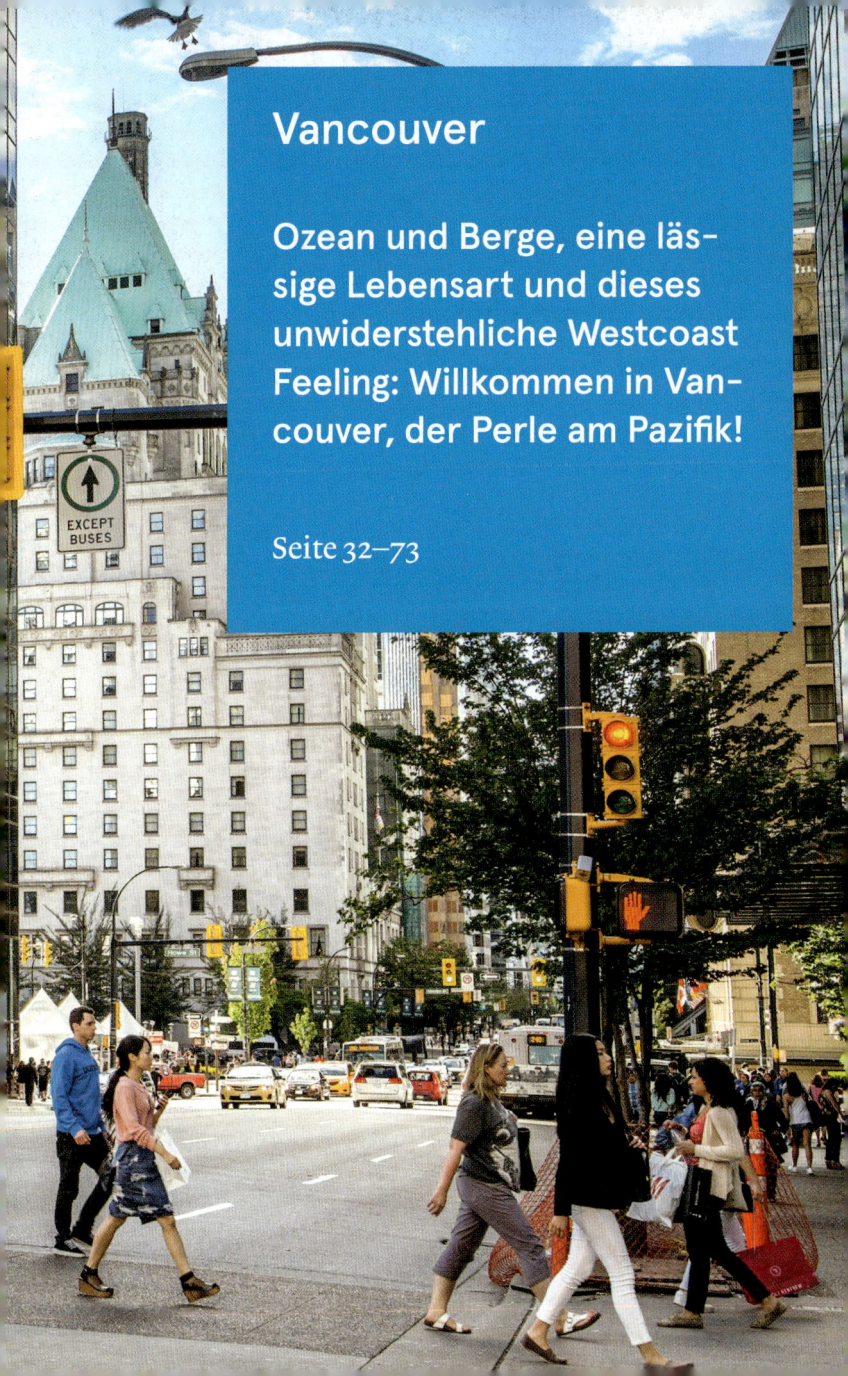

Vancouver

Ozean und Berge, eine lässige Lebensart und dieses unwiderstehliche Westcoast Feeling: Willkommen in Vancouver, der Perle am Pazifik!

Seite 32–73

Erste Orientierung

Die Einwohner Sydneys, Rios oder San Franciscos wären sicher anderer Meinung, doch gibt es wohl kaum eine schönere Stadt als Vancouver. Schon die Lage zwischen Ozean und Gebirge ist unvergleichlich, mit einem Zentrum, das ein Ausläufer des Pazifiks umspült, während die Gipfel der Coast Mountains in der Ferne in den Himmel ragen.

Die Lebenslust der multikulturellen Bevölkerung kennt kaum Grenzen. Kein Wunder, kann man doch Minuten vom Zentrum entfernt Ski fahren, segeln, sonnenbaden (an stadteigenen Stränden!), wandern, angeln, tauchen u. v. m. Echte Wildnis dagegen findet man nach einer kurzen Busfahrt in den Bergen nördlich der Stadt, während mit Whistler ein weltbekannter Winter- und Sommerferienort nur 90 Minuten Autofahrt entfernt lockt.

Egal, ob man die Möglichkeiten alle nutzen möchte, den Verlockungen eines Sommers in dieser Stadt kann man kaum widerstehen, dem pulsierenden Leben in Cafés, Straßen und Parks. (Die berüchtigten Regenschauer können solche Freuden dann allerdings für den Rest des Jahres dämpfen.)

Hervorragende Museen, Galerien, Parks und Läden gibt es zuhauf, doch es bereitet schon Vergnügen, sich durch das schöne Stadtgebiet treiben zu lassen – zum Hafen als Basis ihres Wohlstands, in die reizvolle Natur im Stanley Park, nach Downtown mit seinen Hochhäusern, zum Markt auf Granville Island, zum Kitsilano Beach oder zu markanteren, geschichtsträchtigeren Ecken wie Gastown und Chinatown. Drei Tage sind dazu nötig – problemlos auch mehr.

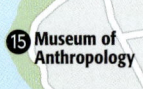

15 Museum of Anthropology

TOP 10
② ★★ Stanley Park
⑩ ★★ Granville Island

Nicht verpassen!
⑪ Canada Place
⑫ Downtown
⑬ Vanier Park Museums
⑭ Grouse Mountain
⑮ Museum of Anthropology

Nach Lust und Laune!
⑯ Gastown
⑰ Chinatown
⑱ TELUS World of Science
⑲ Capilano Suspension Bridge Park
⑳ Whistler

Capilano Suspension Bridge Park **⑲**   ↑ **⑭ Grouse Mountain**

⑳ **Whistler**

Capilano River

WEST VANCOUVER

Upper Levels Highway

NORTH VANCOUVER

② ★★
Stanley Park

Burrard Inlet

English Bay

Georgia St.

⑪ **Canada Place**

⑯ Gastown

Downtown **⑫**

Vanier Park Museums
⑬

2 km

1 mi

⑰ Chinatown

Pacific Blvd.

⑩ ★★
Granville Island

⑱ TELUS World of Science

VANCOUVER

Broadway

Granville St.

niversity
ds

Mein Tag
in Vancouver

Die bis weit ins Frühjahr schneebedeckten Berge, das tiefe Blau des Pazifik: Vancouvers Lage ist, gelinde gesagt, spektakulär. Und die grandiose Natur beginnt gleich vor der Haustür! Optimale Voraussetzungen also, um diese herrliche Stadt so zu genießen wie die Einheimischen, die Vancouverites. Beim Radeln und Wandern zu den schönsten Aussichten der Stadt!

8 Uhr: Frühstück, stilgerecht
Robson Street ist Vancouvers Lifestyle-Meile, und das im Listel Hotel untergebrachte Forage (1300 Robson St. , Tel. 604 6 61 14 00, www.foragevancouver. com, Frühstück Mo–Fr 6.30–10, Sa–So 7–10 Uhr) im West End der beste Ort, Ihren Tag à la Vancouver zu beginnen. Aus der Küche kommen nur Speisen, deren Zutaten von Bauernhöfen und Produzenten aus der Region stammen, denn das Forage setzt auf Nachhaltigkeit.

Sie haben heute ein großes Programm und einen anstrengenden Tag vor sich bestellen Sie also ein herzhaftes Pilzomelett mit Bio-Kräutern und zartweichem Ziegenkäse aus dem Okanagan Valley. Dazu einen aromatisch duftenden Espresso aus brasilianischen Mogiana-Kaffeebohnen zum Wachwerden und frisch gepressten Obstsaft.

Grouse Mountain 14

Capilano Suspension Bridge Park 19

18 Uhr: Vancouver auf dem Silbertablett

Capilano Suspension Bridge

Capilano River

9 Uhr: Ab in den Stanley Park

13 Uhr: Panoramablicke en masse

NORTH VANCOUVER

Lions Gate Bridge Rd.

Lonsdale Quay

9 Uhr

2 ⭐⭐
Stanley Park

Brockton Point

Burrard Inlet

Siwash Rock

Totem Poles ◆

13 Uhr

1 km

0,5 mi

George St.

Waterfront Terminal

Ende

Robinson St.

Forage ◆

WESTEND

Water St.

Start

Howe St.

Granville St.

12
Downtown

16
Gastown

Maple Square

18 Uhr

Im Stanley Park, hier am English Bay Beach, wird gespielt, gejoggt, flaniert oder auch in einem der Restaurants eine kleine Pause eingelegt.

9 Uhr: Ab in den Stanley Park

Inzwischen ist die Robson Street aufgewacht: Menschen joggen, radeln oder skaten zur Arbeit. Mit einem Leihrad für drei Stunden (Jo-E Cycles, 768 Denman St., Tel. 604 4 28 82 84, www.jo-e-cycles.com, Leihgebühren 3 Std. 18 $) geht es zum nahen ❷ ★★ Stanley Park (S. 42). Vergessen Sie nicht, von nun an auf den Weg vor Ihnen zu achten. Die Totempfähle und die tausendjährigen Douglasien, Brockton Point und Siwash Rock, die Skyline und die Lions Gate Bridge: Zu verlockend sind die fantastischen Postkartenblicke, die Vancouver Ihnen auf dem Seawall rund um den Park

zu Füßen legt. Kurven Sie auch durch den Urwald im Innern. Denn so hat ganz Vancouver noch vor 200 Jahren ausgesehen.

12 Uhr: Foodtruck Mania

Vancouvers Foodtrucks, es gibt mittlerweile Dutzende davon, sind mobile, an vielen Ecken in Downtown stehende Gourmetkantinen. Ihren kurzen Spaziergang auf Robson und Howe dorthin belohnen Sie je nach eigenem Geschmack: mit einem Japadog (Hotdog mit Kurobuta-Wurst, Teriyakisauce und Seetang), Sandwichs mit pulled pork oder Hoisin Chicken Rolls und zum süßen Abschluss vielleicht noch eine Portion

9 Uhr

9 Uhr

12 Uhr

Von Zeit zu Zeit müssen die Totempfähle restauriert werden (oben). Eine breite Palette an köstlichen kleinen Gerichten offerieren die beliebten Foodtrucks (unten).

Wer mit einem Fahrrad im Stanley Park unterwegs ist, egal ob auf dem Weg zur Arbeit oder auf Sightseeing-Tour, hat den perfekten Blick auf Vancouvers atemberaubende Skyline.

leckere Crêpes mit Puderzucker oder Schokosoße.

13 Uhr: Panoramablicke en masse

Vom Waterfront Terminal geht es mit dem Seabus über den Burrard Inlet zum Lonsdale Quay in North Vancouver. Dort besteigen Sie den Bus 236, der Sie zum **19** Capilano Suspension Bridge Park (S. 64) bringt. Denken Sie daran, dass die spektakuläre Hängebrücke über den Capilano Creek dank ihrer in dicken Betonblöcken versenkten Stahlkabel absolut sicher ist.

Nicht minder aufregend ist der nur etwa einen halben Meter breite Cliffwalk hoch über der Schlucht und der Baumwipfelspaziergang, bei dem Sie die herrlichen alten Riesenbäume aus der Eichhörnchenperspektive erleben.

Danach nehmen Sie wieder den Bus 236 und fahren weiter bis zur Gondel auf den **14** Grouse Mountain (S. 58). Der Blick von hier oben auf die Stadt ist einfach unvergesslich. Auf dem Gipfel gibt es Amüsement für die ganze Familie. Auf jeden Fall besuchen sollten Sie die etwa 65 Meter hohe Windkraftanla-

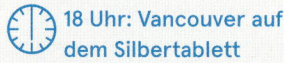

Wer in schwindelerregender Höhe die Hängebrücke im Capilano Suspension Park überquert, kann schon mal weiche Knie bekommen.

ge »Eye of the Wind« mit ihrer gläsernen, Rundumblicke liefernden Aussichtskanzel. Bevor Sie die Gondel zurück nach unten nehmen, genießen Sie vielleicht noch im Bistro der Bergstation den einsetzenden Sonnenuntergang.

⏰ 18 Uhr: Vancouver auf dem Silbertablett

Schnappen Sie sich im Seabus zurück nach Vancouver einen Platz in der vordersten Reihe: Die untergehende Sonne taucht die Silhouette der Stadt in magische Pastellfarben!

Nach 16 Gastown (S. 62) sind es nun nur noch ein paar wenige Schritte. Die Water Street der »Altstadt« eignet sich hervorragend zum ziellosen Flanieren – was nach einem so langen und erlebnisreichen Tag natürlich in den Besuch eines der zahlreichen guten

Mit der Seilbahn sind Sie
schnell auf dem Grouse
Mountain, wo sich
fantastische Ausblicke bieten.

Gastown am Abend bietet
viele Möglichkeiten zur
Einkehr: Restaurants, Cafés
und Bars.

Restaurants im Viertel münden
sollte.

 20.30 Uhr: Auf ins Nachtleben

Danach haben Sie am heutigen Tag
noch einmal die Qual der Wahl: einen Absacker in einer der renommierten Cocktailbars am Maple
Square genießen, oder – falls es Ihre
Kondition noch zulässt – mal wieder so richtig abtanzen in einem der
Nightclubs an der Granville Street?
Sie entscheiden.

❷ ★★ Stanley Park

Warum?	Weil jeder Vancouver-Besuch hier beginnt und das einfach so ist
Was?	Auf den Seawall und die Postkartenblicke auf Downtown, Burrad Inlet und North Vancouver genießen
Wie lange?	So lange wie Sie wollen. Aber eine Stunde genügt nicht ...
Wann?	Morgens oder abends, wegen des schönen Lichts
Was noch?	Ein Fototermin mit der Bronzestatue »Girl in a Wetsuit«, einer modernen Version der kleinen Meerjungfrau in Kopenhagen
Resümee?	Hier schlägt das grüne Herz der Stadt!

Mit über 350 ha Gesamtfläche größer als Downtown, ist der Stanley Park einer der größten Stadtparks der Welt. Er ist auch einer der schönsten: Es gibt Strände, Lagunen, dichte Wälder mit riesenhaften, über 700 Jahre alten Douglasien, echte Totempfähle, wunderbare Rad- und Spazierwege – und das weltberühmte Vancouver Aquarium.

Ganz vom Meer umgeben, schützt der auf einer Halbinsel zwischen Pazifik und Burrard Inlet liegende Park einen der letzten Bestände nie geschlagenen Regenwaldes im Großraum Vancouver. Bis zu 60 m hoch und knapp 3 m im Durch-

Seit 1972 stehen im Stanley Park berühmte Totempfähle der Nordwestküstenstämme.

English Bay Beach: Bei Sonnenschein zieht es Vancouvers Einwohner mit Macht nach draußen.

Das Vancouver Aquarium, Hauptattraktion im Park

messer, erinnert dieser herrliche alt Wald an die Zeit, als es überall an der Nordwestküste so aussah. Ein wunderbares, erholsames Wegenetz erschließt ihn Spaziergängern, während der Seawall ihn umrundet und dabei Postkartenblicke am Fließband produziert. Im östlichen Bereich dominieren Anlagen mit Freizeiteinrichtungen wie dem Aquarium, dem Aussichtspunkt Hallelujah Point (mit einer Sammlung von Totempfählen), den Rose Gardens mit 5000 Rosenbüschen, dem Royal Vancouver Yacht Club und der künstlich angelegten Lost Lagoon als Rückzugsgebiet für zahlreiche Vogelarten.

Für die Besichtigung des Parks gibt es verschiedene Möglichkeiten. Am besten leihen Sie sich Fahrrad oder Rollerblades an einer der Verleihstationen am Ende der Denman Street und folgen dem Uferweg. Sensationelle Blicke auf das Meer, Vancouver Island gegenüber und die Sunshine Coast weiter nördlich bieten Prospect Point (N) und Ferguson Point (W). Die Verbindungsstraße zwischen den beiden führt durch dunkle, alte Wälder aus Riesenthujen (»red cedars«), Rotzedern, Hemlocktannen und Douglasien. Lohnendes Ziel ist auch einer der zahlreichen Strände im Wes-

Prospect Point

S.S. Beaver
Cairn

Lions Gate Bridge

S t a n l e y

Stanley Park Dr.

Merilees Trail

Hollow
Tree

Beaver Lake

Stanley Park Dr.

Lumberman's
Arch
Children's
Farmyard
Miniature
Railway

Pauline Johnson
Memorial

Ferguson
Point

P a r k

Pipeline Rd.

Aquarium

Rose Garden

Stanley Park Causeway

Stanley Park Dr.

Swimming
Pool

Lost Lagoon Dr.

Lost Lagoon

Royal Vancouver
Yacht Club

Coal Har

Stanley...

Sea...

Lagoon Dr.

Chilco St.

Robson St.

Georgia St.

Park Lane

Nelson St.

Guildford St.

St.

Denman

Beach Ave.

English Bay
Beach

ten – am angenehmsten der
English Bay Beach am Südende
der Denman Street. Am Second
Beach weiter nördlich gibt es einen Salzwasser-Swimmingpool.

Vancouver Aquarium

Eine Spitzenposition unter den
Sehenswürdigkeiten Kanadas
nimmt das Aquarium von Vancouver ein, mit mehr als 8000 Le-
bewesen aus 600 Arten (Meeressäuger, Fische, Amphibien, Vögel). Besuchermagneten sind insbesondere Wale und Delfine.

Didaktisch orientiert man
sich an Lebensräumen: Arctic Ca-
nada versammelt die Bewohner der Arktis wie Beluga-Wale,
Seehunde und Walrosse, das Pacific Northwest Centre Biber,
Seeotter und andere am Wasser lebende Arten British Columbias. Die einem Amazonas-Feuchtwald nachempfun-

Leuchtturm
am Brockton
Point im
Stanley Park.

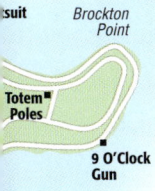

dene Graham Amazon Gallery bietet im tropi-
schen Klima Lebensraum für Faultiere, Leguane,
Piranhas, Krokodile und andere Regenwaldbe-
wohner. Für die Tropical Pacific Gallery diente
ein indonesisches Korallenriff als Modell. Als di-
daktische Einrichtung für Umweltschutz dient
das Aquaquest – the Marilyn Blusson Learning
Centre mit »lebender« grüner Pflanzenwand.

KLEINE PAUSE

Cafés gibt es am Uferweg, bei Prospect und Ferguson Point.

Stanley Park/City of Vancouver
✛216 B5 ✉City Hall, 453 West 12th
Ave.☎604 873 70 00

Vancouver Aquarium
✛216 C5 ✉845 Avison Way, Stanley
Park ☎604 6 59 34 74 oder

604 6 59 35 52 (für Reservierung);
www.vanaqua.org ◔tägl. 10–17 Uhr
✦39 $ ⑪Cafés, davon ist das nette
Aquarium Café ($) nur Besuchern
vorbehalten ⚡Skytrain: Burrard,
dann Bus 19 ⊟19 West Pender oder
Georgia St

Stadt zwischen Meer und Bergen

Kanadas Pazifikmetropole ist als eine der schönsten Städte der Welt bekannt. Besonders reizvoll: die imposante Kulisse der Costal Mountains, die großzügigen Parkanlagen und die beeindruckende Hafenanlage, aber auch die Altstadt und die futuristischen Gebäudekomplexe der Innenstadt.

❶ Maritime Museum: Hier geht es um die spannenden Geschichten über Kanadas Beziehungen zum Pazifik und zur Arktis.

❷ Vancouver Museum: Besondere Beachtung verdienen die ethnografischen Sammlungen, die mit der Kultur der Nordwestküstenindianer bekannt machen.

❸ Granville Island: In den alten Lagerhallen hinter den Hausbooten herrscht buntes Künstlertreiben: Theater, Malerateliers und Galerien locken, aber auch Restaurants, Geschäfte und schöne Grünanlagen sowie der frische Waren aus der Umgebung anbietende Public Market.

❹ BC Place Stadium: Dieses ansehliche Mehrzweckstadion wird von einer gewaltigen Kuppel überspannt und ist unter anderem die Heimat des Fußball-Franchise der Vancouver Whitecaps.

❺ Rogers Arena: Im Stadion, von den Einheimischen »Garage« genannt, finden u. a. die Eishockeyspiele des NHL-Teams der Vancouver Canucks statt.

❻ Sam Kee Building: Im schmalsten Geschäftshaus der Welt dürften Sie sich nicht verlaufen.

❼ Steam Clock: Diese Standuhr stößt zur vollen Stunde Dampf aus und pfeift im Viertelstundentakt.

❽ Harbour Centre: Das Harbour Centre trägt den beliebten Vancouver Lookout und wird von den Einheimischen hämisch »Urinal« genannt, weil die oberen Stockwerke weiter herausragen als die unteren.

❾ Vancouver Travel Info Centre: Hier können Sie sich mit Infomaterial eindecken.

❿ Marine Building: In die Fassade dieses im Art-déco-Stil errichteten Gebäudes sind Terrakottaverzierun-

gen eingearbeitet, die Vancouvers
Beziehung zu Handel und Meer
symbolisieren.

⑪ Stanley Park: Im grünen Herzen
der Stadt gibt es einen See mit Was-
servögeln, die Lost Lagoon, den Zoo,
das Aquarium, weltbekannte Totempfähle, eine Kanone, die täglich
um 21 Uhr gezündet wird, u. v. m.

⑫ Hotel Vancouver: In diesem traditionsreichen Gebäude, bzw. seinen Vorläufern, träumten schon so
illustre Gäste wie Mark Twain,
Rudyard Kipling, Winston Chur-
chill, Indira Gandhi und Königin
Elisabeth davon, nach Vancouver
umzuziehen.

⑬ Vancouver Art Gallery: In dem alten Justizgebäude sind heute Ausstellungen internationaler und kanadischer Künstler zu sehen.

⑭ Court House: Das neue Justizgebäude fällt durch seine eigen-
willig schräg abfallende Dachkon-
struktion aus Glas und Beton auf.

**⑮ Ford Centre for the Perfoming
Arts:** Neueste internationale Produktionen sind in diesem architek-
tonischen Prunkstück zu sehen.

⑯ Vancouver Public Library: In dem
lichtdurchfluteten Oval können
nicht nur waghalsige Architektur
bestaunt werden, sondern auch
Bücher ausgeliehen werden.

©BAEDEKER

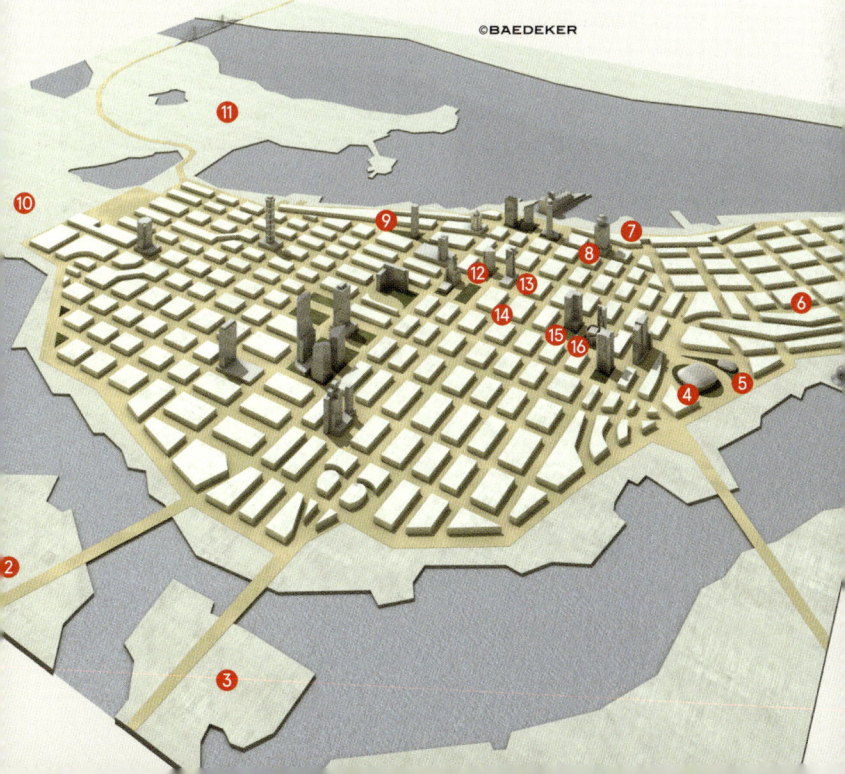

❿ ★★ Granville Island

Warum?	Weil sich Vancouver, jung, gesundheitsbewusst und kreativ, hier von seiner besten Seite zeigt
Was?	Das gute Leben, und zwar in Form von Bio-Produkten aus der Umgebung, wunderbaren kleinen Essstuben mit Blick auf die Skyline und lächelnden Vancouverites überall
Wie lange?	Zwei Stunden um die Mittagszeit, im Falle einer Bootstour mit den Wassertaxis von Aquabus einen Nachmittag
Was noch?	Ein kleiner Spaziergang für schöne Fotos zum Sea Village, einer Versammlung bunter Hausboote am Ende der Pier

Die Halbinsel Granville Island, einst eine Industriebrache im False Creek am Südende von Downtown, hat sich zum Mikrokosmos Vancouvers entwickelt. Das Herz der kunstsinnigen Insel schlägt im Public Market, einem alten Hangar mit einem sympathischen Mix aus Gemüseständen, Spezialitätenläden und Gourmetcounter.

Wege auf die Halbinsel

Es geht ganz einfach: Sie erreichen Granville Island mit Taxi oder Bus (Nr. 50 ab Gastown bzw. Haltestellen an der Westseite der Granville Street Bridge). Unterhalb der Brückenpfeiler auf der Inselseite steigen Sie aus und gehen geradeaus zurück auf die größtenteils als Fußgängerzone ausgewiesene Halbinsel. Das Auto lassen Sie besser stehen – Parkplätze werden Sie vergeblich suchen. Der Fußweg über die Granville Street Bridge wiederum ist lang und öde. Auf gemächlichere Weise nähert man sich von Downtown aus zu Fuß über die Hornby Street und dann mit einem der kleinen Wassertaxis von Aquabus, die den False Creek Richtung Granville Island überqueren. Die wie hübsche bunte Schiffchen für die Badewanne aussehenden Wassertaxis verkehren übrigens auch zwischen Halbinsel und Vanier Park (S. 56), der nächsten obligatorischen Besichtigungsstation.

Phönix aus der Asche

Granville Island entstand 1917 durch Landaufschüttung im Sumpfgebiet des False Creek und diente während der nächs-

ten 50 Jahre als Standort für Eisen-
industrie und Schiffbau. Seit den
1960er-Jahren Industriebrache,
wäre die Halbinsel wohl zur Abfall-
halde verkommen, hätte man sie
nicht 1972 in ein Stadterneuerungs-
projekt mit »offener Nutzung« um-
gewandelt.

Vancouver schloss Granville
schnell ins Herz. An Wochenenden
kommt die halbe Stadt hierher, um
in der Markthalle des Public Market
Lebensmittel einzukaufen, an einem Cappuccino zu nippen, die
Aussichten auf die Skyline zu genießen, sich einen Brunch gönnen,
zwischen Läden und Bootsanlegern
herumzuschlendern oder einfach in
der Sonne zu sitzen. In der Mikrob-
rauerei Granville Island Brewing mit ihrer angegliederten Probierstube kann man »Gastown Amber Ale« oder
»Brockton Black« gleich an Ort und Stelle probieren.

Ein Aquabus
vor den bunt
bemalten Silos
eines Zement-
werks

Ganz besonders schön ist es hier während der »Golden
Hour«, der Zeit kurz vor Sonnenuntergang, wenn das Licht
roter und weicher wird als tagsüber. Dann bei einem guten
Craftbier den klassischen »Vancouver Sunset« verfolgen, gehört zu den unvergesslichen Highlight Ihres Aufenthaltes.

KLEINE PAUSE
Die beliebte **Backstage Lounge** (Tel. 604 6 87 13 54; www.
thebackstagelounge.com) bietet preiswertes Essen und di-
rekten Blick auf den Hafen (und regelmäßig Livemusik).

✛ 216 C1 ✉ Granville Island
Infocentre, 1661 Duranleau Street
(sowie Mai–Sept. die Kiosks auf der
Insel) ☎ 604 6 66 66 55 ⊕ www.
granvilleisland.com ● Insel: 24 Std.;
Markt: tägl. 9–17 Uhr ⛵ frei 🚗 50
🚢 Aquabus, False Creek Ferries

Granville Island Brewing
✛ 216 C1 ✉ 1441 Cartwright Street,
Granville Island ☎ 604 6 87 27 39
⊕ http://gib.ca ● Geschäft: tägl.
10–20 Uhr; Brauerei: Führungen tägl.
um 12, 14 und 16 Uhr ⛵ 9,75 $

⓫ Canada Place

Warum?	Weil man hier das Gefühl hat, endlich in Vancouver ange-kommen zu sein
Was?	Die im Inlet startenden und landenden Wasserflugzeuge fotografieren und einfach das Leben genießen
Wie lange?	Eine Stunde
Wann?	Tagsüber
Was nehme ich mit?	Den wunderbaren ersten Eindruck von Vancouver

Ihn haben Sie bestimmt schon vor der Abreise gesehen: Der mit einem segelähnlichen, weißen Zeltdach überbaute Pier bietet sensationelle Ausblicke auf Inlet, Hafen und die landeinwärts steil aufragenden Coast Mountains.

Wie ein Schiffsrumpf schiebt sich Canada Place ins Hafenbecken – ein genialer Entwurf des Architekten, der das an geblähte Segel erinnernde weiße Teflondach noch unterstreicht. Das Gebäude beherbergt das Pan Pacific Hotel, ein Konferenzhotel, Ausstellungen sowie Läden und Restaurants. Einen tollen Vorgeschmack auf die vor Ihnen liegende Reise bietet Ihnen das auch kindgerechte Film-Spektakel FlyOver Canada, bei dem Sie wie in einem Flugzeug über die schönsten Landschaften Kanadas fliegen. Wer umwerfende Ausblicke genießen möchte, muss nur auf den »Decks« entlangflanieren – der Promenade, die den Komplex umsäumt.

Großzügig präsentiert sich Canada Place auch im Inneren des Komplexes.

Erster »Anlaufhafen«

Canada Place liegt am Hafen zwischen Howe und Burrard Street, am Nordende von Downtown, ist also relativ leicht zu Fuß zu erreichen.

Grandiose Szenerie

Was genau werden Sie sehen? Nun, eine Menge: Hubschrauber stoßen aus den Wolken aufs Wasser, Wasserflugzeuge heben ab, Boote jeder Art kreuzen vor dem Hafenpanorama. Im Westen schwingt die Uferlinie in weitem Bogen aus zum Stanley Park (S. 42).

Die Ahornblattflagge weht am Canada Place.

Beim Spaziergang vermitteln Infotafeln Wissenswertes von der Stadtgeschichte bis zu Schiffstypen. Der Hafenbetrieb begann 1864 mit dem Export von Zäunen nach Australien. Heute werden jährlich etwa 3000 Schiffe aus über 100 Ländern durch die Anlagen geschleust. Das Interpretive Centre der Port Authority bietet weitere Informationen in unterhaltsamer Form. Wem dies nicht ausreicht, der begibt sich zum Harbour Centre, wo ein verglaster Aufzug Besucher zum Lookout zu Rundumblicken über die Stadt transportiert. Das Ticket gilt übrigens den ganzen Tag, deshalb kommen Sie nach Einbruch der Dunkelheit noch einmal zurück. Der Blick auf das nächtliche Vancouver ist nicht minder spektakulär!

KLEINE PAUSE

Stilsicher zu Mittag essen können Sie im Restaurant **Arc** (900 Canada Place Way, Tel. 604 691 1991, $).

✛ 217 E3 ✉ Canada Place, 100-999 Canada Place ☎ 604 6 65 90 00 ⊕ www.canadaplace.ca ● 24 Std ⛟ Waterfront ⛟ 4, 6, 7, 8 oder 50 North bis Granville Street

FlyOver Canada
✛ 217 E3 ✉ 201-999 Canada Place

☎ 604 6 20 84 55; ⊕ www.flyovercanada. com ● tägl. 10-21 Uhr ➹ 29 $ ⛟ Waterfront ⛟ 4, 6, 7, 8 oder 50 North bis Granville Street

Lookout im Harbour Centre
✛ 217 E3 ✉ Harbour Centre, 555 West Hastings Street

☎ 604 6 89 04 21; ⊕ www.vancouverlook out.com ● Mai–Mitte Okt. tägl. 8.30–22.30 Uhr, Mitte Okt.–April 9-21 Uhr ➹ 17,50 $ ⛟ Food Court ($); Restaurant ($$) ⛟ Waterfront ⛟ 4, 6, 7, 8, 10, 16, 20 oder 50 North bis Granville Mall

⓬ Downtown

Warum?	Weil hier an jeder Ecke Foodtrucks mit internationalen Spezialitäten stehen und man danach viele angesagte Viertel bequem zu Fuß erreicht
Was?	Auf der Robson Street den Vancouver Vibe genießen, in den Shops nach schicken Stadtklamotten stöbern und sich zwischendurch bei JapaDog (Nr. 530) ein Kurobuta Teri-mayo genanntes Hot Dog mit Kobe-Fleisch, Teriyaki-Mayonnaise und Algen gönnen
Wie lange?	Zwei Stunden
Wann?	Um die Mittagszeit. Oder nach Einbruch der Dunkelheit
Was noch?	Die Granville Street, die nachts auch »Vancouvers Neon Street« heißt, mit ihren Bars, Lounges und Nachtklubs
Was nehme ich mit?	Vancouver live!

Der Brunnen der Pioniere steht in der Burrard Street.

Downtown Vancouver ist modern, lebensfroh und kunstsinnig und ähnelt darin anderen Westcoast-Städten, beispielsweise Seattle oder San Francisco. Das Sahne-häubchen auf dem Kuchen ist ganz sicher die Lage. An beinahe jeder Ecke öffnen sich erstaunliche Blicke auf den Burrard Inlet und die Coast Mountains.

Hochhäuser wie die in der Thurlow Street erzählen vom ungebrochenen Wachstum.

Das Herz von Downtown bildet das Karree um Robson, Granville und Burrard Street, wobei das elegante Viertel besonders Richtung Osten weiter expandiert.

Chinesische Familienrestaurants, Coffeeshops und Izakayas genannte japanische Pubs gefüllt mit heimwehkranken Studenten und Geschäftsleuten: An der zu jeder Jahreszeit munteren Robson Street führt kein Weg vorbei.

Die Granville Street ist weniger schick – am südlichen Ende ist sie beinahe schon schäbig zu nennen, allerdings gilt sie als beliebte Partymeile mit Bars, Clubs und Kinos.

Am gepflegtesten ist jedoch die Burrard Street; ihr nördliches Ende in Richtung Canada Place (S. 50) säumen die renommiertesten Hotels, Geschäfte, Boutiquen und Bürogebäude der gesamten Stadt.

West oder Ost

Mit dem West End schließt sich ein hauptsächlich als Wohngebiet dienendes Stadtviertel an, dahinter setzt erneut das grüne Herz der Stadt, der Stanley Park (S. 42), mit Urwald auf dem Stadtgebiet spektakuläre Kontraste zu dessen Beton-, Glas- und Stahlfassaden.

Richtung Osten folgen Gastown (S. 62) als gelungenes Beispiel von Stadterneuerung und ein heruntergekommener Bezirk, der wenig später jedoch in die Chinatown (S. 62) übergeht.

Sehenswertes

Für die Vancouver Art Gallery, eines der bedeutendsten Kunstmuseen Kanadas, wurde von Arthur Erickson ein ehemaliges neoklassizistisches Gerichtsgebäude umgestaltet. Die Sammlung mit knapp 10 000 Objekten (natürlich können nicht alle gezeigt werden) umfasst beispielsweise Gemälde von Emily Carr als prominentester Künstlerin British Columbias. Zudem präsentiert man anspruchsvolle, oftmals Aufsehen erregende Wechselausstellungen internationaler Kunst. Ein schöner Laden verkauft Kunsthandwerk hiesiger Künstler, während das Museumscafé mit einem hübschen Innenhof lockt.

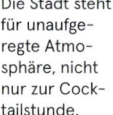

Die Stadt steht für unaufgeregte Atmosphäre, nicht nur zur Cocktailstunde.

Seit Anfang des Jahres 2008 plant man einen neuen Standort für die Galerie und bereits seit 2015 gibt es auch einen der Öffentlichkeit vorgestellten Entwurf. Seitdem herrscht jedoch Funkstille – schuld sind in erster Linie die Probleme bei der Finanzierung des ungefähr 350 Millionen kanadische Dollar teuren Projektes.

Mit Kaufhäusern, Boutiquen und Ladenpassagen ist Downtown auch eine beliebte und viel besuchte Einkaufsmeile. Besonders populär sind Hudson's Bay und Sinclair Centre (dort gibt es auch Informationen über weitere Geschäfte).

KLEINE PAUSE

Das **Gallery Café** (S. 70) in der Vancouver Art Gallery mit großzügig begrüntem Innenhof ist ein hübscher Treffpunkt zum Mittagessen oder für eine Tasse Kaffee.

 ✝ 217 D2

Vancouver Art Gallery
✝ 217 D2 ✉ 750 Hornby Street
☎ 604 6 62 47 19 (Information rund um die Uhr)
⊕ www.vanartgallery.bc.ca

❼ Art Gallery: tägl. 10–17 Uhr (Di bis 21 Uhr). Café: Mo–Fr 9–21, Sa, So 9.30–18 Uhr ✦ 24 $
🍴 Gallery Café
🚇 Burrard oder Granville
🚌 3 oder 5 und 15 West bis Robson Street

Das Tüpfelchen auf dem i

Eines steht schon einmal fest: Vancouver hat jede Menge Magische-Momente-Potenzial! Es gibt jedoch einen Ort, an dem sie sich völlig unerwartet und deshalb umso wuchtiger einstellen: Am Abend im SeaBus, zwischen Waterfront Terminal und Lonsdale Quai! Wie die Abendsonne die herrliche, auf dem Wasser des Burrard Inlet schwimmende Skyline der Downtown in ein wahres Meer aus zahlreichen rötlichen Farbtönen taucht, lässt selbst die durchaus verwöhnten Vancouverites spontan die Smartphones zücken.

⓭ Vanier Park Museums

Warum?	Weil dies nicht nur drei der interessanten Museen der Stadt sind, sondern weil sie auch noch besonders schön direkt am Pazifik liegen!
Was?	Ein spannend inszenierter Rundumschlag der von Meer und Bergen geprägten Geschichte Vancouvers
Wie lange?	Ein Tag, aber wenn die Sonne scheint, werden Sie vorher dem Blick auf die English Bay erliegen
Wann?	Nachmittags, des weicheren Lichtes wegen
Was noch?	Shopping. Und zwar auf der W. 4th Ave., der Einkaufs- und Restaurantmeile von »Kits«. Oder schwimmen gehen, im salzwassergefüllten KitsPool am Kitsilano Beach!
Was nehme ich mit?	Museen können richtig Spaß machen!

In einem Ausstellungsraum des Vancouver Museum

Im Vanier Park sind drei der vier großen Museen Vancouvers vereint: das Museum of Vancouver, das der kanadischen Seefahrt gewidmete Maritime Museum sowie das H. R. MacMillan Space Centre, ein Raumfahrt-Museum mit Wow-Faktor.

Maritime Museum

Das kleine Wassertaxi von False Creek Ferries (www.gran villeislandferries.bc.ca), die schönste und auch bequemste Anfahrtsmöglichkeit, landet am Heritage Harbour – eine optimale Einstimmung auf das nahe Maritime Museum, das sich der langen Seefahrertradition Vancouvers widmet. Eine der Hauptatraktionen im Heritage Harbour des Meeresmuseums ist der Grenzschutzschoner *St. Roch* der Royal Canadian Mounted Police. Er bewältigte 1944 als erstes Schiff in einer Saison die Nordwestpassage. Weitere Exponate sind Fotos, Modelle und maritime Utensilien.

Museum of Vancouver

Das im H. R. MacMillan Centre untergebrachte Museum of Vancouver konzentriert sich auf die Stadtgeschichte. Gezeigt werden historische Wohnungseinrichtungen, ein Posten der Hudson's Bay Company, ein Waggon der Canadian Pacific Railway und die Bedingungen, unter denen europäische Immigranten auf dem Zwischendeck den Atlantik überquerten.

H. R. MacMillan Space Centre

Bei diesem Hightech-Weltraum-Zentrum in Kombination mit Observatorium und Planetarium berechtigt der Eintritt u. a. zu einem »virtuellen« Flug zum Mars in einem Full-Motion-Simulator, bei dem man sich der Sonne nähert, mit einem Meteorenschwarm kollidiert und eine Weltraumsiedlung retten kann. Man bewundert eines der riesigen Treibwerke von Apollo 17 und inspiziert einen Nachbau der internationalen Weltraumstation.

Das Miniatur-U-Boot *Ben Franklin* im Maritime Museum

KLEINE PAUSE

Zwischen den Museumsbesuchen bietet sich ein Picknick im Vanier Park an. Alles, was man dazu braucht, können Sie im nahen **Granville Island Public Market** (S. 71) kaufen.

Maritime Museum
🕂 216 B2 ✉ Vanier Park, 1905 Ogden Avenue 604 2 57 83 00 ⊕ www.vancouvermaritimemuseum.com ◑ tägl. 10–17 Uhr ✦ 13,50 $ 🚌 2 oder 22 (Macdonald) ab Burrard oder West Pender Street bis Chestnut oder Cornwall Street

Museum of Vancouver
🕂 216 B2 ✉ Vanier Park, 1100 Chestnut Street ☎ 604 7 36 44 31 ⊕ www.museumofvancouver.ca ◑ tägl. 10–17, Do bis 20 Uhr; ✦ 19 $ 🚌 2 oder 22 (Macdonald) ab Burrard oder West Pender Street bis Cornwall Street

H. R. MacMillan Space Centre
🕂 216 B2 ✉ Vanier Park, 1100 Chestnut Street ☎ 604 7 38 78 27 ⊕ www.spacecentre.ca ◑ Mo–Fr 10–15, Sa 10–17, So 12–17 Uhr ✦ 18 $ 🚌 2 oder 22 (Macdonald) ab Burrard oder West Pender Street bis Chestnut oder Cornwall Street

⓮ Grouse Mountain

Warum?	Mal anders gefragt: Wer würde Vancouver auf dem Silbertablett nicht mögen?
Was?	Jede Menge Action hoch über der Stadt, fantastische Aussichten inklusive
Wie lange?	Vier Stunden
Wann?	Nachmittags
Was noch?	Mal auf dem Dach der Gondel nach oben fahren!
Was nehme ich mit?	Eines meiner schönsten Urlaubserlebnisse …

Wer schon beim ersten Besuch von Vancouver die 40-minütige Fahrt von Downtown über den Fjord Burrard Inlet nach North Vancouver unternimmt, hat meist zwei Gründe: die eindrucksvolle Fahrt dorthin mit dem SeaBus und den von einer Seilbahn erschlossenen Grouse Mountain. Von seinem Gipfel nämlich eröffnen sich umwerfende Panoramablicke über ganz Vancouver und sein Umland.

Zwei Seilbahn-Gondeln aus Schweizer Produktionen verkehren etwa alle zehn Minuten zwischen Tal- (290 m) und Bergstation auf 1250 m Höhe. Dort lohnt sich ein kurzer Besuch im Interpretive Centre (Eintritt im Gondelticket inbegriffen) mit beeindruckender Videovorführung eines Fluges über den Süden British Columbias aus der Vogelperspektive.

Unternehmungen im Sommer

Skyride Surf Adventure heißt die zuletzt hinzugefügte Attraktion: Dafür besteigen Sie mit einer Handvoll Mitstreiter in der Talstation über ein kleines Treppchen das Dach Ihrer Gondel und erleben die gut 1000 Höhenmeter überwindende Fahrt aus der Vogelperspektive! Oben locken die verschiedensten Aktivitäten – unberührte Wildnis dagegen kaum. Man kann sich einer Führung durch die Wälder anschließen (stündl., Dauer: 30 Min.) oder bucht einen Helikopter-Flug (grousemountain.com/heli-tours). Man kann paragliden, beim Zip-Lining von Station zu Station gleiten und an Mountainbike-Touren teilnehmen, es gibt kostenlose Kin-

Einfach einmalig – der Blick auf die Stadt und das Meer

derspielplätze und Holzfällerdarbietungen aller Art – alles in der Nähe des Interpretive Centre. Oberhalb holpert ein Sessellift weiter auf den Gipfel (8 Min.; im Ticket inkl.), wo sich bei klarem Wetter außergewöhnliche Ausblicke bieten: Noch mehr von Vancouver und bis hinüber zu den San Juan Islands sieht man von der gläsernen Aussichtskanzel der Windturbine Eye of the Wind.

Mit der Gondel auf den Grouse Mountain

KLEINE PAUSE
Kleine Gerichte wie Burger, Fish & Chips, Chicken Wings und Berg-Nachos in Hüttenatmosphäre im **Altitudes Bistro** genießen (www.grousemopuntain.com, tägl. ab 11 Uhr).

✚ 221 F3 ✉ 6400 Nancy Greene Way ☎ 604 9 80 93 11 ⊕ www.grouse mountain.com ◔ tägl. 9–22 Uhr ♥ Verschiedene Kombitickets, ab 51 $ ⅊ Cafés ($) und Restaurants ($$)

🚉 SkyTrain bis Waterfront, dann SeaBus bis Lonsdale Quay, von dort Bus 236 (oder Bus 232 ab Phibbs Exchange)

⓯ Museum of Anthropology

Warum?	Warum? Weil dieser Tage eine kraftvolle Renaissance der indigenen Gesellschaften im Gange ist und dieses Museum dabei hilft, sie zu verstehen.
Was?	Eintauchen in eine andere Welt
Wie lange?	Drei Stunden
Wann?	Vormittags
Was noch?	Nach den Masken und Skulpturen noch mehr Schönheit im japanischen Nitobe Memorial Garden genießen!

Bis zu zehn Meter hoch sind die Totempfähle im Museum of Anthropology.

Dass dieses Museum eine halbe Stunde Fahrzeit von Downtown entfernt liegt, sollte Sie nicht abschrecken. Es ist nämlich eines der besten an der gesamten Pazifikküste. Sein Thema sind die Nordwestküstenindianer. Und es beherbergt die wohl schönsten und interessantesten Sammlungen ihrer uralten und komplexen Kulturen.

Lage und Architektur

Das Museum liegt auf dem Campus der University of British Columbia westlich des Stadtzentrums von Vancouver. Sein auffälliges Gebäude aus hellem Sichtbeton und Glas nach einem Entwurf des renommierten kanadischen Architekten Arthur Erickson (1976) ist von der typischen Holzbalkenbauweise der »First Nations« British Columbias inspiriert, deren Kunst und Kultur es in seinen Ausstellungen zeigt.

Indianische Kulturerzeugnisse und mehr

Ausgestellt sind in erster Linie Kulturerzeugnisse der Nordwestküstenindianer. Weltberühmt ist die Skulptur »The Raven and the First Man« des Haida-Künstlers Bill Reid in der nach ihm benannten Rotunda.

In der Great Hall wird in pittoresker Folge eine Sammlung von Totempfählen der Haida, Salish, Tsimshian und Kwakiutl präsentiert, indigenen Völker Nordamerikas, deren Kultur und Kunst viele Ähnlichkeiten aufweisen. Durch die raumhohen Fenster fällt der Blick auf weitere Totempfähle, eingefasst vom Meeresblau der Georgia Strait. Zwei nach den Bauprinzipien der Haida errichtete Langhäuser in traditioneller Nord-Süd-Ausrichtung blicken über Point Grey. Die Multiversity Galleries präsentieren eine Auswahl aus der hochrangigen Sammlung des Museums mit rund 35 000 Artefakten, darunter auch Stücke aus Indien, China und Südostasien.

Für Forschungszwecke ist der Südflügel vorgesehen; er enthält hochmoderne Einrichtungen. Die Digitalisierung sämtlicher Objekte macht sie nun für Forscher (auch online) zugänglich. Wenn etwas Zeit bleibt, besuchen Sie auf dem Campus auch den kleinen Nitobe Memorial Garden (1895 Lower Mall, botanicalgarden.ubc.ca; 15. März– Okt. tägl. 11–16.30 Uhr; 7 $, Kombi-Ticket mit UBC Botanical Garden 13 $, Nov.–14. März Mo–Fr 10–14 Uhr; kleine Spende), der als einer der wenigen authentischen Japanischen Gärten außerhalb von Japan gilt.

Bill Reids *The Raven and the First Man*

KLEINE PAUSE

Für die kleine Pause zwischendurch ist das einfache **Café im MoA** ideal. Gutes Preis-Leistungs-Verhältnis und ein vernünftiges, täglich wechselndes Special (tägl. 10-16.30 Uhr).

⊕216 westlich A1
✉6393 NW Marine Drive
☎604 8 22 50 87
⊕www.moa.ubc.ca
◐Di 10–21, Mi–So 10–17 Uhr;

Café: Mo 10.30–14, Di–So 10– 16.30 Uhr ✦18 $ ⴼCafé $
🚌4, 9, 17, 25, 41, 43, 44, 49, 84, 258, 480

Nach Lust und Laune!

16 Gastown

In der historischen Altstadt fünf Fußminuten östlich des Canada Place (S. 50) konzentrieren sich Cafés, Bars, umgebaute Lagerhallen und interessante Läden. Es ist ein Ort für Touristen, weil hier immer etwas los ist, befindet sich aber auch in der Nähe der heruntergekommenen Stadtviertel auf dem Weg nach Chinatown (rechts).

Dampfschiffkapitän »Gassy« Jack Deighton eröffnete hier einst eine Kneipe, er selbst wurde, wohl eher unfreiwillig, zum Namensgeber des Viertel. 1886 wurde es Opfer einer Feuersbrunst, doch nach dem Eisenbahnanschluss Vancouvers im Folgejahr schnell neu errichtet. In den 1970er-Jahren war es heruntergewirtschaftet, doch Zentrumsnähe und historische Bausubstanz waren gute Argumente für eine umfangreiche Sanierung.

Nach einem weniger ruhmreichen Intermezzo als Touristenfalle in den 1970er- und 1980er-Jahren ist

Gastown heute ein Ziel nicht nur für Besucher, sondern auch für einheimische Babyboomer und Millenials, die die guten Restaurants, Bars und Lounges an Water Street und Querstraßen zu schätzen wissen. Die meisten Sehenswürdigkeiten liegen an der Water Street, die vor Entwicklung des zentralen Hafens direkt am Meer lag. Die wohl mit Abstand meistfotografierte Attraktion an der Water Street ist die dampfbetriebene Steam Clock: Ihre vier Dampfpfeifen spielen zur Freude instagramwütiger Touristen alle Viertelstunde den Westminsterschlag.

⊹217 E2 🚉Skytrain: Waterfront
🚌3, 4, 6, 7, 8, 50

17 Chinatown

Chinatown besteht aus Gassen voller Gewimmel, lebhaften Märkten und Lädchen mit exotischen Lebensmitteln und Heilpräparaten. Östlich von Gastown gelegen, erreicht man es am besten auf der Cambie Street Richtung Süden, dann links auf die Pender Street. Von Downtown aus folgt man am Library Square der Silk Road Route mit ihren bunten Fahnen und Straßenschildern, die ganz Chinatown mit allen wichtigen Sehenswürdigkeiten erschließt.

Das mit über 100 000 Einwohnern drittgrößte chinesische Viertel Nordamerikas – größer sind noch die Chinatowns in San Francisco

Jede Viertelstunde stößt die Steam Clock in Gastown lautstark pfeifend Dampf aus.

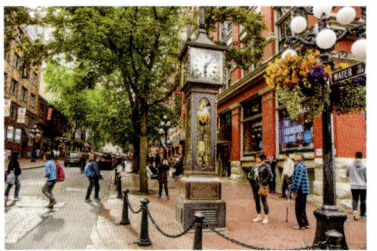

Südlich an Gastown grenzt Chinatown an, ein Labyrinth aus engen Gassen, Exotik pur.

und New York – begann um 1858, als der Goldrausch im Fraser Valley Scharen von Immigranten aus dem Reich der Mitte anzog, denen weitere im Zuge des Eisenbahnbaus folgten. Hier siedelten sie sich an, bei der Eingliederung unterstützt von großen Familienclans.

Diskriminierung war an der Tagesordnung – so blieben Chinesen bis 1947 Bürgerrechte und Staatsbürgerschaft versagt und noch in den 1930er-Jahren war es weißen Frauen verboten, in chinesischen Restaurants zu arbeiten, wären sie doch nach Überzeugung des örtlichen Polizeichefs dort »unweigerlich einem unmoralischen Lebenswandel« verfallen. Zwar ist Integration heute kein Problem mehr, doch bleibt man meist unter sich: Sämtliche Straßenschilder sind chinesisch, die Gebäude deutlich asiatisch geprägt, und fast alle Einwohner haben chinesische Wurzeln.

Das Viertel wird begrenzt von Pender, Carrall, Gore und Main Street. Viele steuern dort zunächst das Sam Kee Building (Ecke Pender/Carrall Street) an, mit nur 1,8 m Breite eines der kleinsten Geschäftshäuser der Welt.

Ebenfalls sehenswert ist der Dr. Sun Yat-Sen Classical Chinese Garden, benannt nach dem Gründer der ersten chinesischen Republik, der Vancouver häufig besuchte. Als erster klassisch chinesischer Garten außerhalb Chinas entstand er für die Expo '86 mit Materialien aus Suzhou nach dem Vorbild von Gärten, die während der Ming-Dynastie (1368–1644) angelegt wurden. Mittels Felsen, Wasser, Pflanzen und Gebäuden wird darin eine Harmonie der Elemente angestrebt: hart/weich, groß/klein, weich/rau, fließend/statisch. Zunächst sehr spröde und asketisch wirkend, zieht er den Besucher bald mit subtilem Ebenmaß und friedlicher Stille in seinen Bann.

✝ 217 F2

Dr. Sun Yat-Sen Classical Chinese Garden
✉ 578 Carrall Street, Nähe Pender Street ☎ 604 6 62 32 07 ⊕ www.vancouverchinese garden.com ➊ Mai–Mitte Juni und Sept. tägl. 10–18, Mitte Juni–Aug. 9.30–19, Okt–April tägl. 10–16.30 Uhr 🎟 12 $ 🍴 Café ($) 🚇 Skytrain: Stadium-Chinatown 🚌 19 oder 22 East bis Pender Street

18 TELUS Science World
Die silberne geodätische Kuppel hebt sich markant von der Skyline Vancouvers ab. Der ehemalige Pavillon der Expo '86 dient heute als mu-

seales Science Center, dessen zahlreiche interaktive Displays besonders Kinder zum Mitmachen anregen. Nicht in jedem Punkt erfüllen sie allerdings die Erwartungen, die das faszinierende Umfeld häufig erweckt, zudem ist der Weg von Downtown aus nicht gerade ein Katzensprung. Wer allerdings Kinder dabei hat, wird bei Vorführungen wie Laser- und 3D-Shows oder im Omnimax Theatre mit Riesenleinwand garantiert auf seine Kosten kommen.

⌖ 217 E1 ✉ 1455 Québec Street ☎ 604 4 43 74 40 ⊕ www.science world.ca ◷ Mo–Fr 10–17, Sa, So 10–18 Uhr ♦ 19,25 $ 🍴 Triple O's der White-Spot-Kette ($) 🚆 SkyTrain bis Science World–Main Street 🚌 3 und 8 North bis Granville Mall, 19 bis Pender Street

19 Capilano Suspension Bridge Park

Die Capilano Suspension Bridge zählt zu den größten Touristenattraktionen: Rund 750 000 Besucher jährlich queren die 137 m lange, frei schwingende Seilbrücke etwa 70 m über dem Fluss.

Nach dem schwindelerregenden Erlebnis kann man sich bei Treetops Adventure auf sieben schmalen Stegen gut 30 m über dem Boden zwischen uralten Regenwaldgiganten bewegen, die Ausstellung Living Forest (»Lebender Wald«) besuchen und den Cliffwalk hoch über der Schlucht erleben.

Wenn Sie solch touristischen Kommerz samt Massenandrang eher ablehnen und lieber eine ruhigere Umgebung suchen, sollten Sie sich zum etwas nördlich liegenden Capilano River Regional Park begeben. Dort kann man wandern und die Flusslandschaft auf sich wirken lassen. In der Aufzuchtstation der Salmon Hatchery (1977) zum Schutz der schwindenden Lachsbestände können Sie im August und September durch eine Glasscheibe Lachse vor dem Laichen beobachten, wie sie eine Fischleiter hinaufspringen.

Man kann den Besuch des Parks gut an den des Grouse Mountain (S. 58) anschließen, von dem aus man zu Fuß oder per Bus etwa 1 km bis zum Haupteingang zurücklegt. (Ein weiterer Zugang liegt im Norden des Parks am Cleveland Dam.) Ein Teil des Capilano Pacific Trail verbindet den Damm mit der Hatchery (1,5 km). Alternativ kann man auch am Fluss entlang den Weg von der Aufzuchtstation bis hin zum Dog's Leg Pool (1 km) zurücklegen.

Der Park ist verglichen mit anderen Schutzwäldern North Vancouvers besonders gut zu erreichen. Informationen über Zufahrt und Aktivitäten in den anderen Parks – wie Lynn Cayon mit seiner nicht minder schwindelerregenden, aber weit weniger besuchten Hängebrücke, Mount Seymour, Cypress und Lighthouse Park – erhalten Sie im Visitor Center.

Die von Richard Buckminster Fuller entworfene geodätische Kuppel der TELUS World of Science Vancouver liegt am Ende des Meeresarmes False Creek.

✝ 216 nördlich B5

Capilano Suspension Bridge Park
☎ 604 9 85 74 74 ✉ 3735 Capilano Road, North Vancouver ⊕ www.capbridge.com ◕ Jan.–Mitte März tägl. 9–17, Mitte März–Mitte April bis 18, Mitte April–Mai bis 19, Juni–Anfang Sept. 8.30–20, Sept.–Anfang Okt. 9–18, Anfang Okt.–Ende Nov bis 17, Ende Nov.–Anfang Jan. 11–21 Uhr ⬥ 42,95 $ 🚌 236, 239 oder 246 West bis Georgia Street

Hatchery
☎ 604 6 66 17 90 ◕ tägl. ab 8 Uhr ⬥ frei

20 Whistler

Whistler, einer der berühmtesten Vier-Jahreszeiten-Spielplätze Nordamerikas – wenn nicht sogar der Welt –, befindet sich in atemberaubender Berglandschaft der Coast Mountains etwa 125 km nördlich von Vancouver und war nicht umsonst Austragungsort der Olympischen Winterspiele 2010.

In den Sommermonaten kann man hier radeln, Golf spielen, reiten, mountainbiken oder auf einem der insgesamt 18 wunderbaren Trails wandern, wie dem Glacier Walk durch Eis und Schnee.

Seilbahnen und Lifte erschließen die anspruchsvolleren Touren. Ungefähr eineinhalb Stunden Fahrt von Vancouver entfernt, eignet sich der Ort durchaus für einen wunderschönen Tagesausflug.

Zudem gibt es zahlreiche – jedoch nicht immer günstige – Übernachtungsmöglichkeiten. Informationen erhalten Sie im TouristInfo Centre in Vancouver oder vor Ort im Whistler Infocentre.

✝ 221 F4 ☎ 604 9 32 39 28 ⊕ www.whistler.com

Wohin zum ...
Übernachten?

Preise für ein Doppelzimmer pro Nacht (ohne Steuern):

$	unter 100 CDN
$$	100–200 CDN
$$$	200–280 CDN
$$$$	über 280 CDN

Barclay House $$

Was der erste Eindruck dieses historischen Bed & Breakfast im ruhigen West End verheißt, setzt sich im Innern fort: Mobiliar und Ausstattung sind komfortabel, elegant und zeitgemäß. Die meisten Zimmer verfügen über einen eigenen Salon. Zur Ausstattung gehören Bademäntel, Kaffeemaschine, Computerterminal mit WLAN-Internet u. v. m. Continental oder American Breakfast auf Wunsch.
✝ 216 C3 ✉ 1351 Barclay Ecke, V6E 1H6 ☎ 604 6 05 13 51 (gebührenfrei 1 800 9 71 13 51) ⊕ www.barclayhouse.com

The Fairmont Hotel Vancouver $$$ / $$$$

Das Fairmont Hotel Vancouver der ehemaligen Canadian-Pacific-Gesellschaft mit seinen 557 Zimmern ist seit vielen Jahren ein Fixpunkt im Zentrum von Downtown. Auch wenn jüngere Wettbewerber wie das Fairmont Waterfront in letzter Zeit eine starke Konkurrenz darstellen, ist es genau das Richtige für alle, die ein Luxushotel im traditionellen Stil suchen. Es umgarnt Gäste mit sämtlichen Annehmlichkeiten moderner Technik wie Internetzugang und Fernseher. Zu den Hotelgästen zur Verfügung stehenden Serviceangeboten zählen Health Club und Spa mit Schwimmbad, Whirlpool, Sauna und Massage.
✝ 217 D3 ✉ 900 West Georgia Street, V6C 2W6 ☎ 604 6 84 31 31 oder 1 866 5 40 44 52 ⊕ www.fairmont.com/hotel-vancouver

Four Seasons $$$$

Das luxuriöse Hotel mit 372 Zimmern liegt in einem Hochhausturm über der Pacific Centre Mall. Zwei Zimmerkategorien (Premier und Deluxe) sowie großzügigere Suiten. Health Club, Pool und Fitness Center lassen keine Wünsche offen. Jeder Gast wird liebevoll umsorgt: Kinder mit Milch und Keksen vor dem Einschlafen, Tiere mit Mineralwasser.
✝ 217 D2 ✉ 791 West Georgia Street, V6C 2T4 ☎ 604 6 89 93 33 (gebührenfrei 1 800 8 19 50 53) ⊕ www.fourseasons.com/vancouver

Listel Hotel $$ / $$$

Das attraktive Boutiquehotel im Herzen von West End legt als »Vancouver's most artful hotel« besonderen Wert auf anspruchs- und stilvolle Ausstattung mit moderner Kunst und Werken regionaler Kunstschaffender. Kostenloses WLAN, gratis Ferngespräche. Im Restaurant »Forage« wird BC's trendige, auf lokalen Produkten basierende »regional cuisine« angeboten.
✝ 217 bei D3 ✉ 1300 Robson Street bei Jarvis Street, V6E 1C5 ☎ 604 6 84 84 61 (gebührenfrei 1 800 6 63 54 91) ⊕ www.thelistelhotel.com

Sandman Hotel Vancouver City Centre $$ / $$$

Das 302-Zimmer-Haus dieser soliden Gruppe im mittleren Preissegment liegt östlich des unmittelbaren Stadtzentrums nahe Vancouver Public Library und Queen Elizabeth Theatre; Gastown (S. 62) und viele andere Sehenswürdigkeiten sind gut zu Fuß erreichbar. Die bequem ausgestatteten Zimmer – einige mit Kochnische – entsprechen dem Standard von Hotelketten. Zu den Serviceeinrichtungen zählen mehrere gastronomische Betriebe (Restaurant und Bar), Sauna, Whirlpool und überdachter Swimmingpool.
✝ 217 E2 ✉ 180 West Georgia Street, V6B 4P4 ☎ 604 6 81 22 11 (gebührenfrei 1 800 7 26 36 26) ⊕ www.sandmanhotels.ca

Sylvia Hotel $$

Die legendäre Herberge, die schon so manchen Künstler inspirierte, lebt nicht zuletzt von ihrer schönen Lage am schon immer angesagten Strand der English Bay nahe Stanley Park und Denman Street. 1912 als Mietshaus errichtet und nach der

Four Seasons: Außenpool des Wellnessbereichs

Tochter des Bauherrn benannt, ist der von Efeu überzogene achtstöckige graue Steinbau eines der ältesten – und bis zum Zweiten Weltkrieg auch höchsten – Gebäude Vancouvers. 1954 wurde dort die erste Cocktailbar der Stadt eröffnet. Die 120 Zimmer in unterschiedlichen Kategorien – auch ein Grund für die Beliebtheit! – folgen in ihrer individuellen Ausstattung den Einrichtungsmoden des vergangenen Jahrhunderts. Die der höchsten Preisklasse liegen ganz oben (mit wunderbarem Ausblick), 18 Suiten mit kleiner Küche sind praktisch für Familien. Die Räume im Anbau aus den 1980er-Jahren präsentieren sich etwas schicker, lassen dafür jedoch historisches Flair vermissen. Das Zentrum ist zu Fuß (oder per Bus) schnell erreicht. Für einen längeren Aufenthalt im Sommer sollte man rechtzeitig reservieren.
✠ 216 B3 ✉ 1154 Gilford Street, V6G 2P6 ☎ 604 6 81 93 21 ⊕ www.sylviahotel.com

Holiday Inn Hotel & Suites Vancouver Downtown $$$
In seiner Lage weniger zentral als mancher Konkurrent, eignet sich das Haus mit 245 Zimmern und 28 Suiten dafür ideal für all jene, die Yaletown und Granville Island mit ihren Läden, Bars und Restaurant besuchen möchten. Doch liegt es deutlich günstiger als vergleichbare Hotelketten, wie das preiswertere Howard Johnson Hotel Downtown am weniger attraktiven südlichen Ausläufer der Granville Street. Die Preise fallen etwas höher aus als bei dieser Kette üblich. U. a. mit Swimmingpool

und Sauna. Einige der Zimmer verfügen über eine Küchennische.
✠ 217 D2 ✉ 1110 Howe Street, zwischen Davie und Helmcken Street, V6Z 1R2 ☎ 604 6 23 68 66 oder 1 877 8 59 50 95 (aus USA und Canada); ⊕ www.holiday innvancouverdowntown.com

Wohin zum ... Essen und Trinken?

Preise für ein Drei-Gänge-Menü (ohne Getränke und Service):
$ unter 50 CDN
$$ 50–100 CDN
$$$ über 100 CDN

RESTAURANTS

Blue Water Café + Raw Bar $$
Das geräumige, angenehm belebte Restaurant gehört zu den beliebtesten Adressen der kulinarischen Szene Yaletowns. Die Küche ist ambitioniert – Sushi, Fisch und Meeresfrüchte –, das Ambiente angenehm, der Service freundlich. An den langen Speiseraum mit viel Holz schließt sich eine offene Küche an. Die preiswertere »Raw Bar« serviert kleinere Gerichte, eine »Ice Bar« u. a. Wodka on the rocks und frisch gepresste Säfte. Das Restaurant ist Mitglied der Ocean-Wise-Initiative.
✠ 217 D2 ✉ 1095 Hamilton Street bei Helmcken Street, V6B 5T4 ☎ 604 6 88 80 78 ⊕ www.bluewatercafe.net

❶ Restaurant: tägl. 17–23 Uhr (Late Menu bis Mitternacht), Bar: 16.30–1 Uhr

Das Blue Water Café mit seiner coolen Bar

Cactus Club Café $

Das Cactus Club Café mit zahlreichen Filialen in Vancouver und anderen Städten Kanadas (siehe Website) präsentiert sich als Neuzugang einer Reihe ähnlicher Restaurantketten im mittleren Preissegment mit vergleichbar hohem Qualitätsanspruch, zu denen auch die Filialen von Earl's (S. 69), und White Spot (S. 70) zählen. Den Schlüssel ihres Erfolgs bilden ein entsprechendes Ambiente – ausnahmslos witzig und modern, jedoch zugleich einladend und gemütlich –, ein verlässliches Niveau und eine anspruchsvolle Speisekarte mit Gerichten, deren frische Zutaten in der Regel aus der Region stammen: West-Coast-Cuisine mit beliebten Standardgerichten aus vielen Küchen dieser Welt (Italien, Mexiko, Fernost).
✛ 217 D3 ✉ 1136 Robson Street bei Thurlow Street, V6E 1B2 ☎ 604 6 87 32 78
✛ 205 D2 ✉ 357 Davie Street bei Hamilton Street, V6B 1R2 ☎ 604 6 85 80 70 ⊕ www.cactusclubcafe.com ❶ tägl. ab 11 Uhr

Café Medina $

Man nimmt keine Reservierungen an und zwingt seine Gäste zu langen Schlangen bis auf die Straße. Doch das Café an der Richards Street kann es sich leisten: Es gehört zu den besten Frühstücks- und Brunchrestaurants der Stadt! Das Cassoulet mit hausgemachten Würsten ist ein wahres Gedicht, der israelische Couscous mit Mandeln und marinierten Roten Beten ein Traum. Dazu kommen zahlreiche Zutaten und Gewürze aus organischen Gärten aus der Umgebung.
✛ 217 D2 ✉ 780 Richards Street, V6B 3A4 ☎ 604 8 79 31 14 ⊕ www.medinacafe.com
❶ Mo–Fr 8–15, Sa/So 9–15 Uhr

Cardero's $$

In unnachahmlichem Ambiente gelegen, im Herzen von Coal Harbour gegenüber dem Stanley Park, bietet das Cardero's interessante kulinarische Erlebnisse mit Schwerpunkt auf Meeresfrüchten: u. a. Vorspeisen wie Miesmuscheln mit Zitronengras-Kokos-Curry-Sauce oder eine Fishermen-Platte für mehrere Personen, ferner Gerichte aus dem Wok, Steaks und Koteletts, Pasta, Pizza und – als Spezialität des Hauses – auf Zedernholz gegrillten Wildlachs oder gebackenen Hummer mit Limonenbutter.
✛ 216 C3 ✉ 1583 Coal Harbour Quay, V6G 3E7 ☎ 604 6 69 76 66 ⊕ www.vancouverdine.com ❶ tägl. 11.30–24 Uhr

Chambar $$

Seit über zehn Jahren eine gute, weil verlässliche Adresse für entspanntes Fine Dining, ist die Küche des Chambar bis heute unmöglich zu definieren. Marokkanische, französische und asiatische Einflüsse machen Gerichte wie Thon Tropical und Moules Congolaise auf jeden Fall zu köstlichen Entdeckungen, die dieser multikulturellen Stadt gut anstehen!
✛ 217 E2 ✉ 568 Beatty Street, V6B 2L3 ☎ 604 8 79 71 19 ⊕ www.chambar.com
❶ tägl. 17–23, Frühstück Mo–Fr 8–11.30, Brunch Sa/So 8–15 Uhr

Le Crocodile $$ / $$$

Nach einem bekannten Straßburger Nobelrestaurant benannt, verbindet das Lokal herzhafte französische Bistrotradition mit besten regionalen Zutaten zu einer Küche für allerhöchste Ansprüche. Auf der Karte auch diverse Festpreis-Menüs zu Mittag, abends das Degustations-Menü des Küchenchefs.
✛ 217 D2 ✉ 100–909 Burrard Street (Eingang: Smithe Street), V6Z 2N2 ☎ 604 6 69 42 98

⊕ www.lecrocodilerestaurant.com
❶ Mo–Sa 11.30–14 und 17.30–22 Uhr

Dockside Restaurant and Brewing Company $$

Das beliebte Lokal im Granville Island Hotel serviert Köstlichkeiten vom deftigen Steak (Holzkohlengrill) bis zum feinsten Lachs. Hier fühlt man sich auch zu Frühstück, Brunch oder Lunch wohl, mit herrlicher Aussicht auf die Stadt durch die großzügige Glasfront. Offene Küche und großes Aquarium sorgen für den nötigen Event-Kitzel. Exquisite Biere aus der hauseigenen Brauerei.
⌖ 216 C1 ✉ 1253 Johnston Street, Granville Island, V6H 3R9 ☎ 604 6 85 70 70
⊕ www.docksidevancouver.com
❶ tägl. 7–22 Uhr

Earl's Restaurant on Top $ / $$

Eine in ganz West-Kanada (allein in Vancouver mehrmals) vertretene Restaurantkette der mittleren Preislage, wo man meistens unter Einheimischen sitzt und schmackhafte internationale Kost genießt, von fantasievollen Burger-Kreationen über Pasta und Pizza oder Geflügel-Parmesan-Salat bis zu japanischer Suppe und jamaikanischem Huhn mit Mango-Sauce; natürlich werden auch hiesige Spezialitäten wie Lachs serviert.
⌖ 217 bei D3 ✉ 1185 Robson Street Ecke Bute Street, V6E 1B5 ☎ 604 6 69 00 20
⊕ www.earls.ca ❶ tägl. 11.30–1 Uhr

Lombardo's Ristorante Pizzeria $

Wenig verheißungsvoll in einer Mall gelegen, bäckt man im Lombardo's gleichwohl eine der angeblich besten, knusprigsten Holzofenpizzas Vancouvers. Daneben gibt es Pastas, Salate und Sandwiches (alles auch zum Mitnehmen).
⌖ Außerhalb der Karte ✉ 1641 Commercial Drive, V5L 3A4 ☎ 604 2 51 22 40
⊕ www.lombardos.ca ❶ Mo–Sa 11–23, So 11–22 Uhr

Pink Pearl Chinese Restaurant $

Essen im China-Restaurant gehört unbedingt zu einem Besuch von Vancouver. Und die seit über 25 Jahren existierende »Rosa Perle« – östlich von Downtown gelegen, am besten mit dem Taxi erreichbar – ist diesbezüglich eine höchst authentische Adresse. Die Atmosphäre ist lebhaft-ungezwungen, das Publikum besteht hauptsächlich aus chinesisch-kanadischen Familien. Die Küche ist kantonesisch geprägt, besonders die Dim-Sum-Häppchen sind zu empfehlen, ebenso z. B. die Venusmuscheln in Sojasauce oder Hummerkrabben mit Ingwer und Frühlingszwiebeln.
⌖ 217 östlich von F2 ✉ 1132 East Hastings Street, Nähe Glen Drive, V6A 1S2
☎ 604 2 53 43 16 ⊕ www.pinkpearl.com
❶ tägl. 9–22 Uhr

Water Street Café $

Wie in einschlägigen Vierteln anderer Städte stolpert man auch in Gastown allerorten über Touristenfallen. Eine löbliche Ausnahme bildet das Water Street Café, direkt an der Hauptstraße nahe der beliebten Steam Clock (Dampfuhr). Für einen Fensterplatz oder einen Tisch auf der Außenterrasse empfiehlt sich eine Reservierung. Die schmackhafte Bistroküche umfasst Pasta-Gerichte, fangfrische Meeresfrüchte (Fanny-Bay-Austern) oder frische Focaccia.
⌖ 217 E3 ✉ 300 Water Street bei Cambie Street, V6B 1B6 ☎ 604 6 89 28 32
⊕ www.waterstreetcafe.ca ❶ 11.30–23 Uhr (oder länger)

West $$ / $$$

Ambiente von moderner Eleganz, mit lederbezogenen Wänden, Spiegeln und gedämpfter Beleuchtung – ideal für ein romantisches Dinner mit West Coast Cuisine der Superlative. Als Entrée empfehlen sich etwa Jakobsmuscheln oder ein warmer Salat vom Oktopus mit Roter Bete, Kartoffeln und Gurke, als Hauptgericht Fraser Valley Filet oder gegrillter Hummer. Unter den Degustations-Menüs ist auch ein vegetarisches. Die Weinauswahl ist wirklich exzellent.
⌖ 221 bei F2 ✉ 2881 Granville Street, Nähe West 13th Ave, V64 3J4 ☎ 604 7 38 89 38
⊕ www.westrestaurant.com ❶ Mo–Sa 11.30–23, So 17.30–23 Uhr

White Spot $ / $$

Die Restaurantkette hat Filialen in ganz Vancouver und im Westen Kanadas. Die umfangreiche Fast-Food-Auswahl, bei der das Preis-Leistungs-Verhältnis stimmt, basiert auf Zutaten von guter Qualität. Der Service ist freundlich, das Ambiente schick und modern. Ideal für Familien.
✛ 216 C3 ✉ 1616 West Georgia Street bei Cardero Street, V6G 2V5 ☎ 604 6 81 80 34 ⊕ www.whitespot.com ❶ tägl. 6.30–23 Uhr

CAFÉS UND BARS

The Backstage Lounge

Eine stille Oase im Trubel von Granville Island ist die Backstage Lounge im Theater-Komplex des Arts Club. Schmackhafte Speisen, zuweilen begleitet von Livemusik.
✛ 216 C1 ✉ 1585 Johnson Street, Granville Island ☎ 604 6 87 13 54 ⊕ www.theback stagelounge.com ❶ Mo–Sa 12–2, So 12–24 Uhr

Bodega on Main

Der alteingesessene Spanier hat sich, Bar und gemütliche Lounge inklusive, zeitgemäß runderneuert und an der Main Street neu eröffnet. Die Tapas gehören nach wie vor zu den besten der Stadt, doch die meisten Gäste kommen nur zu Trank und Tratsch.
✛ 217 F2 ✉ 1014 Main Street, V6A 2W1 ☎ 604 5658815 ⊕ www.bodegaonmain.ca ❶ Mo–Fr 11–24, Sa/So ab 16.30 Uhr

The Diamond

Eine der coolsten Cocktailbars der Stadt, unweit Maple Leaf Square in Gastown: Im ersten Stock eines früheren Bordells servieren Barmixer die ausgefallensten Cocktails, darunter den Sazerac, den ältesten Cocktail der Welt.
✛ 217 F2 ✉ 6 Powell Street, Gastown ☎ 604 2 09 74 90 ⊕ www.di6mond.com ❶ Mo–Do 17.30–1, Fr/Sa 17.30–2, So 17.30–24 Uhr

Caffè Artigiano

Kunstvoll versehen in Vancouvers erster Italian Coffee Bar die Baristas den Milchschaum des Cappuccino mit grafischen

Lecker und ein Augenschmaus

Motiven. Auch das Dekor präsentiert sich italienisch, sodass man sich drinnen und im Patio fühlt wie südlich der Alpen.
✛ 217 D2 ✉ 763 Hornby Street (Filialen 1101 West Pender Street, 740 West Hastings Street, 574 Granville Street ☎ 604 6 94 77 37 ⊕ www.caffeartigiano.com ❶ Hornby Street: Mo–Fr 5.30–21, Sa 6.30–21, So 6.30–20 Uhr

Gallery Café

Das Café in der Vancouver Art Gallery mit schönem Innenhof ist ein ideales Refugium für Kaffee, Lunch und kleine Mahlzeiten – nicht nur für Museumsbesucher.
✛ 217 D2 ✉ Vancouver Art Gallery, 750 Hornby Street ☎ 604 6 88 22 36 ⊕ www.thegallerycafe.ca ❶ Mo, Mi, Fr 9–18, Di, Do 9–21, Sa 9.30–18, So 10–18 Uhr

900 West

Als Besonderheit bietet das beliebte Lokal im Fairmont Hotel Vancouver (S. 66) – zugleich auch Restaurant, Bar und Weinstube – rund 50 Sorten Rebensaft im offenen Ausschank.
✛ 216 C3 ✉ 900 West Georgia Street ☎ 604 6 69 93 78 ❶ So–Do 11.30–24, Fr, Sa 11.30–1 Uhr

Sylvia

Diese ruhige Bar des gleichnamigen Hotels (S. 66) ist in der Tat keine Nobeladresse, doch vielleicht gerade deshalb (und wegen der strandnahen Lage) ein sehr beliebter Treffpunkt.
✛ 216 B3 ✉ Sylvia Hotel, 1154 Gilford Street ☎ 604 6 81 93 21 ⊕ www.sylviahotel.com ❶ tägl. 11.30–24 Uhr

Yaletown Brewing Company

Riesiges Brauerei-Lokal in Yaletown, das zum Mark-James-Konzern gehört.
✛ 217 D2 ✉ 1111 Mainland Street
☎ 604 6 81 27 39 ⊕ http://www.mjg.ca/yaletown ❶ tägl. 11.30–24 Uhr
(Do bis 1, Fr und Sa bis 3 Uhr)

Wohin ... zum Einkaufen

KUNST DER UREINWOHNER

Coastal Peoples Fine Arts Gallery

Führende Galerie für Kunsterzeugnisse der Nordwestküstenindianer. In hellen, luftigen Räumen verkauft sie Werke kreativer Newcomer ebenso wie prominenter Künstler. Bemerkenswert ist das Angebot an Gold-, Silber- und anderem Schmuck.
✛ 217 E3 ✉ 332 Water Street
☎ 604 6 84 92 22 ⊕ www.coastalpeoples.com 🚌 2, 15, 17

Hill's Native Art

Auf drei Etagen bekommt man in dieser größten Filiale der Galerien von Hill's Kunst(-handwerk) der »First Nations«, darunter Textilien, Schmuck, Inuit-Skulpturen, Decken, Trommeln und Bücher – alles direkt vom Hersteller erworben. Versand weltweit auf Anfrage.
✛ 217 E3 ✉ 120 E. Broadway
☎ 604 6 85 42 49 ⊕ www.hillsnativeart.com
❶ tägl. 9–21 Uhr 🚌 1 oder 50 🚢 Waterfront

Inuit Gallery of Canada

Sehenswerte und alteingesessene Institution in Gastown mit ausgezeichnetem Kunsthandwerk der Inuit und anderer Ureinwohner Kanadas. Die Preise sind zwar gesalzen, angesichts der hohen Qualität indes gerechtfertigt. Ein Besuch lohnt immer, selbst wenn man sich nichts kaufen möchte.
✛ 217 E3 ✉ 206 Cambie Street, Gastown
☎ 604 6 88 73 23 ⊕ www.inuit.com 🚌 1 oder 50

LEBENSMITTELMÄRKTE

Granville Island Public Market

Mit seiner großen Fülle an Fleisch, Fisch, Käse, Obst, Wein und Spezialitäten gewiss einer der schönsten Lebensmittelmärkte Nordamerikas – allein optisch. Mit Blick auf den False Creek kann man hier auch wunderbar speisen.
✛ 216 C1 ✉ Granville Island ☎ 604 6 66 57 84
⊕ www.granvilleisland.com ❶ tägl. 9–19 Uhr
🚌 50, 51

Lonsdale Quay Market

Die Fahrt mit der Fähre über den Burrard Inlet (obligatorisch für jeden Vancouver-Besuch) endet am Lonsdale Quay, nicht weit von diesem Markt entfernt. Er ist zwar nicht so imposant wie die Markthalle von Granville Island, dafür bekommt man Kunsthandwerk, Bücher und Geschenkartikel – mit Blick aufs Wasser.
✛ 221 bei F2 ✉ Lonsdale Quay, 123 Carrie Cates Court, North Vancouver
☎ 604 9 85 62 61 ⊕ www.lonsdalequay.com
❶ tägl. 9–19 Uhr 🚢 SeaBus ab Waterfront

FACHGESCHÄFTE

Chapters

Die riesige Kette hat alte Buchhandelsgeschäfte aus dem Zentrum Vancouvers vertrieben. Enorme Auswahl in hellen Hallen und freundliches Verkaufspersonal. Hier bekommt auch der Tourist alles Notwendige an Reiseliteratur.
✛ 217 D2 ✉ 810 Granville Street
☎ 604 9 79 88 99 ⊕ www.chapters.indigo.ca
❶ tägl. 9–22 Uhr 🚌 5, 17, 20 bis Robson Street

Edible British Columbia

Nachhaltige Landwirtschaft lässt sich in köstlichster Weise erleben in diesem beliebten Laden im Granville Public Market, der grandiose einheimische Produkte anbietet, vom Wein bis zu Eingemachtem und Saucen.
✛ 216 C1 ✉ 565, 1596 Johnston St
☎ 604 5 58 00 40 ⊕ www.ediblecanada.com 🚌 51

Lululemon Athletica

Mode und Fitness geben sich ein Stelldichein in dem stilvollen Tempel für Yoga, Tanz und Jogging. Auch Unsportliche können hier in einem breiten Angebot von Tanktops, Kapuzenpullovern, Yogahosen, Laufmützen, Tragetaschen und, und, und herumwühlen.

✛ 217 C3 ✉ 970 Robson Street
☎ 604 6 81 31 18 ⊕ www.lululemon.com

MacLeod's Books

Bücherregale bis unter die Decke: Mit seiner schwindelerregenden Auswahl seltener Sammler-Ausgaben wie kitschiger Massenprodukte wehrt sich MacLeod's hartnäckig – und ebenso erfolgreich – gegen den Exitus.

✛ 217 E3 ✉ 455 West Pender Street
☎ 604 6 81 76 54 ❶ Mo–Sa 10–18, So 11–18 Uhr ❑ 22

Murchie's Tea & Coffee

Seit dem Jahr 1894 in Vancouver eine Top-Adresse für Tee und Kaffee bester Qualität, wo man von Geschirr, Gläsern und Kannen bis zu Teeblättern und Kaffeebohnen alles bekommt.

✛ 217 E3 ✉ 815 West Hastings Street
☎ 604 6 69 07 83 ⊕ www.murchies.com ❑ 8

Seafood City

Hier fischelt es gewaltig, allerdings auf hohem Niveau – vom geräucherten Rotlachs (»sockeye«) bis zu Räucherlachs-Bonbons in Ahornsirup mit schwarzem Pfeffer. Am besten als Mitbringsel geeignet ist das lang haltbare Dörrfleisch (»jerky«) vom Lachs.

Obststand auf dem Public Market

MacLeod's Books, eine Fundgrube für Bücher

✛ 216 C1 ✉ 1689 Johnston Street (Granville Island) ☎ 604 6 88 18 18 ⊕ www.seafood citygi.com ❶ tägl. 9–19 Uhr ❑ 50, 51

MALLS & KAUFHÄUSER

Hudson's Bay

Das Vancouver Domizil der Kaufhauskette wirkt nicht sonderlich einladend, doch die angebotenen Waren sind durchweg solide.

✛ 217 D2 ✉ 674 Granville Street bei West Georgia Street ☎ 604 6 81 62 11 ⊕ www. thebay.com ❑ Granville ❑ 8

Pacific Centre Mall

Eine der besten Malls von Vancouver – drei Blocks mit über 200 Geschäften sowie unterirdischen Verbindungsgängen zur **Vancouver Centre Mall** (650 West Georgia Street) mit weiteren 115 Läden. Hier werden Sie garantiert fündig.

✛ 217 D2 ✉ 609 Granville Street
☎ 604 6 88 72 35 ⊕ www.cfshops.com/ pacific-centre.html ❑ Granville

Holt Renfrew

Vancouvers Filiale des kanadischen Nobelkaufhauses fährt mit allem auf, was anspruchsvolle High-End-Shopper gewohnt sind: u. a. führt das Holt Renfrew kanadische Fashion Designer wie Wayne Clark, Trout und Lida Baday, aber auch internationale Labels.

✛ 217 E2 ✉ 737 Dunsmuir Street bei Granville Street ☎ 604 6 81 31 21
⊕ www.holtrenfrew.com ❶ Mo–Di 10–19, Mi–Fr 10–21, Sa 10–19, So 11–18 Uhr ❑ Granville

Sinclair Centre

Eine Mall für den gehobenen Geschmack in vier restaurierten alten Gebäuden. Mode und mehr um einen gastronomisch geprägten Innenhof.

⌖ 217 E3 ✉ 757 West Hastings Street
☎ 604 4 88 06 72 ⊕ www.sinclaircentre.com
🕐 Mo–Sa 10–17.30 Uhr ⚓ Waterfront

Neonschriftzug des Commodore

Wohin zum ... Ausgehen?

KLASSISCHE MUSIK

Das Vancouver Symphony Orchestra (Tel. 604 8 76 34 34; www.vancouversymphony.ca) – das drittgrößte Orchester Kanadas – tritt gewöhnlich im Orpheum Theatre (801 Granville Street) auf. Die Vancouver Opera (Tel. 604 6 83 02 22; www.vancouveropera.ca) hat von Oktober bis Juni Saison im Queen Elizabeth Complex (600 Hamilton Street).

Kleinere, doch sehr renommierte Ensembles sind: der Vancouver Chamber Choir (Tel. 604 7 38 68 22; www.vancouverchamberchoir.com), Early Music Vancouver (Tel. 604 7 32 16 10; www.earlymusic.bc.ca), die Vancouver Recital Society (Tel. 604 6 02 03 63; www.vanrecital.com) sowie die Vancouver New Music Society (Tel. 604 6 63 08 61; www.newmusic.org).

THEATER

Ein beliebtes Ensemble ist das des Arts Club Theatre (Tel. 604 6 87 16 44; www.artsclub.com) auf Granville Island, das über ein Auditorium mit 425 Sitzplätzen und eine kleinere Revue-Bühne verfügt.

Ein großes Ereignis in den Sommermonaten ist das Musikfestival Bard on the Beach (Tel. 604 7 39 05 59 oder 1 877 7 39 05 59; www.bardonthebeach.org) im Vanier Park (Anfang Juni–Ende Sept.).

Kleinere Theatergruppen gibt es in Vancouver natürlich auch – nähere und detaillierte Informationen erhalten Sie im

Firehall Arts Centre (280 East Cordova Street; Tel. 604 6 89 09 26; www.firehallartscentre.ca).

KINOS

Zentral gelegenes Multiplex-Kino ist das Granville 7, ein breit gefächertes, anspruchsvolleres Programm bietet die Pacific Cinémathèque (1131 Howe Street; Tel. 604 6 88 82 02); www.cinematheque.ca), ebenso das Vancouver International Film Festival (Ende Sept.–Mitte Okt.; Tel. 604 6 85 02 60; www.viff.org).

CLUBS & LIVE MUSIK

Vancouvers lebendige Club-, Tanz- und Musikszene hat ihre ständig wechselnden Publikumsfavoriten.

Im Caprice Nightclub (967 Granville St., Tel. 604 6 85 32 88, www.capricenightclub.com) wird zu aktuellen Hits, Electric und Livemusik abgetanzt. Nur Livemusik gibt es im guten, alten Roxy (932 Granville Street; Tel. 604 3 31 79 99; www.roxyvan.com) und im Commodore (868 Granville bei Mithe Street; Tel. 604 7 39 45 50; www.commodoreballroom.ca).

Stilvoll abhängen kann man im Nightclub Bar None (1222 Hamilton Street; Tel. 604 6 89 70 00; http://donnelly.group.ca/bar-none) oder in der Opus Bar (322 Davie St., Tel. 604 642 6787, http://vancouver.opushotel.com).

Weitere aktuelle Vorschläge liefert Vancouvers wöchentlich erscheinendes Eventmagazin *Georgia Straight*, das kostenlos ist.

Victorias Stadtkern gruppiert sich rund um den geschützten Naturhafen.

Victoria

Walbeobachtung, Regen-
wälder und die schönsten
Sonnenuntergänge: Vancou-
ver Island ist British Columbias Schmuckkästchen.

Seite 74–99

Erste Orientierung

Heute ist Victoria eine lebendige, kosmopolitische Stadt. In der Hauptstadt von British Columbia an der Südspitze von Vancouver Island geht es eher beschaulich zu.

In gewissem Maß strahlt Victoria immer noch etwas Steifes und sentimental Britisches aus – symbolträchtig manifestiert in der stolzen, eleganten Statue Queen Victorias vor dem Parlament. Im Empress Hotel zelebriert man feierliche Afternoon Teas und hier und da flattert ein Union Jack im Wind. Im jüngeren Teil ist der einstige Handelsposten der Hudson's Bay Company indes durch und durch kanadisch in seiner Mischung aus Tradition und Moderne.

TOP 10
3 ★★ Inner Harbour
7 ★★ Pacific Rim National Park

Nicht verpassen!
21 Old Town
22 Royal British Columbia Museum
23 Butchart Gardens

Nach Lust und Laune!
24 Fisherman's Wharf
25 Miniature World
26 Art Gallery of Greater Victoria
27 Helmcken House
28 Beacon Hill Park
29 Craigdarroch Castle

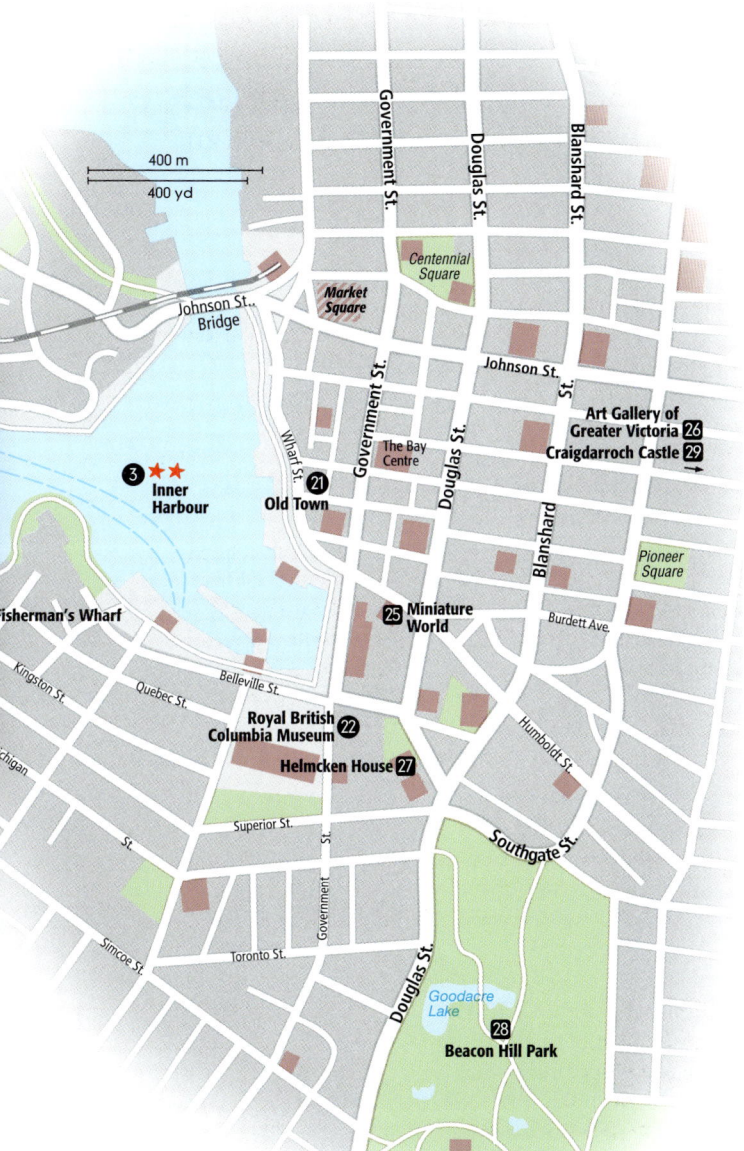

Government St.

Douglas St.

Blanshard St.

Centennial Square

Johnson St...
Bridge

Market Square

Johnson St.

Government St.

The Bay Centre

Douglas St.

Art Gallery of
Greater Victoria **26**
Craigdarroch Castle **29**
→

3 ★★
Inner Harbour

Wharf St.

21
Old Town

Blanshard

Pioneer Square

isherman's Wharf

25 Miniature World

Burdett Ave.

Belleville St.

Kingston St.

Quebec St.

Royal British Columbia Museum 22

ichigan

Helmcken House 27

Humboldt St.

Superior St.

Government

Southgate St.

Simcoe St.

Toronto St.

Douglas St.

Goodacre Lake

28
Beacon Hill Park

400 m
400 yd

Mein Tag
in Victoria

Victoria genießt das mildeste Klima in ganz Kanada und postet in den sozialen Medien bereits Bilder von der Kirschblüte, während anderswo im Land noch die Schneepflüge unterwegs sind. Die Parks der »Garden City« sind grüne Paradiese und wirken zusammen mit dem Blau des Pazifik herrlich entspannend. Wundern Sie sich also nicht, wenn Sie auf dieser Tour mehr lächelnden Menschen als sonst in Kanada begegnen!

7 Uhr: Morgenstund …

Wenn Sonnenaufgang Ihre Lieblingsfarbe ist, machen Sie sich noch vor dem Frühstück zur Dallas Road etwas südlich von Downtown auf. Gehen Sie dort ein Stück auf dem Waterfront Trail, genießen Sie das Rauschen der Wellen und den Blick auf die Strait of Juan de Fuca. Strandspaziergänge sind immer schön. Vor allem dieser, auch weil Sie auf dem Rand eines ganzen Kontinents wandeln! Frühstück und Brunch sind in Victoria so etwas wie heilige Kühe, und deshalb ist es selbstverständlich, anschließend in einem Hot Spot wie dem Nourish (225 Québec Street, Tel. 250 5 90 34 26) einzukehren und sich für den Tag zu stärken.

9 Uhr: Da bläst er!

Wer Victoria sagt, muss auch Orca sagen! Die Gewässer vor der

20 Uhr: Guten Appetit!

↑ Mount Douglas,
Butchard Gardens

16.30 Uhr

Ende

20 Uhr

7 Uhr: Morgenstund ...

Johnson St.

Wharf St.

Government St.

400 m
400 yd

❸ ★★
Inner
Harbour

Douglas St.

Blanshard St.

ℹ

Start

Fährterminal

Nourish

7 Uhr

Belleville St.

Quebec St.

13.30 Uhr

㉒

**Royal British
Columbia Museum**

13.30 Uhr: Etwas Kultur

↓ Waterfront Trail

Butchard
Gardens   **16.30 Uhr**

Elk/Beaver
Lake

Cordova Bay

5 km
3 mi

(17)

Mount Douglas
▲ 225 m

16.30 Uhr: Schöne
Aussichten

(1)

Victoria

Waterfront Trail ■

Strait of Juan de Fuca

79

Hier wirkt ein Grüner Daumen: Die 1904 gegründeten Butchart Gardens bei Victoria zählen zu den schönsten Gärten Kanadas.

Hauptstadt British Columbia liegen auf der Migrationsroute von Grau- und Buckelwalen, die zwischen Frühjahr und Herbst hier durchziehen. Außerdem gehören sie zum Revier dreier großer Orca-Schulen. Weitere Orcas, die »Transients«, ziehen während der Sommermonate hierdurch. An Bord eines der kleinen Walbeobachtungsschiffchen wird Ihnen deshalb garantiert nicht langweilig werden!

12 Uhr: Auszeit mit Hafenblick

Einen oder gar mehrere Wale aus der Nähe zu sehen, lässt niemanden kalt. Im Extremfall werden Sie beim Whale Watching drei Stunden lang »Aaahs« und »Ooohs« ausstoßen. Das, und die salzige Meeresluft, macht natürlich hungrig, und deshalb wird ein Restaurant in Hafennähe sehr willkommen sein!

13.30 Uhr: Etwas Kultur

Warum? Weil es eines der besten historischen und völkerkundlichen Museen Kanadas ist. Vertreten Sie sich also die Beine im ㉒ Royal British Columbia Museum (S. 88) und beginnen Sie damit bei den Mammuts in der naturgeschichtlichen Abteilung. Dann gelangen Sie mitten in die herrlichen First Nations Collections mit ihren Sammlungen traditioneller Masken, Totempfähle und historischer Fotos.

9 Uhr

Oben: Whale Watching, ein Orca zieht vorüber – und das Publikum staunt! Rechts: Es ist angerichtet! Eins von den vielen Restaurants in Victoria

12 Uhr

 16.30 Uhr: Schöne Aussichten!

Auch in Viktoria warten schöne Naturschauspiele quasi im Stadtgebiet. Wie das herrliche Ineinander von Land und Meer von oben aussieht, zeigt eine kurze Wanderung auf den Mount Douglas an der Cordova Bay. Der 225 m hohe Berg im Norden der Stadt legt Ihnen in einem spektakulären 360-Grad-Blick Victoria, die Haro Strait mit San Juan Island und Saanich zu Füßen. Inzwischen haben Sie so viel Grün gesehen, dass Sie eine Steigerung kaum noch für möglich halten. Doch die ㉓ Butchart Gardens (S. 91) in Brentwood liefern: Einige hundert der über 700 Pflanzenarten dort blühen immer und entführen Sie in einen wahren Garten Eden, den Sie am Ende gar nicht mehr verlassen wollen. Und sind Sie an

einem Samstagabend im Sommer dort, nehmen Sie das Feuerwerk mit. Mit Gourmet-Picknick natürlich, das Ihnen – nach Reservierung, mitsamt Decke und Picknickkorb - im Gartenrestaurant überreicht wird.

20 Uhr: Guten Appetit!

Fürs Abendessen ist Downtown Victoria der beste Ort. Die Stadt soll die meisten Restaurants pro Kopf der Bevölkerung haben. Und wenn Sie danach noch immer nicht genug haben, unternehmen Sie einen Zug durch die Bars und Lounges an der Government Street. »Bar Hopping« heißt das hier.

❸ ★★ Inner Harbour

Warum?	Weil hier nicht nur die wichtigsten Sehenswürdigkeiten liegen, sondern auch einige der besten Restaurants, Lounges und Kneipen
Was?	Die Treppen hinauf und mit einer geführte Gruppe British Columbias heiligste Hallen besichtigen
Wie lange?	45 Minuten
Wann?	Vor Ihrer Walbeobachtungstour. Die macht dann umso mehr Spaß.
Was noch?	Toll ist auch der kurze Spaziergang zum Fisherman's Wharf mit seinen Docks, Seafoodbuden und Seehunden
Was nehme ich mit?	Der Regierungsstress ist Victoria nicht anzusehen!

Historische Segelboote im Inner Harbour

Rund um den schönen Naturhafen schlägt das Herz des alten Victorias: mit Prachtbauten wie dem Empress Hotel, dem Parlament und dem Royal British Columbia Museum, allesamt langjährige Wahrzeichen der Stadt. Hier spazieren zu gehen ist ein Erlebnis, vor allem am Abend, wenn Skateboarder und Straßenkünstler die Straßen unsicher machen!

In voreuropäischer Zeit Stammesterritorium der Salish-Indianer, begann Victoria 1842 an dieser Stelle als Handelsposten der Hudson's Bay Company. Im Jahr 1866 avancierte man zur Hauptstadt der Kronkolonie British Columbia, 1871 trat man Kanada bei.

Erste Erkundungen
Das Visitor Centre hält Informationsmaterial zu Stadt, Umgebung und Vancouver Island bereit. Bevor Sie danach das Royal British Columbia Museum (S. 88) ansteuern, empfiehlt sich unbedingt ein ausgiebiger Bummel durch Altstadt

(S. 86) und Hafen. Gleich daneben thront das majestätische, 1908 eröffnete Empress Hotel (S. 96). Im Glanz des Kolonialstils erstrahlen dessen Halle und Nebenräume.

Parliament Buildings

Am Südende des Hafens erhebt sich das Parlament. In dem von Francis Rattenbury errichteten Bau residiert die Regierung von British Columbia. Hier können Sie sich einer der Führungen anschließen oder im Park spazieren gehen. Die Statue auf der Kuppel repräsentiert George Vancouver, die beiden Figuren, die den Haupteingang flankieren, zeigen Sir James Douglas und Richter Sir Matthew Baillie Begbie.

KLEINE PAUSE
Wie Queen Victoria kann man Darjeeling stilvoll in der **Tea Lobby** des **Empress Hotels** genießen.

✛ 218 B4

Visitor Centre
✉ 812 Wharf Street ☎ 250 9 53 20 33; Zimmervermittlung/Reservierung (gebührenfrei in Kanada und USA) 1 800 6 63 38 83 ⊕ www.tourism victoria.com ⏱ Mai–Sept. tägl. 8.30–20.30, Okt.–April tägl. 9–17 Uhr 🚌 5, 6, 27, 28, 30, 31

Parliament Buildings
✉ 501 Belleville Street
☎ 250 3 87 30 46 (gebührenfrei in B. C. 1 800 6 63 78 67)
⏱ 45-minütige Führungen Mo–Fr 8.30–17 Uhr (abhängig von den aktuellen Sitzungszeiten)
🎟 frei 🚌 5, 27, 28 oder 30

Frontansicht des prächtigen Parlamentsgebäudes

❼ ★★ Pacific Rim National Park

Warum?	Um unverbaute, naturbelassene Pazifikküste zu erleben
Was?	Strandspaziergänge zwischen gischtendem Ozean und windgebeugtem Regenwald
Wie lange?	Am liebsten ewig lange ...
Wann?	Zur Golden Hour!
Was noch?	Von Tofino aus nach Meares Island schippern und dort tausendjährige Baumgiganten umarmen
Was nehme ich mit?	Echt kanadisches Westcoast-Feeling!

Das Schutzgebiet auf Vancouver Island ist 300 km von Victoria entfernt und hat eine Menge zu bieten: Berge, Regenwald und wilde Pazifikküste sowie die Möglichkeit zum Whale Watching. Zwei Tage sind das Minimum!

Der Nationalpark zieht sich 130 km an der Westküste entlang, mit drei Schwerpunkten: den Broken Group Islands, die nur per Segelschiff oder Kajak erreichbar sind, dem West Coast Trail als beliebtem Fernwanderweg, und Long Beach, einem Küstenabschnitt zwischen Tofino und Ucluelet.

Attraktivster Ausgangspunkt ist Tofino, drei Auto- bzw. sechs Busstunden von Victoria entfernt (wie auch Ucluelet). Das ehemalige Fischerdorf am Clayoquot Sound ist im Sommer recht überlaufen. Von hier aus bieten sich Bootsausflüge an, als kürzester der nach Meares Island (15 Min.). Auf dem

Surfer im Pacific Rim National Park

Big Cedar Trail können Sie 3 km des alten Regenwalds erkunden. Weitere Exkursionen per Schiff, Wassertaxi oder Wasserflugzeug gehen auf die Inseln Flores und Vargas und zu den heißen Quellen des Maquinna Provincial Park im Clayoquot

Sound. Auf eigene Faust lässt sich die 16 km lange Küste von Long Beach erkunden – es warten einsame Sandstrände vor der Kulisse bewaldeter Berghänge. Zum Schwimmen ist das Wasser leider zu kalt, Wanderer und Muschelsammler finden jedoch ein Paradies vor! Man kann einfach am Meer entlanglaufen oder sich einen von acht Wegen aussuchen: Keiner ist länger als 5 km, alle sind sie leicht erreichbar vom Highway 4 und dem Abzweig nach Ucluelet.

Das Meer tost und donnert bei Ucluelet an die Felsen.

Zu empfehlen ist das Kwisitis Visitor Centre (Mai tägl. 10–17, Juni–Anf. Sept. tägl. 8–19, Sept–Mitte Okt. tägl. 10–17, Okt.–April Di–Sa 9–17 Uhr). Zu den attraktivsten Wegen gehören derjenige nach Florencia Beach (Nr. 1, 2, 3 und 5) und der nach South Beach (Nr. 4). Liebhaber schöner Aussichten sollten den Aufstieg zum Radar Hill (96 m) nicht verpassen.

KLEINE PAUSE

Surfer, Einheimische und Touristen treffen sich am **Tacofino** und genießen Tacos an Gemeinschaftstischen im Freien (1180 Pacific Rim Hwy/Live to Surf Plaza, www.tacofino.com).

✝ 220 C1

Tofino Visitor Centre
✉ 1426 Pacific Rim Hwy (7 km südl. von Tofino) ☎ 250 7 25 34 14 (gratis 1 888 7 20 34 14) ⊕ www.tourismto fino.com ⏱ Mai–Sept. tägl. 9–20/21, Okt–März Mo–Fr 9–16 Uhr

National Park Reserve Visitor Centre
✉ 2040 Pacific Rim Hwy, Ucluelet ☎ 250 7 26 42 12 ⊕ www.pc.gc.ca ⏱ Mai tägl. 10–17, Juni–Anf. Sept. tägl. 8–19, Sept.–Mitte Okt. tägl. 10–17, sonst Di–Sa 9–17 Uhr ⚓ Park: 7,80 $

㉑ Old Town

Warum?	Um eine charmante Altstadt zu erleben
Was?	Beschauliche Straßen mit historischen Bauten und alteinge-sessenen Läden und Lokalen
Wie lange?	Nach Belieben
Wann?	Zu jeder Tageszeit
Was noch?	Die Chinatown – erste ihrer Art, die es im Westen Nord-amerikas gab
Was nehme ich mit?	Eine nordamerikanische Großstadt ohne Wolkenkratzer!

Als Großstadt lässt Victoria sich kaum bezeichnen, und genau das macht ihren Charme aus – hier geht es behäbig zu, ohne die Wolkenkratzer und Autoschneisen, wie sie sonst typisch sind für nordamerikanische Städte. Hübschester Teil Victorias ist das Viertel hinter dem Inner Harbour (S. 82), besonders die Wharf, Government und Douglas Street. Ein guter Ausgangspunkt für einen Erkundungsgang von Visitor Centre und Hafen aus ist die Wharf Street, die zum Bastion Square führt – ein Ensemble ehrwürdiger alter Häuser und Straßen, das einstige Fort Victoria umfassend.

Market Square

Wenden Sie sich nun zur Government Street und gehen nordwärts, dann links durch die Johnson Street zum Market Square (www.marketsquare.ca). Im Jahr 1858 als Herz der Altstadt angelegt, erstrahlt er heutzutage wunderbar restauriert – im doppelten Sinne, denn neben netten Geschäften findet man auch reichlich gute Lokale. Die Mitte des Areals ist etwas abgesunken, da sie über einem ehemaligen Hohlweg liegt.

Weiter nördlich liegt Chinatown, einstmals die erste ihrer Art im Westen Nordamerikas und ein Gemisch von Bordellen, Läden und Opiumhöhlen, dazu über 20 Fabriken, die jährlich etwa 44 t des hier konsumierten Rauschgifts produzierten (legal bis zum 20. Jh. – Grundstein des Wohlstands der ganzen Provinz).

Chinatown

Heute präsentiert sich der Bezirk um die Fisgard Street friedlicher als damals, mit Fan Tan Alley als interessantester Straße. Übersehen Sie im Gewirr kleiner Läden nicht die beiden steinernen Chimären am Gate of Harmonious Interest – ein Geschenk der chinesischen Stadt Suzhou. Die Legende besagt, sie erwachten zum Leben, sobald ein ehrlicher Politiker hindurchgehe (was bislang wohl nicht der Fall war).

Victoria: in der Johnson Street

Government Street

Im Nordteil der Fisgard Street gibt es kaum Sehenswertes, weshalb sich ein Gang auf Government oder Wharf Street Richtung Süden anbietet. In der Government Street sind die meisten größeren Läden beheimatet, u. a. Old Morris Tobacconist (www.oldmorris.com; Nr. 1116), wo sich seit 1892 wenig verändert hat. Eine exzellente Adresse für Tee, Kaffee und Kuchen ist seit 1894 Murchie's Tea & Coffee (www.murchies. com; Nr. 1110). Daneben erwartet bibliophile Zeitgenossen Munro's Books (www. munrobooks.com; Nr. 1108), 1963 gegründet von der Literaturnobelpreisträgerin Alice Munro und ihrem Gatten Jim.

KLEINE PAUSE

Bei schönem Wetter ist der **Bastion Square** mit seinen Lokalen und Cafés ein idealer Platz für die Kaffeepause.

✝ 218 B3

ⓘ

㉒ Royal British Columbia Museum

Warum?	British Columbia an einem Nachmittag entdecken
Was?	Ein Fest der Sinne
Wie lange?	Drei Stunden
Wann?	Am besten nachmittags
Was noch?	Ein bisschen Shoppingzeit für den tollen Royal Museum Store einplanen
Was nehme ich mit?	BC ist uralt und brandneu zugleich

Das RBCM zählt zu den besten Museen und Forschungseinrichtungen Kanadas und aufgrund seines dreifachen Ansatzes auch zu den ungewöhnlichsten: Entschieden multidisziplinär, beherbergt es Exponate zur Naturgeschichte und jüngeren Geschichte British Columbias ebenso wie solche zur reichen Kultur seiner Ureinwohner.

Ausstellungsbereiche

Eigentlich bräuchte man zwei Tage, um alles zu sehen. Recht gut gemeinsam bewältigen lassen sich die Natural History Gallery und die First Peoples Gallery. Die Modern History Gallery beansprucht einen separaten Besuch.

Natural History Gallery

Gleich am Eingang begrüßt Sie das Naturkundemuseum mit dem lebensgroßen Abbild eines Mammuts mit riesigen Stoßzähnen vor der minutiös gemalten Kulisse seiner damaligen Welt. Dies bildet den Auftakt einer ganzen Serie grandioser Dioramen zur Naturgeschichte von British Columbia.

Vor Ihnen entfalten sich Küstenlandschaften, Flussmündungen und Wälder der diversen Natur- und Klimazonen – das Ganze auch noch akustisch untermalt. Es herrscht sogar je nach dem Lebensraum der Tiere, um die es gerade geht, die entsprechende Temperatur. In zahlreichen Filmen werden zusätzlich die Besonderheiten dieser Provinz vorgestellt, die nicht nur die wärmste Küste, sondern auch die re-

Wohnstube aus alter Zeit

genreichsten Berge, den meisten Schneefall und das trockenste Landesinnere Kanadas aufweist. Keinesfalls den Film über die Biber verpassen!

Die Ocean Station widmet sich dem Meeresleben der Provinz, im Stil eines Käp'n-Nemo-U-Bootes mit Luken und Bedienelementen: Der Besucher kann durch Bullaugen Meerestiere beobachten und die Unterwasserwelt mit einem Periskop erkunden. Durch eine sechseckige Luke öffnet sich der Blick auf ein Diorama mit allen Formen ozeanischen Lebens; vieles darf sogar angefasst werden, vom Computer bis zum getrockneten Seestern. Im angegliederten IMAX läuft begleitend der Film *Deep Sea*.

Museen zur Kultur der Ureinwohner gibt es in Nordamerika eine ganze Reihe – doch keines von ihnen vermittelt wohl so eindrucksvoll und detailliert deren Lebensbedingungen wie die First Peoples Gallery am Beispiel der in der Nordpazifik-Region beheimateten Stämme Haida, Salish, Tsimshian and Kwakiutl.

Der Ausstellungsbereich ist in zwei Sektionen gegliedert: zum Leben der Indianer vor Ankunft der Weißen und zur Periode unmittelbar danach, als sie unter Landraub und verheerenden Seuchen litten. Unter den zahlreichen Highlights sollten Sie sich zwei keinesfalls entgehen lassen: den

Teilrekonstruktion der HMS *Discovery* Kapitän George Vancouvers in der Modern History Gallery

Kurzfilm *In the Land of the War Canoes* (1914) und die Rekonstruktion des Blockhauses von Häuptling Kwakwabalasami. Ein audiovisuelles Display vermittelt Ihnen dort einen faszinierenden Einblick in die magische Glaubenswelt der Indianer und ihre schamanischen Praktiken, mit Gesängen, Tänzen und Kostümen. Eine ideale Ergänzung hierzu bietet der Thunderbird Park außerhalb des Museums, wo der Nachbau des »Bighouse«, des Versammlungsorts bei Stammeszeremonien, zu sehen ist (erbaut 1953). Auf dem Gelände stehen außerdem mehrere Totempfähle und das Helmcken House (S. 93).

Detail aus einem indianischen Totempfahl

Modern History Gallery

Im dritten Stock ist die Geschichte British Columbias seit der Besiedlung durch die Weißen erlebbar, begleitet von beeindruckenden Displays in umgekehrter chronologischer Folge. Die Dioramen selbst sind einfach umwerfend – so gibt es in Echtgröße eine Straße Victorias, Teile von Chinatown und einer frühen Fischkonservenfabrik sowie ein altes Kino u. v. m. Alle Themen werden präsentiert mit Artefakten, Memorabilien und audiovisuellen Kommentaren.

KLEINE PAUSE

Im Hinterhof des **Royal BC Museum** verkaufen Food-Trucks eine große Auswahl an kleinen Speisen zu fairen Preisen.

 ☩218 B3 ✉675 Belleville Street ☎250 3 56 72 26 oder 1 888 4 47 79 77 ⊕www.royalbcmuseum.bc.ca

⏱tägl. 10–17 Uhr) 🎫17 $, mit IMAX 26,95 $ 🍴Café ($) 🚍5, 27, 28, 30, 31

㉓ Butchart Gardens

Warum?	Weil dies in der »Gartenstadt« *der* Garten schlechthin ist!
Was?	Schönheit in allen Formen und Farben
Wie lange?	Wenigstens drei Stunden
Wann?	Nachmittags
Was noch?	Im Seed & Gift Shop nach Werken lokaler Künstler stöbern
Was nehme ich mit?	Was nehme ich mit? Die Erinnerung an einen rundum befriedigenden Nachmittag!

Die in Brentwood Bay liegenden Butchart Gardens sind ein Muss nicht nur für Gartenliebhaber, sondern für jeden Besucher der Hauptstadt von British Columbia.

Im Steinbruch ihres Gatten – Robert Pim Butchart war Minenbesitzer und ein Pionier des Portland-Zements – legte Jenny Butchart 1904 den Sunken Garden an. Noch heute gehört dieser zu den fünf Hauptteilen der Anlage, die ferner einen Rosengarten sowie einen japanischen, italienischen und mediterranen Bereich umfasst. Die überwältigende Attraktion präsentiert ein Paradies aus über 1 Mio. Pflanzen.

KLEINE PAUSE
Man hat die Wahl zwischen dem kleinen **Coffee Shop,** der Cafeteria **Blue Poppy** und dem eleganten **Dining Room Restaurant** im ehemaligen Wohnhaus (zur Besichtigung frei).

Wunderschöne Beete und zahllose Pflanzenarten säumen die Wege.

⌖ 221 E1 ✉ 800 Benvenuto Avenue, Brentwood Bay ☎ 250 6 52 44 22; Information vom Band 250 6 52 52 56 ⊕ www.butchartgardens.com ❶ tägl. ab 9 Uhr, saisonal wechselnde Öffnungszeiten ✦ 19–33 $ ❑ Coffee Shop ($), Blue Poppy Restaurant ($ / $$), Dining Room ($$$) 🚌 75 Central Saanich; Gray Lines Shuttle Mai–Okt. (700 Douglas), Pacific Coach Lines Mitte April bis Mitte Okt. tägl. 9.30 Uhr; Bus-Tickets gelten jeweils als Eintrittskarte

Nach Lust und Laune!

24 Fisherman's Wharf

Gleich auf der anderen Seite des Inner Harbour gelegen und einer der beliebtesten Stopps der kleinen Inner Harbour Ferry, lockt die alte Fisherman's Wharf mit einer sympathischen Mischung aus bunten Hausbooten, ein- und auslaufenden Fischkuttern und einer lautstarken Kolonie Seehunde. Kleine Anbieter offerieren Kayaktouren; Walbeobachtungstouren starten ebenfalls von hier aus. Den kleinen Hunger zwischendurch kann man ebenfalls stillen: Seafood-Counter und Imbissbuden bieten frischen Fisch an.

✈ 218 westlich A3 ✉ 1 Dallas Road
⊕ http://fishermanswharfvictoria.com

25 Miniature World

Ein weiterer Favorit von Jung und Alt, beheimatet im Komplex des Empress Hotels (S. 96). Zu den Highlights gehören das größte Puppenhaus (ein Monstrum mit 50 Zimmern) von 1880 und die längste Modelleisenbahn der Welt – auf 34 m Schienenstrang bildet sie Kanadas rund 8000 km lange transkontinentale Route ab. Das Kunstwerk verschlang 12 000 Arbeitsstunden und Kosten von 100 000 $. Daneben finden sich Miniaturszenen berühmter Schlachten, das London von Charles Dickens, ein Zirkus und der Wilde Westen.

✈ 218 B3 ✉ 649 Humboldt Street
☎ 250 3 85 97 31 ⊕ www.miniatureworld.com ● Mai–Anfang Sept. tägl. 9–21, Anfang Sept.–April tägl. 10–17 Uhr ⚓ 16 $, Kinder 8 $ 🚌 5, 27, 28 oder 30 ❟ Empress Hotel ($$$)

26 Art Gallery of Greater Victoria

Das kleine Kunstmuseum 1,5 km östlich des Hafens zählt zu den besten seiner Art in Kanada – es ist ein schöner Spaziergang dorthin, aber natürlich gibt es auch eine Busverbindung. Der moderne Bau in Nachbarschaft eines alten Palais beherbergt Bestände aus Asien, Europa und Nordamerika, ausgestellt werden jedoch vorwiegend Exponate aus Kanada und Japan.

Zu den Schwerpunkten gehört selbstverständlich Emily Carr, die Doyenne der kanadischen Kunst; auch der kleine Drury-Raum ist ihren eindrucksvollen Gemälden der hiesigen Wildnis gewidmet, zu sehen ist etwa die typische *Lone Cedar*. Dem gegenüber finden sich eher heitere, helle Werke wie *Brittany Coast* (1911), das auf ihre Aufenthalte in Europa zurückgeht.

Die japanische Kunst ist ebenfalls mit einer ständigen Ausstellung vertreten, darunter viele kühne Werke moderner Künstler. Das ans Museum angrenzende, stolze alte Gyppeswick House wartet mit antikem Mobiliar und einem hübschen Garten auf.

✝ 218 östlich C3 ✉ 1040 Moss Street ☎ 250 3 84 41 71 ⊕ www.aggv. bc.ca ◑ Mitte Mai–Anfang Sept. Mo–Mi, Fr–Sa 10–17, Do 10–21, So 12–17 Uhr, Anf. Sept. bis Mitte Mai Mo geschl. 🏊 13 $ 🚌 11

Wasserfall im herbstlichen Beacon Hill Park

27 Helmcken House

Dies ist eines der ältesten Wohnhäuser von Vancouver Island. Erbaut wurde es 1852 von Dr. John Helmcken, Arzt auf Fort Victoria, für seine Braut Cecilia, die Tochter von Gouverneur James Douglas. Das Domizil ist sehr hübsch eingerichtet, u. a. mit kunstgewerblichen Gegenständen und allerlei viktorianischem Schnickschnack.

Der weiße Bau des St. Anne's Pioneer Schoolhouse war Heim von Nonnen aus Québec, die 1858 als Lehrerinnen hierher kamen (Eintritt im Tagesticket des Royal British Columbia Museum inkl.).

✝ 218 B3 ✉ Thunderbird Park, Douglas und Belleville Street ☎ 250 3 61 00 21 ◑ nähere Informationen: ⊕ www.royalbcmuseum. bc.ca/exhibits/tbird-park/html/early/earlhelm.htm 🚌 5, 30, 31

28 Beacon Hill Park

Nur wenige Gehminuten vom RBCM liegt der herrliche Stadtpark von Victoria. Mit seinem schönen Ensemble aus Parkland, Wald, verschwiegenen Lichtungen und freien Wiesenflächen ist er wohl einer der reizvollsten Nordamerikas. Auf seiner Südseite bieten sich wunderbare Ausblicke auf die Juan-de-Fuca-Meerenge und Port Angeles zu Füßen der Olympic Mountains im US-Staat Washington. Das weitläufige Gelände des Parks (81 ha) wurde 1882 der Stadt Victoria von der Hudson's Bay Company gestiftet. Ähnlich wie im Stanley Park (S. 42) von Vancouver hat sich hier vielerorts die Atmosphäre eines Urwaldes erhalten. Eindrucksvolle Baumgruppen wechseln sich mit Zonen halbwilder Vegetation ab. Das Wanderareal ist eine Oase der Stille unweit des quirligen Inner Harbour (S. 82).

Kontrast zu den naturnahen Partien des Parks bilden gepflegte Rasenflächen und Wege zwischen bunten Beeten und an kleinen Weihern und Seen, auf denen muntere Enten quaken. Für Kinder gibt es eine Children's Farm mit Schafen und Ziegen sowie einen Spielplatz und ein Planschbecken nahe dem Eingang an der Dallas Road.

Der Park ist außerdem Hort ausgesprochener »Englishness«, zu erkennen an Kricket-Platz, Lawn Bowling Green und sogar einem Pitch-

and-Putt-Golfkurs. Auf dem Gelände kann man ferner den größten Totempfahl der Welt und den Meilenstein Null des Trans-Canada Highway bestaunen, der hier beginnt und quer über den Kontinent bis an die Ostküste führt.

Der Park ist kein gefährlicheres Pflaster als andere Ecken Victorias, trotzdem sollten Sie Vorsicht walten lassen. Und vor allem Frauen sollten sich hier nicht allein nach Einbruch der Dunkelheit aufhalten.

> ✚ 218 C2 ✉ Karree Dallas Road, Douglas Street, Heywood und Southgate Street ☎ 250 3 61 03 64 🕐 24 Std. 🎫 frei 🚌 5

29 Craigdarroch Castle

Hinter dem schottischen Namen verbirgt sich kein richtiges Schloss, sondern ein riesiges Wohnhaus im neugotischen Stil des »Richardsonian Revival«, das sich auf einem Anwesen an der Stadtgrenze von Victoria befindet. Der Unternehmer Robert Dunsmuir gab das extravagante Heim 1887 in Auftrag, auch als Geste gegenüber seiner Frau Joan, starb jedoch 1889 noch vor dessen Vollendung.

Dunsmuir, der 1851 nach Kanada gekommen war, stieg mit seiner 1869 auf Vancouver Island eröffneten Kohlemine zu einem der reichsten Männer des Landes auf. Sein Wohnsitz ist ein Beispiel der »Bonanza Castles«, die hiesige Industriemagnaten sich damals gerne erbauen ließen. Allein in der Vielfalt der verwendeten Edelhölzer, u. a. Mahagoni, Rot-Zeder, Koa aus Hawaii, spiegelt es den Wohlstand des Erbauers wider.

Aus Dunsmuirs Unternehmensgewinnen flossen 200 000 $ in den Bau von Craigdarroch (Gälisch »Felsiger Eichengrund«). Es wurde wirklich an nichts gespart: Marmor, Granit und Sandstein wurden importiert, Decken und Wände von Eingangshalle und Treppenhaus mit Eichenpaneelen versehen. Die Demonstration des Reichtums hat 39 Zimmer und prunkt mit Kostbarkeiten. 1908 kam das Anwesen in andere Hände, diente 1919 als Hospital für Kriegsveteranen und 1921–46 als Domizil der McGill University von Montréal.

> ✚ 218 bei C3 ✉ 1050 Joan Crescent, Rockland ☎ 250 5 92 53 23 🌐 www.thecastle.ca 🕐 Sommer (meist Mitte Juni–Anfang Sept.) tägl. 9–19; Winter (Anfang Sept.–Mitte Juni) 10–16.30 Uhr 🎫 14,25 $ 🚌 11 oder 14 (University ab Fort Street), danach ein kurzer Marsch den Hügel hinauf

Gotischer Zierrat am Craigdarroch Castle

Können Orcas lächeln?

Man kennt es ja von tausend Social-Media-Clips: prustende Wale, entzückt kreischende Walbeobachter! Doch wie ist das eigentlich, wenn man einen dieser herrlichen schwarzweißen Schwertwale tatsächlich aus allernächster Nähe sieht? Wenn der Skipper den Motor ausstellt, das Boot lautlos dümpelt – und der Orca neben dem Boot auftaucht und sich die Blicke für einen kurzen Moment treffen? Die Beinamen Killer- oder Mörderwal erhielten die stattlichen Tiere einst von Walfängern.

Wohin zum ...
Übernachten?

Preise für ein Doppelzimmer pro Nacht (ohne Steuern):

$	unter 100 CDN
$$	100–200 CDN
$$$	200–280 CDN
$$$$	über 280 CDN

The Magnolia Hotel & Spa $$$

Ein Boutiquehotel, im Innern mit dem Flair eines englischen Clubs der edwardianischen Ära, doch ohne steifleinen zu wirken. Mit diesem Stil, einem der besten hiesigen Spas und gerade einmal 64 gemütlichen Zimmern hebt es sich deutlich ab von den üblichen Hotels in Victoria. Räume gehobener Kategorie haben sämtlich Blick auf den Hafen.
✠ 218 B3 ✉ 623 Courtenay Street, V8W 1B8 ☎ 250 3 81 09 99 (gebührenfrei 1 877 6 24 66 54) ⊕ www.magnoliahotel.com

Swans Suite Hotel $$/$$$

Der ehemalige Getreidespeicher von 1880 mit hauseigenem Brauereilokal befindet sich am nördlichen Rand der Altstadt. Holzbalken und unverputztes Mauerwerk lassen die einstige Funktion des Gebäudes teils auch in den Zimmern (darunter zwei familienfreundliche Suiten für bis zu sechs Personen) noch erahnen; alle Zimmer verfügen über eine Küchennische. Eher laute Lage (Brewpub im Haus!).
✠ 218 C4 ✉ 506 Pandora Avenue, Ecke Store Street, V8V 1N6 ☎ 250 3 61 33 10 (gebührenfrei 1 800 6 68 79 26) ⊕ www.swanshotel.com

Best Western Carlton Plaza $$

Ein modernes Hotel, das mit dem üblichen Komfort dieser internationalen Kette aufwartet – die 103 gut ausgestatteten und bequemen Zimmer verfügen über eine Klimaanlage. Es sind auch Suiten und Zimmer mit kleiner Einbauküche vorhanden. An einer belebten Straße gelegen. Wichtigste Sehenswürdigkeiten und Geschäfte in geringer Entfernung.

✠ 218 B4 ✉ 642 Johnson Street, V8W 1M6 ☎ 250 3 88 55 13 (gebührenfrei 1 800 6 63 72 41) ⊕ www.bestwesterncarltonplaza hotel.com

Im Fairmont Empress trifft man sich gerne.

Fairmont Empress $$–$$$$

Eine Institution seit der Eröffnung im Jahr 1907 und absolut das beste Haus in Victoria – ein Hort der Tradition, wo nach wie vor viele Prominente absteigen. Das ehrwürdige Empress gehört zur Kette der exklusiven Fairmont Hotels. Schön ist die Lage unmittelbar am Hafen. Die insgesamt 477 komfortablen Zimmer lassen wirklich keine Wünsche offen, das Gleiche gilt ebenso für die Lounges und die Speisesäle, Service oder Health Club. Die Nobelbleibe ist aber auch betriebsam, bedingt durch die große Anzahl der Zimmer und dem legendären »Afternoon Tea«, der hier jährlich etwa 80 000 Besuchern serviert wird.
✠ 218 B3 ✉ 721 Government Street, V8W 1W5 ☎ 250 3 84 81 11 (gebührenfrei 1 866 5 40 44 29) ⊕ www.fairmont.com/ empress

James Bay Inn Hotel and Suites $$

Das drittälteste Hotel der Stadt befindet sich nahe dem Inner Harbour und wurde im Jahr 1911 eröffnet. Großzügige und komfortable moderne Zimmer sowie vier Luxussuiten in der schönen Dependance nebenan, die mit elegantem, altem Mobiliar und komplett ausgestatteten Küchen eingerichtet sind.
✠ 218 B2 ✉ 270 Government Street, V8V 2L2 ☎ 250 3 84 71 51 (gebührenfrei 1 800 8 36 26 49) ⊕ www.jamesbayinn.bc.ca

Wohin zum ...
Essen und Trinken?

Preise für ein Drei-Gänge-Menü
(ohne Getränke und Service):

$ unter 50 CDN
$$ 50–100 CDN
$$$ über 100 CDN

RESTAURANTS

10 Acres Kitchen $$

Das Lokal, das in der Nähe des Inner Harbour gelegen ist, gilt als eines der besten Fisch- und Meeresfrüchte-Restaurants im gesamten Stadtgebiet.
✛ 218 B3 ✉ 614 Humboldt Street
☎ 250 3 85 45 12 ⊕ http://10acreskitchen.ca ⊘ tägl. 17–23 Uhr

Cafe Brio $ / $$

Es heißt zwar »Cafe«, ist aber seit Langem eines der besten Restaurants der Insel. Gekonnt zubereitete, auf regionale Produkte zurückgreifende Küche. Die Weinkarte glänzt mit 300 Positionen aus aller Welt. Reservierungen werden nur telefonisch entgegengenommen.
✛ 218 C3 ✉ 944 Fort Street ☎ 250 3 83 00 09 (gebührenfrei 1 866 2 70 54 61)
⊕ www.cafe-brio.com ⊘ tägl. ab 17.30 Uhr

Canoe Brewpub Marina Restaurant $/$$

Das Brauereilokal befindet sich im imposanten Ambiente eines ehemaligen Elektrizitätskraftwerks von 1894. Von der Terrasse hat man einen herrlichen Blick über den Hafen mit ankernden Schiffen bis zur Johnson Street Bridge. Im loftartigen Restaurant serviert man geradlinige Kost aus frischen einheimischen Zutaten, beispielsweise geschmorte Lammkeule, Heilbutt oder Sirloin Steak; und in der Bar gibt es Snacks und kleine Gerichte, wie sie für ein solches Pub typisch sind.
✛ 218 B4 ✉ 450 Swift Street, V8V 1S3
☎ 250 3 61 19 40 ⊕ www.canoebrewpub.com ⊘ So–Mi 11.30–23, Do 11.30–24, Fr–Sa 11.30–1 Uhr

L'École $$

Ein gemütliches kleines Lokal mit moderner französischer Bistroküche aus besten einheimischen Zutaten und zu durchaus akzeptablen Preisen. Auch das feine Ambiente mit dunklem Holzfußboden und weißen Tischtüchern ist französisch beeinflusst. Als Vorspeisen werden hier beispielsweise Austern oder Muscheln aufgetragen, als Hauptgericht in Honigwein geschmorte Entenkeulen mit Sauerkraut, Kapern und Kastanien oder gegrillter Thunfisch mit Lauch und Pfefferragout. Die Weinkarte ist exzellent und auch die fantastische Bierauswahl ist keinesfalls zu verachten.
✛ 218 B4 ✉ 1715 Government Street, V8W 1Z4 ☎ 250 4 75 62 60 ⊕ www.lecole.ca
⊘ Di–Sa 17.30–23 Uhr

Milestone's Grill & Bar $ / $$

In prominenter Lage, gleich neben dem Visitor Centre im Inner Harbour, findet sich eine Filiale dieser soliden Restaurantkette, mit zivilen Preisen und herzhaften Speisen nach West-Coast-Art, zuweilen etwas mediterran und asiatisch akzentuiert. Zum Lunch werden beispielsweise warmer Spinat, Artischocken-Dip oder Shrimps in Filo-Teig mit Honig serviert, am Abend auch Coho Salmon (Silberlachs), Steaks und Hochrippe.
✛ 218 B3 ✉ 812 Wharf Street, V8W 1T3
☎ 250 3 81 22 44 ⊕ www.milestonesrestaurants.com ⊘ Mo–Do 11–21.30, Fr 11–23, Sa 10–23, So 10–21.30 Uhr

Spinnakers Gastro Brewpub & Guesthouses $

Noch ein Lokal mit Brauerei (manchmal ist diese auch zu besichtigen), etwas außerhalb gelegen, doch die Fahrt dorthin lohnt allein wegen des schönen Blicks auf den Hafen. Auf der Karte finden sich viele Snacks zum Bier, Suppen, Salate und kleine Gerichte wie Pasta, Pizza, Burger, Pies oder »Fish and Chips«. Lassen Sie aber unbedingt noch Platz für eines der ausgezeichneten Desserts, beispielsweise Blaubeer-Hippen mit Lavendel-Eiscreme. Gelegentlich gibt es Livemusik.

✝ 218 Westlich von A4 ✉ 308 Catherine Street, nahe Esquimalt Road, V9A 3S8 ☎ 2503 86 27 39 (gebührenfrei 1 877 8 38 27 39) ⊕ www.spinnakers.com ⏱ tägl. 11–22.30 Uhr 🚌 23 bis Esquimalt Road

Il Terrazzo $$
Etwas versteckt in einer kleinen Seiten-straße gelegen, überrascht das Lokal mit freundlichen, großen Räumlichkeiten zwi-schen roten Ziegelwänden, großen Fens-tern und Grünpflanzen, die einem beinahe das Gefühl vermitteln, im Freien zu sitzen. In dem schönen und zeitgemäßen Ambi-ente des Terrazzo serviert man Einheimi-schen und Touristen gut zubereitete ita-lienische Kost, von preiswerten kleinen Pizzas bis zu etwas teureren Hauptgängen wie Heilbutt, Schweineschnitzel und Lammschlegel.
✝ 218 B4 ✉ 555 Johnson Street, jen-seits Waddington Alley, V8V 1M2 ☎ 250 3 61 00 28 ⊕ www.ilterrazzo.com ⏱ tägl. 17–22, Mo–Sa auch 11.30–15 Uhr, Okt.–April Sa Mittag geschl.

CAFÉS UND KNEIPEN

Murchie's Tea & Coffee
Nachmittagstee auf englische Art avancierte zu einem regelrechten Ritual (auch der Ei-telkeit) für Victoria-Besucher. Will man nicht rund 60 $ bei Nobeladressen wie Empress Hotel (S. 96) oder Blethering Place (Oak Bay Avenue 2250) ausgeben, ist das Traditionsunternehmen Murchie's seit 1894 eine gute Alternative.
✝ 218 B4 ✉ 1110 Government Street ☎ 250 3 83 31 12 ⊕ www.murchies.com ⏱ Mo–Sa 7.30–18, So 8–18 Uhr

Rebar
Ein vegetarisch-veganes Restaurant der eher lockeren, entspannten Art, wo man auch gute exotische Drinks bekommt und in lebendiger Atmosphäre Frühstück, Lunch und andere kleine Mahlzeiten ge-nießen kann.
✝ 218 B4 ✉ 50 Bastion Square bei Langley Street ☎ 250 3 61 92 23 ⏱ Mo–Do 11–22, Sa 8.30–22, So 8.30–20 Uhr

Auf ein kühles Bier in Spinnakers Brewpub

Sticky Wicket
Während die meisten »British Pubs« in Victoria recht kümmerliche Imitationen sind, besitzt dieses Lokal eine gewisse Au-thentizität und ist sehr beliebt. Schöner Dachgarten, mitunter Livemusik. Auf dem Dach kann man Volleyball spielen und im Keller-Club das Nachtleben genießen.
✝ 218 B3 ✉ 919 Douglas Street ☎ 250 3 83 71 37 ⊕ www.strathconahotel.com ⏱ tägl. 11.30–2 Uhr

Swans Brew Pub
Beliebtestes Pub-Restaurant der Stadt in einem ehemaligen Lagerhaus von 1913. Zehn Biere aus der hauseigenen Brauerei (wie Pumpkin oder Smooth Sailing Honey Ale) und ausgezeichnete Küche mit Sala-ten, Nachos, »Fish and Chips« und »Shepherd's Pie« (Kartoffel-Hackfleisch-Pastete). Mit Hotel (S. 96) und Nightclub.
✝ 218 B4 ✉ 506 Pandora Avenue, Ecke Store Street ☎ 250 3 61 33 10 ⊕ www.swanshotel.com ⏱ Mo–Fr 11–1, Sa 9–1, So 9–24 Uhr

Willie's Bakery Café
Die älteste Bäckerei British Columbias (ge-gründet 1887) residiert in einem hübschen historischen Gebäude nahe dem Market Square. Die Zutaten für Frühstück und Lunch entstammen meist hiesiger Bio-Produktion. Am schönsten sitzt man im blumengeschmückten Wintergarten und im Innenhof des Cafés. Auch sonntags auf.
✝ 218 B4 ✉ 537 Johnson Street ☎ 250 3 81 84 14 ⊕ www.williesbakery.com ⏱ Mo–Fr 7–14.30, Sa–So 8–15 Uhr

Wohin zum … Einkaufen?

Die Einkaufsmeilen von Victoria sind vorwiegend in Downtown hinter dem Inner Harbour sowie um den Market Square in der Altstadt beheimatet. Hauptgeschäftsstraßen mit Kaufhäusern, kleinen Spezialgeschäften und Souvenirläden sind Government und Douglas Street. Aber auch am Market Square selbst und seinen kleinen Seitenstraßen, beispielsweise der Trounce Alley warten zahlreiche gute Einkaufsadressen.

Das wichtigste Kaufhaus ist das Bay Centre (1150 Douglas Street; Tel. 250 9 52 56 90) mit einer enormen Auswahl zu günstigen Preisen. Tee, Kaffee und Süßigkeiten kauft man bei Murchie's (S. 98) oder Rogers' Chocolates (913 Government Street; Tel. 250 8 81 87 71; www.rogers chocolates.com), das exquisite Erzeugnisse aus Schokolade führt. Gute kanadische Weine finden Sie im Artisan Wine Shop (644 Broughton Street; Tel. 250 3 84 99 94; www.artisanwineshop.ca/locations/victoria).

Indianisches Kunsthandwerk bekommt man bei Cowichan Trading (1328 Government Street; Tel. 250 3 83 03 21; www.cowichantrading.com); auch auf der Suche nach Souvenirs wie Textilien, Zinn, Schmuck, Kunstobjekte, Masken und T-Shirts wird man hier fündig.

Ein breites, vielfältiges Sortiment handgefertigter Schmuckwaren von kanadischen Künstlern bietet Artina's. Besondere Aufmerksamkeit verdienen die Objekte der indianischen Hersteller (1002 Government St., Tel. 250 3 86 70 00, www.artinas-jewellery.com).

Stöbern Sie auch mal in den Boutiquen und hübschen Lädchen am und rund um den lebhaften Market Square (www.marketsquare.ca). Hier kann man manches Schnäppchen machen. Munro's (1108 Government Street; Tel. 250 3 82 24 64; www.munrosbooks.com) ist als Buchladen ein wahres Ereignis, in der Fort Street finden sich Geschäfte mit Antiquitäten und Kunst.

Wohin zum … Ausgehen?

AUF DER BÜHNE

Victoria verfügt über ein eigenes Orchester, das Victoria Symphony Orchestra (610–620 View Street; Tel. 250 3 85 65 15; www.victoriasymphony.ca, Mo–Fr 9–16 Uhr), eine Oper, die Pacific Opera Victoria (925 Balmoral Rd., Tel. 250 3 85 02 22; www.pov.bc.ca) und für leichte Muse die Victoria Operatic Society (744 Fairview Road; Tel. 250 3 81 10 21; www.vos.bc.ca). Auftrittsort für alle drei ist das McPherson Playhouse (3 Centennial Square; Tel. 250 3 86 61 21 oder 1 888 7 17 61 21; www.rmts.bc.ca).

Das Belfry Theatre (1291 Gladstone Avenue; Tel. 250 3 85 68 15; www.belfry.bc.ca) bringt pro Saison (Okt.–April) fünf Produktionen auf die Bühne, die Intrepid Theatre Company (1609 Blanshard Street; Tel. 250 3 83 26 63; www.intrepid theatre.com) organisiert jährlich zwei Festivals von Rang: Victoria Fringe Festival (Spätsommer) und Shakespeare Festival (Aug.).

JAZZ

Als führender Livemusik-Club gilt Hermann's (753 View, bei Blanshard Street; Tel. 250 3 88 91 66; www.hermansjazz.com). Die Victoria Jazz Society (977 Alston Street, Tel. 250 3 88 44 23; www.jazzvictoria.ca) informiert über sämtliche Events, auch über das International JazzFest.

BARS UND CLUBS

Unter den Bars und Pubs der Stadt lockt die Irish Times Bar (1200 Government Street; Tel. 250 3 83 77 75; www.irishtimespub.ca) mit rustikaler Livemusik. Beliebt sind auch Swans Brew Pub (S. 98), Spinnakers (S. 97) und Bartholomew's (777 Douglas Street; Tel. 250 3 88 51 11; www.executivehouse.com). Musikalisch am interessantesten ist die Lucky Bar (517 Yates Street; Tel. 250 3 82 58 25; www.luckybar.ca) mit buntem Spektrum.

Die herrliche Landschaft British Columbias mit einsamen Wäldern und monumentalen Bergen lädt zur Erkundung ein.

British Columbia

Die Weine im Okanagan, die Wasserfälle bei Clearwater, die Rockies: In British Columbia hat sich schon so mancher restlos verliebt.

Seite 100–123

Erste Orientierung

British Columbia erscheint wie der Inbegriff von Kanada – hier zeigt sich das Land in großer Vielfalt von seiner allerschönsten Seite, mit majestätischen Bergen, endlosen Wäldern und kristallklaren Seen sowie einer reichen Flora und Fauna. Eine Stadt wie Vancouver verleiht diesem Ensemble zusätzlich einen reizvollen kosmopolitischen Akzent.

Als Besucher sieht man sich in British Columbia konfrontiert mit einer immensen Flächenausdehnung: Die Provinz ist so groß wie die US-Bundesstaaten Kalifornien, Washington und Oregon zusammen. Wer sie erforschen möchte, beschränkt sich daher zunächst am besten auf drei ihrer attraktivsten Ecken – die Bergseen der Kootenays, die Wildnis von Wells Gray und das ländliche Idyll Okanagan.

Der Weg zum Ziel ist hier oft beträchtlich und nicht alles unterwegs von Interesse – so geben sich die Städtchen trotz schöner Lage eher bescheiden, sieht man einmal von Nelson in den Kootenays ab. Verlässlich jedoch geht die Fahrt stets durch eine atemberaubende Landschaft. Ob man nun per Bus, Auto oder Wohnmobil reist – man findet exzellente Straßen vor und noch das kleinste Nest verfügt meist über ein

Hotel. Da stellt sich das Problem, an schönen Orten auch verweilen zu wollen, einschließlich der Verlockungen wie Wanderungen oder Ausritte. Trösten Sie sich damit, dass man wieder kommen kann.

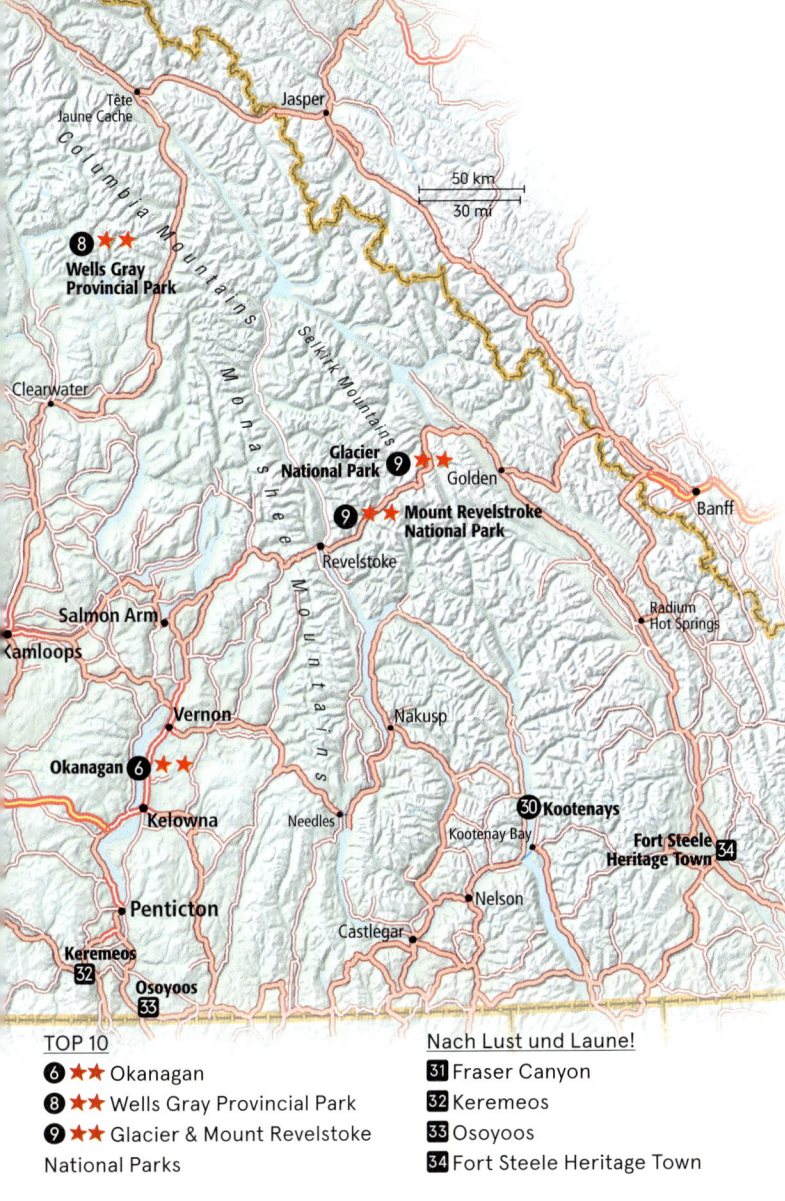

TOP 10

6 ⭐⭐ Okanagan

8 ⭐⭐ Wells Gray Provincial Park

9 ⭐⭐ Glacier & Mount Revelstoke
National Parks

Nicht verpassen!

30 Kootenays

Nach Lust und Laune!

31 Fraser Canyon

32 Keremeos

33 Osoyoos

34 Fort Steele Heritage Town

Mein Tag
im Okanagan Valley

Genuss pur liegt in der Luft. Und wie. Man möchte diese Landschaft, die fast mehr an Gegenden in Italien als an Kanada erinnert, am liebsten tief durchatmen und ansonsten den lieben Gott einen guten Mann sein lassen. Man möchte durch die grünen Weinfelder radeln, sich in blaue Seen namens Okanagan, Skala und Osoyoos stürzen und abends bei Lamm in Cabernet Sauce die Sonne über den Bergen untergehen sehen.

8 Uhr: Frühstück

Vielleicht ist der See schuld. Morgens, wenn seine in der Sonne glitzernde Oberfläche von der Hälfte aller Straßen in Downtown Kelowna (S. 108) aus zu sehen ist, scheint die Stadt die Leichtigkeit des Seins erfunden zu haben. Kein Wunder, dass viele hier schon früh draußen sind und lieber in einem der vielen gut besuchten Bistros essen als daheim. Man macht es also am besten wie die »locals«.

9.30 Uhr: zu Weinproben radeln

Weil das Prädikat »malerisch« für die von Weinfeldern bedeckten Ufer untertrieben ist, und weil das ❻ ★★Okanagan Valley (S. 108) 2018

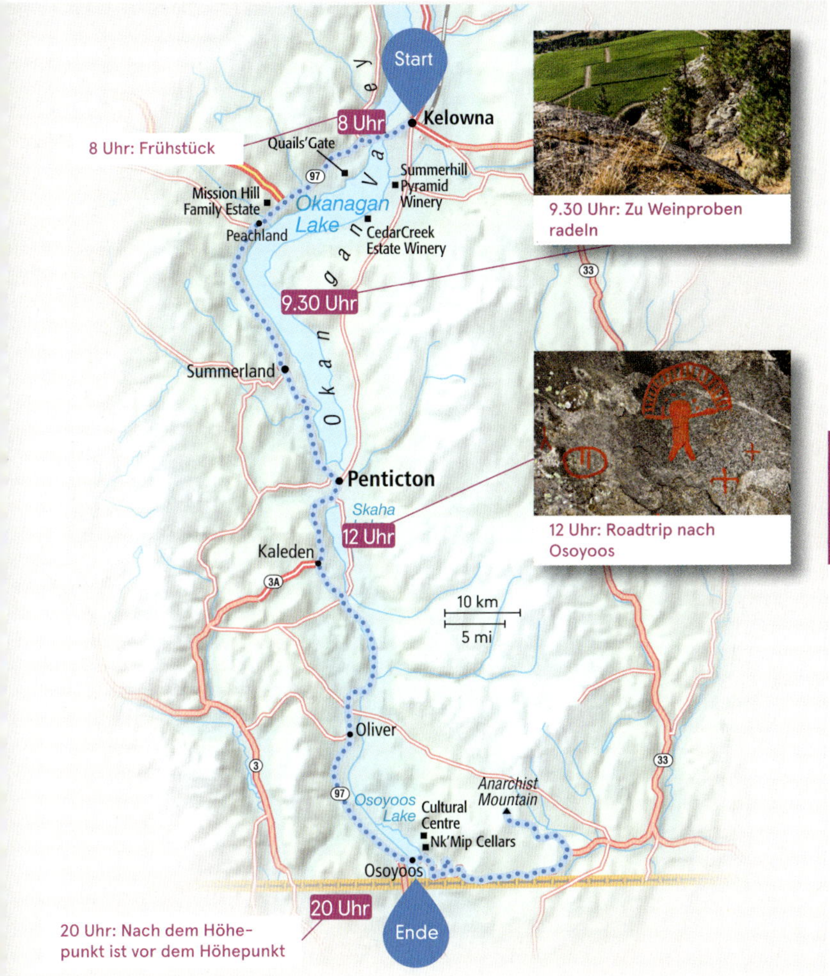

Map

Start

8 Uhr • **Kelowna**

8 Uhr: Frühstück

Quails'Gate

Summerhill Pyramid Winery

Mission Hill Family Estate

Okanagan Lake

Peachland

CedarCreek Estate Winery

97

9.30 Uhr

33

9.30 Uhr: Zu Weinproben radeln

Summerland

• **Penticton**

Skaha

12 Uhr

Kaleden

3A

12 Uhr: Roadtrip nach Osoyoos

10 km
5 mi

• Oliver

3

97

Osoyoos Lake

Cultural Centre

Nk'Mip Cellars

Anarchist Mountain

33

Osoyoos

20 Uhr

Ende

20 Uhr: Nach dem Höhepunkt ist vor dem Höhepunkt

---

zur besten Weindestination der Welt gekürt wurde, drängt sich eine mit Weinproben verbundene Radtour zu drei oder vier der bekanntesten Weingüter geradezu auf. Mehrstündige geführte Touren können in Kelowna gebucht werden (Monashee Adventure

Tours, www.monasheeadventure tours.com).

12 Uhr: Roadtrip nach Osoyoos

Man täte dem gut 180 km langen und ziemlich vielseitigen Okanagan Valley Unrecht, wenn man nur Ke-

Am Jachthafen findet sich immer ein ruhiges Plätzchen.
Kelowna steht ganz im Zeichen des Tourismus.

lowna und Umgebung besuchen würde. Weg also von all dem Grün und auf nach Süden! Bald hinter Penticton fragt man sich, ob man nicht doch viel weiter südlich ist. So gelb und trocken sind die Berge nun. Wüstenbeifuß und Kakteen am Straßenrand, es wird spürbar wärmer. Trotzdem ist auch dies ein hervorragendes Weinanbaugebiet. Am Lake Osoyoos, dem wärmsten See Kanadas, betreibt die Osoyoos Indian Band Nk`Mip Cellars (1400 Rancher Creek Rd.m, Osoyoos, Tel. 250 4 95 29 85, www.nkmipcellars. com), das erste von den First Nations betriebene Weingut Nordamerikas. Die Führung mit anschließender Weinprobe ist deshalb keine der üblichen, sondern eine mit der Geschichte der 500 Osoyoos-Indianer verbundene. Das andere sichtbare Zeichen, dass dieser Stamm als erfolgreichster Kanadas gilt, ist das grandios in die wüstenartigen Hänge gebaute Cultural Center. Die Anlage informiert nicht nur vorbildlich über die Geschichte und Zukunft des Stammes. Junge Männer und Frauen führen Besucher auch voller Stolz durch das Gelände.

18 Uhr: Bike down Anarchist Mountain

Noch schöner als der Sonnenuntergang über Osoyoos ist die Zeit danach, wenn sich der Himmel in allen möglichen Rot-, Orange- und

9.30 Uhr

12 Uhr

9.30 Uhr

Mitte oben: Im Okanagan Valley ist es warm genug für den Weinbau.
Mitte unten: Tipis der Osoyoos-Indianer
Rechts: Edle Tropfen im Weingut Quails Gate

Gelbtönen färbt. Der Farbenorgie ein Stückchen näher kommt man, indem man sich vom hiesigen Touranbieter auf den Anarchist Mountain fahren lässt, am Gipfel auf ein Rad steigt und die Straße wieder hinunter fährt, ohne ein einziges Mal in die Pedale zu treten (Heatstroke Cycles, Tel. 250 6 89 59 77, www.heatstrokecycle. com). Entweder werden dies die schnellsten 20 Kilometer, die Sie jemals geradelt sind, oder Sie machen von den Aussichtspunkten

die schönsten Bilder Ihres Lebens. Oder beides …

20 Uhr: Nach dem Höhepunkt ist vor dem Höhepunkt

33 Osoyoos (S. 121) ist noch wie Kelowna vor 40 Jahren. Kein Starbucks, keine internationale Hotelkette. Abends werden die Bürgersteige hochgeklappt, sogar während der Hauptsaison. Gute Restaurants gibt es nur wenige. Umso besser schmeckt es in den von Familien betriebenen Essstuben.

❻ ★★ Okanagan

Diese Region ist für British Columbia wirklich ungewöhnlich: Statt der üblichen Berge und Wälder erleben Sie in fast mediterraner Pracht rebenbekränzte Hügel, liebliche Seen, Obstgärten und fruchtbare Flusstäler mit Farmland. Entsprechend beliebt ist die Gegend durch ihr mildes Klima, Wein, Wassersport und Erholungsangebote aller Art.

Kelowna

Zentrum der Region ist Kelowna, das man am besten von Westen über den Okanagan Lake ansteuert. Am Ziel erwartet Sie ein quirliges Ensemble von Parks, Gärten, Buchten und Sträßchen mit Galerien, Läden und Lokalen. Die wichtigsten Strände – erreichbar über eine schwimmende Brücke – sind Rotary Beach, Boyce Gyro Park und Bear Creek Provincial Park. Für Panorama-Fans lohnt die Fahrt auf den Knox Mountain.

Jachthafen von Kelowna am Westufer des Lake Okanagan

Land des Weinbaus

Manche Weingüter kann man besichtigen, am besten bei einer Fahrt über die Wine Route. Sie beginnt in Salmon Arm und führt über den Highway 97 nach Vernon, Kelowna, Kaleden und Osoyoos. Interessant ist das Bioweingut Summerhill Pyramid Winery (4870 Chute Lake Road; Tel. 250 7 64 80 00, 1 800 6 67 35 38; www.summerhill.bc.ca).

Informationen dazu bieten die Besucherzentren und das BC VQA Wine Information Centre (Tel. 250 4 90 20 06; www.pentictonwineinfo.com), das dem Penticton Visitor Center angegliedert ist. Neben einem schönen Ortskern hat Penticton mit Skaha und Okanagan auch zwei Strände zu bieten.

Weinberge prägen die Landschaft im Okanagan Valley.

Vernon

Nicht minder attraktiv ist Vernon mit schönen Alleen und historischen Bauten. 12 km entfernt liegt die O'Keefe Ranch, wo sich die Atmosphäre des 19. Jhs. nachvollziehen lässt.

KLEINE PAUSE

Im fruchtbaren Okanagan Valley sollten Sie einen der **Bauernmärkte** besuchen und dort einkaufen, z. B. in Kelowna (Springfield Road, April–Okt. Mi & Sa 8–13 Uhr).

✛ 223 F3

Kelowna Visitor Centre
✉ 544 Harvey Avenue
☎ 250 8 61 15 15 ⊕ www.tourismkelowna.com
❶ Mitte Mai–Juni Mo–Sa 9–17, So 10–15, Juli–Aug. tägl. 9–18, Sept.–Okt. Mo–Sa 9–18, So 10–15, Nov.–April Mo–Fr 9–17, Sa 10–15 Uhr

Historic O'Keefe Ranch
✉ 12 km nördl. von Vernon, 9380 Hwy 97N
☎ 250 5 42 78 68 ⊕ www.okeeferanch.ca
❶ Mai–Juni und Sept. tägl. 10–17; Juli–Aug. tägl. 10–18 Uhr ✦ 13,50 $
🍴 Café ($)

Vernon Visitor Centre
✉ 3004 39th Ave.
☎ 250 5 42 14 15 ⊕ www.tourismvernon.com

❶ Mitte Mai–Juni tägl. 9–17, Juli–Aug. tägl. 8.30–18, Sept.–Mitte Okt. Mo–Sa 8.30–16.30, Mitte Okt.–Mitte Mai Mo–Fr 8.30–16.30 Uhr

Penticton & Wine Country Visitor Centre
✉ 553 Vees Dr ☎ 250 2 76 21 70 ⊕ www.visitpenticton.com ❶ Mo–Sa 8–19, So 9–18 Uhr

❽ ★★ Wells Gray Provincial Park

Warum?	Weil man hier erleben kann, wie schön Wasser ist
Was?	Die Fälle und der kristallklare Clearwater Lake
Wie lange?	Am besten ein ganzer Tag
Wann?	Am besten im Mai und Frühsommer, wenn die Fälle besonders viel Wasser führen
Was noch?	Frühmorgens und spät nachmittags von der Straße aus nach Schwarzbären Ausschau halten
Was nehme ich mit?	Ein super Foto von den Helmcken Falls für die private Best-of-Sammlung

Mit seinen spektakulären Wasserfällen, glasklaren Seen, reißenden Flüssen und tiefen Wäldern ist dies einer der schönsten Parks von British Columbia, auch wenn die Berge hier weniger steil und zerklüftet sein mögen als in den Rocky Mountains weiter östlich. Mitten durch das Herz des Parks führt eine wunderbare schmale Panoramastraße.

Wenn Sie British Columbia nur einen Kurzbesuch abstatten, ist es fraglich, ob Ihnen der Aufwand einer Fahrt hierher nicht zu groß erscheint. Kommen Sie von Jasper und Mount Robson, bietet es sich indes an, eine Nacht in Clearwater zu verbringen und am folgenden Tag den Park zu erkunden. Im Visitor Center erfahren Sie nicht nur alles Wissenswerte über die Wanderwege, sondern auch über Wildwasser-Raftings oder Kanu-Trips auf dem Clearwater River usw.

Panoramafahrt

Falls Sie sich auf eine Autofahrt durch den Park beschränken, biegen Sie vom Highway 5 auf die Wells Gray Park Road ab. Die gut 60 km lange Panoramastraße ist durchweg ausgeschildert. Als erster Halt bietet sich der Spahats Creek Provincial Park (8 km von Clearwater) an, von wo ein kurzer Weg zu den 61 m hohen Spahats Falls führt. Nächste Station ist der Green Mountain Lookout mit kurvenreicher Zufahrt

Spärliche Überreste der Ray Farm, die von einem der ersten Siedler der Gegend 1912 erbaut wurde.

gleich nach der Kreuzung zur Hauptstraße durch den Außenbezirk des Parks. Der Fernblick ist sensationell – eine Bergwildnis mit teils noch unbenannten Gipfeln. Danach geht es auf der Hauptstraße weiter zu den Dawson Falls. Während andere Wasserfälle ihren Reiz aus einem eleganten Kaskadenbogen beziehen, erwächst er hier aus der schieren Menge Wasser, das zu Tal rauscht: Nur 5 m sind die Fälle hoch, aber 90 m breit! Wie alle im Park entstanden sie einst durch die Rückbildung von Gletschern der letzten Eiszeit. Von besonderer Anmut sind die Helmcken Falls im Herzen des Parks (über eine beschilderte Straße kurz nach den Dawson Falls). Mit 137 m sind sie zweieinhalb Mal so hoch wie die Niagara-Fälle und ebenso schön – in einem Amphitheater aus Felsen sprüht die Gischt, farblich untermalt vom Grün und Braun der Flechten und Baumruinen.

Aus doppelter Höhe wie die Niagara-Fälle stürzen die Helmcken Falls zu Tal.

Zurück auf der Hauptstraße fahren Sie teilweise am Clearwater River entlang und stoßen auf ein Hinweisschild zu einem kurzen Wanderweg zur Ray Farm, 1912 erbaut von einem der ersten Siedler dieser Gegend. Heute sind nur Ruinen übrig, die in der einsamen Wildnis einen Begriff von der Härte des Pionierlebens vermitteln. Die Straße endet am Clearwater Lake, wo es einen Campingplatz und Barkassen gibt. Auf einer Übersichtstafel sind alle Kurzwanderwege um den See eingezeichnet – sicher ein schöner Abschluss Ihrer Fahrt.

KLEINE PAUSE
Am Kreisverkehr von Clearwater, in der Nähe des Visitor Centers, liegt **O'Bryan's Corner Cafe**, das hausgemachte Suppen und frische Sandwiches serviert.

  ✝ 226 A4

Clearwater Visitor Infocentre
✉ 416 Eden Road, Clearwater

☎ 250 6 74 33 34 ⊕ http://wellsgray-park.info ❶ Mai–Juni Do–Mo 10–16, Juli–Anfang Okt. tägl. 9–18 Uhr, Rest des Jahres geschl.

Vorhang auf!

Nein, hier geht es keinesfalls um einen Theaterbesuch! Hier geht es eigentlich nur darum, am Clearwater Lake im Wells Gray Provincial Park ein Kanu zu mieten und auf den wohl klarsten See der Rocky Mountains hinaus zu paddeln. Über die ruhige, spiegelglatte Oberfläche des Sees beinahe lautlos zu gleiten und sie mit dem Bug wie einen Vorhang zu öffnen, zu teilen. Und dabei dem ungewöhnlichen Lied des Paddels, dem scheinbar einzigen Geräusch auf dieser Welt, zu lauschen …

❾ ★★ Glacier & Mount Revelstoke National Park

Warum?	Man ist in einer anderen Welt
Was?	Auf dem Meadows in the Sky Parkway die Wolkendecke durchbrechen
Wie lange?	Mindestens eine Übernachtung in Revelstoke
Wann?	Von Juli bis September, der wärmsten Jahreszeit in diesem Teil von BC
Was noch?	Abends in Revelstoke im Village Idiot einkehren und den »Kitchen-Sink«-Burger bestellen
Was nehme ich mit?	Demut im Angesicht von Giganten

Auf dem Giant Cedar Trail im Mount Revelstoke National Park

Die Gebirgszüge wenige Täler westlich der Rocky Mountains sind kaum weniger beeindruckend als diese. Insbesondere die Columbia und Selkirk Mountains in den Grenzen von Glacier und Mount Revelstoke National Park.

Glacier National Park
Der Park verdankt seine Existenz dem Canadian Pacific Railway: Bevor dieser Schienenstrang gebaut wurde, betrat so

gut wie niemand das unwirtliche Terrain. In seine eisige Ödnis unter dem gewaltigen Gipfel des Mount Dawson (3392 m) und der umliegenden Bergriesen hatten sich weder Entdecker noch Ureinwohner vorgewagt.

Rund 14 % des Gebietes sind eine Region ewigen Schnees mit über 420 Gletschern, davon rund ein Sechstel, die sich auf früheren Eisplatten bildeten (ein ungewöhnliches Phänomen) – die Mehrzahl ist jedoch heute im Schwinden begriffen. Die Eisenbahntrasse wurde im Jahr 1885 über den Rogers Pass (1383 m) durch das Massiv getrieben. Das Hotel auf dem Pass war gut besucht, bis man 1916 die Bahntrasse

wegen häufiger Lawinenabgänge verlegte, und gewann wieder an Beliebtheit nach Eröffnung des Trans-Canada Highway 1962. Dieser ist heute zugleich die attraktivste Route durch den Park, dessen Inneres vorwiegend Spielplatz für erfahrene Bergsteiger blieb. Im Visitor Center 1 km westlich der Passhöhe bekommen Sie alle notwendigen Unterlagen für kleine Exkursionen – und gleich südlich davon einen herrlichen Blick auf den Illecillewaet Neve, den eindrucksvollsten Gletscher des Parks.

Acht Wanderrouten führen durch den Park, vom bequemen Spaziergang bis zur anspruchsvollen Ganztagestour, alle ausgehend vom Illecillewaet Campground. Die kürzesten mit jeweils 1 km Länge sind Bear Falls Trail und Meeting

In Revelstoke geht es recht entspannt zu.

Vor dem Aufbruch in die Berge am besten nochmal in Revelstoke gemütlich essen gehen.

of the Waters Trail, einer der leichtesten der 1885 Rails Trail (3,8 km) entlang der einstigen Trasse des Canadian Pacific Railway. Für geübte Wanderer empfehlen sich insbesondere Great Glacier, Avalanche und Abbott's Ridge Trail.

Mount Revelstoke National Park

16 km westlich des Glacier Park liegt der 1916 gegründete Mount Revelstoke National Park. Der Hauptzugang befindet sich im Westen über den Meadows in the Sky Parkway (25,5 km) nahe der Stadt Revelstoke (gute Ausgangsbasis). Mehrere Wege führen zum Gipfel, wie der Meadows in the Sky Trail (800 m) und der lange Miller Lake Trail (6 km, einfach). Ein paar kürzere Wege gehen direkt vom Trans-Canada Highway ab, am schönsten sind der Giant Cedars Trail (700 m) und der Skunk Cabbage Trail (1,2 km)

KLEINE PAUSE

The Green Moustache Organic Cafe bringt beste Rohkost und frisches veganes Essen auf den Tisch. Vielleicht noch einen Käsekuchen zum Abschluss (113 2nd Street East, Revelstoke)?

 ✝227 D2 und 226 C2

Rogers Pass Discovery Centre
✉Rogers Pass ☎250 8 37 75 00
⊕www.pc.gc.ca ❶April tägl. 7–16, 1.–16. Mai geschl., 17. Mai–11. Juni tägl. 9–17, 12. Juni–9. Sept. 8–19, 10. Sept.–13. Okt. 9–17, 14. Okt.–20. Nov.

geschl., sonst tägl. 7–16 Uhr

Revelstoke Town Visitor Centre
✉204 Campbell Avenue
☎250 8 37 53 45 ⊕www.seerevel stoke.com ❶Juli– Aug. tägl. 9–19, Sept.–Mitte Okt. 9–17, sonst Mo–Fr 8.30–16.30 Uhr

30 Kootenays

Warum?	Weil Kultur nicht schöner liegen kann
Was?	In Nelson campieren, von hier aus die Umgebung erkunden und abends die Baker Street unsicher machen
Wie lange?	Ein paar Tage wenigstens
Wann?	Zwischen Juni und Ende September
Was noch?	In der City Bakery in Fort Steele für die Weiterfahrt ein paar der besten Cinnamon Buns weit und breit bunkern
Was nehme ich mit?	Wunderbare Erinnerungen und schöne Mitbringsel aus Nelson

Diese reizvollen Berge und Seen im Südosten British Columbias sind noch recht unberührt – trotz hinreißender winziger Dörfer, Parks, historischer Monumente, Wälder, Geisterstädte, spektakulärer Straßen und malerischer Ortschaften im Schatten der Rocky Mountains.

Kootenay Country, wie es auch heißt, liegt vorwiegend in den Tälern des Kootenay und Columbia River sowie zweier großer Seen, Kootenay und Arrow Lake. Eingerahmt und durchzogen wird es von drei mächtigen Gebirgsketten, den Purcells, Selkirks und Monashees. Die Anfahrt birgt je nach Route unterschiedliche Reize. Von Westen empfiehlt sich der Highway 6 von Vernon nach Needles mit majestätischem Panoramablick, der Weg von Osten bzw. den Rockies über Fort Steele, Yahk und Creston ist kurvenreicher und nicht minder hinreißend. In Fort Steele gibt es ein rekonstruiertes Pionierdorf. Und in Creston lockt das bekannte Creston Valley Wildlife Management Area (9,5 km nordwestl. der Stadt, Tel. 250 4 02 69 08; www. crestonwildlife.ca; Vi-

Am 160 km langen Kootenay Lake finden sich immer wieder idyllische Stellen.

sitor Center 9–16 Uhr, Mitte Mai–Juni Di–Sa, Juli–Aug. tägl.; Sept. Mi–Fr); zu dem Paradies für Vögel und Wildtiere gehört auch eines der weltgrößten Brutgebiete für Fischadler.

Nelson

Die »Queen of the Kootenays« ist das Schmuckstück der Gegend – ein heimeliger Ort zum Wohlfühlen mit gut 350 historischen Gebäuden. Das Städtchen und dessen Umgebung dienten als Kulisse für zahlreiche Filme. Ausführliche Wegbeschreibungen gibt's im Visitor Center. Besonders schön ist das Courthouse in der Altstadt, erbaut von Francis Rattenbury, Architekt des Empress Hotels (S. 96) und des Parlaments in Victoria (S. 83).

Nelson entstand Ende des 19. Jhs. im Zuge der Gold-, Silber- und Kupferfunde. Das Mining Museum lässt diese Epoche lebendig werden (215 Hall Street; Tel. 250 3 52 52 42), am besten besichtigen mit Touchstones Nelson Museum of Art and History (502 Vernon Street; www.touchstonesnelseon.ca).

Kaslo

Wer's beschaulicher mag als in Nelson, wird in Kaslo am Kootenay Lake ein Paradies vorfinden. Kaslo ist ein Kleinod, umgeben von Berggipfeln und Ausflugszielen. Lohnend ist ein Abstecher nach Argenta,

Zerklüftete Küste am Kootenay Lake

35 km nördlich, oder zum Kokanee Glacier Provincial Park. Das Wandernetz des Bergparks ist an einigen Stellen von den Highways 6, 31 und 3A aus zugänglich.

Zentren am Seeufer

Einen Besuch wert sind allemal auch New Denver, das kaum hinter Kaslo zurücksteht, und Nakusp mit seinen Thermalquellen – ein Spa 13 km außerhalb des Ortes mit Pools im Freien. In beiden Orten findet sich ein Museum zur Bergbaugeschichte. Das Hauptaugenmerk wird in den Kootenays

Im Tal des
Kootenay River

indes stets dem einmaligen Zusammenklang von Bergen, Seen und Wäldern gelten. Eine der beeindruckendsten Panoramastraßen ist der Highway 3A nördlich von Creston, der entlang dem Kootenay Lake zur mit 9 km »längsten kostenlosen Fährverbindung der Welt« an der Kootenay Bay führt. Auf dem Weg erwartet Sie zudem 6,5 km südlich von Boswell das Glass House, das 1955 aus 500 000 Flaschen erbaut wurde. Und nach der Fahrt mit der Fähre locken 14,5 km nördlich von Balfour die Ainsworth Hot Springs zum Baden.

KLEINE PAUSE

Decken Sie sich in Nelson oder Kaslo mit etwas Proviant für ein **Picknick** in der Wildnis der Kootenays ein.

✛225 D2

Nelson Visitor Infocentre
✉91 Baker Street
☎250 3 52 34 33 oder
1 877 6 63 57 06
⊕www.discovernelson.com ◑Jan.–Mai, Sept.–Dez. Mo–Fr 8.30–17, Juni–Aug. Mo–Fr 8.30 bis 17.30, Sa–So 9–18 Uhr

Kaslo Visitor Infocentre
✉324 Front Street
☎250 3 53 25 25 ⊕www.klhs.bc.ca ◑Mitte Mai–Mitte Okt. tägl. 9–17 Uhr, sonst geschl.

Nakusp Visitor Infocentre
✉92 NW 6th Avenue
☎250 2 65 42 34 oder
1 800 9 09 88 19 ⊕www.nakusparrowlakes.com

◑Juli–Aug. tägl. 9–16 Uhr, sonst wechselnd

New Denver Visitor Infocentre
✉Silvery Slocan Museum, 202 6th Avenue
☎250 3 58 27 19 ⊕www.slocanlake.com
◑Anfang Juli–Anfang Sept. tägl. 10–18 Uhr

Nach Lust und Laune!

Über dem Abgrund: Airtram am Hell's Gate

31 Fraser Canyon

Die klassische Route durch British Columbia ist der Trans-Canada Highway (Highway 1). Anfangs führt er durch eine halbwilde Landschaft, überquert den Thompson River und wendet sich dann in Cache Creek südwärts. Zwischen Lytton und Yale geht es am Fraser Canyon entlang, dem Highlight der Strecke: Sie mäandert über die Hänge und offenbart atemberaubender Aussicht auf Fluss und Berge.

Fluss und Canyon sind nach Simon Fraser benannt (1776–1862), Entdecker, Pelzhändler und Mitarbeiter der North West Company.

Heute geht die Fahrt recht munter geradeaus, ist aber immer noch erlebnisreich, vor allem am Hell's Gate (rund 9,5 km nördlich von Yale), wo der Fluss in 61 m Tiefe schäumt. Hinunter zum Ufer geht es mit der Airtram-Seilbahn bei der Hängebrücke – zur richtigen Jahreszeit können Sie Lachse beobachten, die sich flussaufwärts mühen.

Yale wurde 1840 als Niederlassung der Hudson's Bay Company gegründet und war während des Goldrauschs mit 20 000 Einwohnern die größte Stadt Nordamerikas westlich von Chicago und nördlich von San Francisco. Heute leben hier noch 200 Seelen – nur ein Museum kündet von den bewegten Zeiten.

20 km südlich von Yale ist Hope eine Stippvisite wert, mit einem Museum, schönen Spazierwegen und Gelegenheit zum Segelfliegen.

✦ 222 C2

Airtram
✉ 43111 Trans Canada Hwy., Boston Bar, 9,5 km nördlich von Yale
☎ 604 8 67 92 77 ⊕ www.hellsgate airtram.com ⏺ Mitte April–Mitte Mai, Anf. Sept.–Mitte Okt. tägl. 11–16, Mitte Mai–Anf. Sept. 10–18 Uhr
🗲 24 $ ⏍ Cafe ($)

Hope Infocentre
✉ 919 Water Avenue
☎ 604 8 69 20 21, gebührenfrei 1 866 4 67 38 42 ⊕ http://hopebc. ca/visitor-centre ⏺ Juni–April, Okt.–Dez. Mo–Sa 10–16 Mai, Sept. tägl. 9–17, Juli–Aug. tägl. 8–20 Uhr

Yale Museum Visitor Info Booth
✉ 31187 Douglas Street
☎ 604 8 63 23 24 ⏺ 3. Mai–30. Sept. tägl. 10–17 Uhr

32 Keremeos

Das Dörfchen liegt klimatisch in einer der wärmsten Zonen des Landes: In dem weiten Tal gedeihen sogar exotische Früchte, was der Region den Titel »Fruit Stand Capital of Canada« eintrug.

33 Osoyoos

Die Wüstenlandschaft um Osoyoos
gehört zu den eindrucksvollsten
von British Columbia. Sie ist die re-
genärmste Kanadas und hat eine
10 °C höhere Jahresdurchschnitts-
temperatur als Nelson. Seit jeher ist
die Nk'Mip-Wüste Heimat der Osoyoos-Indianer oder Nk'Mip, die hier
eine Ferienanlage errichtet haben.
Es gibt Wanderwege, und im Desert
Cultural Centre erfahren Sie viel
über die Gegend und ihre Ureinwohner. Besichtigt werden können
auch Tiergehege, Skulpturengarten
und Nachbauten von Wohnstätten.

34 Fort Steele Heritage Town

Die Museumsstadt besteht zur Hälfte aus Originalbauten, zur anderen
aus Nachbauten, die einen Eindruck
vermitteln, wie es hier Ende des
19. Jhs. aussah. Das um 1884 gegründete Fort wuchs aufgrund naher
Funde von Silber, Blei und Zink und
in Erwartung, dass die Canadian Pacific Railway hier vorbeiführen würde. Dessen Trasse wurde dann jedoch über Cranbrook geführt und
Steele versank in Bedeutungslosig-
keit, um 1961 durch den Wiederauf-
bau als historisches Monument wieder zu erwachen. Heute kümmern
sich Angestellte in historischen Kostümen um Besucher, die sich Bäckerei, Schmiede, Kramladen und Dru-
ckerei anschauen, mit Dampfma-
schine und Kutsche fahren oder
beim Brotbacken dabei sein können.

Bauten in Fort Steele Heritage Town

Wohin zum ... Übernachten?

Preise für ein Doppelzimmer pro Nacht (ohne Steuern):

$	unter 100 CDN
$$	100–200 CDN
$$$	200–280 CDN
$$$$	über 280 CDN

OKANAGAN

The Hopeless Romantic B&B Guest Suites $$

Drei wunderbar altmodisch eingerichtete Suiten mit Bad, davon zwei mit eigenem Eingang und Blick auf Kelowna und den Lake Okanagan. Sehr romantisch.
✛223 F2 ✉2735 Lone Pine Dr., Kelowna, V1P 1A1 ☎250 7 65 50 06, 1 888 7 65 50 06
⊕www.thehopelessromanticbandb.com

Walnut Beach Resort $$$

Wenngleich etwas südlich des Kernlands von Okanagan gelegen, ist Osoyoos hierfür eine gute Übernachtungsadresse: schönes Ambiente und mildes Klima, quasi mit Sonnenscheingarantie. Das Walnut Beach gehört zu den besten Resorts und punktet mit Pool und Privatstrand an Kanadas wärmstem See. Klare Linien und sanfte Farben dominieren das Interieur der modernen 112 Suiten.
✛223 F3 ✉4200 Lakeshore Drive, Osoyoos, V0H 1V6 ☎250 4 95 54 00, gebührenfrei 1 877 9 36 54 00 ⊕www.walnutbeachresort.com

WELLS GRAY PROVINCIAL PARK

Dutch Lake Motel $ / $$

Eine sehr gute Adresse für Parkbesucher, herrlich am See gelegen. Alle Zimmer mit Klimaanlage, Kabel-TV und Kaffeemaschine sowie Balkon mit Seeblick. Es gibt eine Münzwäscherei, Mietboote, ein Restaurant und ein Wohnmobil-Parkplatz.
✛226 A4 ✉333 Roy Road, Clearwater, V0E 1N8 ☎250 6 74 33 25 oder 1 877 6 74 33 25
⊕www.dutchlakemotel.com

KOOTENAYS

Baker Street Inn $$ / $$$

Nette, preiswerte alte Hotels mit Patina gibt es in Nelson überreichlich, doch ist man sicher mit diesem besser beraten. Es vermietet 70 Zimmer mit zeitgemäßer Einrichtung und dem für Best Western Hotels obligatorischen Komfort.
✛224 C2 ✉153 Baker Street, Nelson, V1L 4H1 ☎250 3 52 35 25; gebührenfrei in Nordamerika 1 888 2 55 35 25 ⊕www.bwbakerstreetinn.com

Hillside Lodge and Chalets $$ / $$$

Ein Haupthaus und diverse Holzhäuschen erwarten einen hier im Wald. Herrlicher Blick auf Berge und Fluss. 13 km westlich von Golden gelegen, ist es ein guter Ausgangspunkt für die Nationalparks Glacier und Yoho. Nicht weit von hier liegt das Kicking Horse Mountain Resort, so bietet es sich auch im Winter als Ski-Quartier an.
✛224 C5 ✉1740 Seward Frontage Rd, Golden, 500 m von Hwy 1, V0A 1H0
☎250 3 44 72 81 ⊕www.hillsidechalets.com

William Hunter Cabins $ / $$

Idealer Abschluss eines Aufenthaltes in den Kootenays kann eine Nacht in einem Blockhaus sein. Hinterwäldlerisch ist das hier nicht – die Zimmer sind schön ausgestattet mit Fichtenholzmöbeln, Queen-Size-Betten und Daunendecken. Alle verfügen über Küchennische, Wohnzimmer mit Bettsofa und Zugangstüren auf die Veranda.
✛224 C2 ✉303 Lake Avenue, Silverton, V0G 2B0 ☎250 3 58 26 47 oder 250 5 05 46 10 ⊕www.williamhuntercabins.com

GLACIER NATIONAL PARK

Coast Hillcrest Hotel $$ / $$$

Wer es schafft, die Augen einmal abzuwenden vom Superblick auf die schneebedeckten Gipfel und den Mount-Begbie-Gletscher, kann sie kurz auf das prachtvolle Foyer mit Holzsäulen richten. Großzügig sind auch die Zimmer und Maisonette-Suiten. Ein Spa bietet den Gästen Whirlpool, Sauna und diverse Sportgeräte.

+226 C1 ✉ 2100 Oak Drive, Revelstoke, V0E 2S0 ☎ 250 8 37 33 22, gebührenfrei 1 800 6 63 11 44 ⊕ www.coasthotels.com/hotels/bc/revelstoke/coast-hillcrest-hotel

Wohin zum ... Essen und Trinken?

Preise für ein Drei-Gänge-Menü (ohne Getränke und Service):
$ unter 50 CDN
$$ 50–100 CDN
$$$ über 100 CDN

OKANAGAN

Raudz $$$

Im Raudz gibt es saisonale, auf Produkte aus der Region gestützte Küche. Die Rezepte sind einfach und machen aus Gerichten wie Fish and Chips eine Tafelfreude mit Tatar-Sauce, mit Fenchel gewürzten Pommes Frites und Okanagan-Weinen.
+223 F2 ✉ 1560 Water Street, Kelowna ☎ 250 8 68 88 05 ⊕ www.raudz.com ● tägl. ab 17 Uhr

KOOTENAYS

All Seasons Café $$

Das elegante Restaurant gehört zu den führenden der Kootenays. Der Küchenchef verwendet beste einheimische Zutaten und zaubert daraus exzellente Gerichte.
+224 C2 ✉ 620 Herridge Lane, Nelson, V1L 6A7 ☎ 250 3 52 01 01 ⊕ www.allseasons cafe.com ● tägl. ab 17 Uhr

GLACIER NATIONAL PARK

The Wolf's Den $

Der neue Name passt: Die »Wolfshöhle« bietet in zünftiger Hüttenatmosphäre saftige Steaks, Burger im XL-Format und beachtliche Salate. Außerordentliches Wein-, Bier- und Cocktailangebot!
+224 C5 ✉ 1105 9th Street South, Golden, V0A 1H0 ☎ 250 3 44 98 63 ⊕ www.the wolfsdengolden.ca

Wohin zum ... Einkaufen?

Gute Adressen für Kunst sind Craft Connection (378 Baker Street, Nelson; Tel. 250 3 52 30 06; www.craftconnection.org) und Hazeldean (105–405 Baker Street; Tel. 250 3 52 06 60; www.hazeldeangallery. com). Ein schönes Antiquariat ist Packrat Annie's (411 Kootenay Street; Tel. 250 3 54 47 22). Kunstgewerbe findet man in Kaslo bei Willow (429 Front St., Tel. 250 353 2257) und Figment's Fine Canadian Crafts (408 Front Street; Tel. 250 3 53 25 66).

Wohin zum ... Ausgehen?

OKANAGAN

Rose's Waterfront Pub (1352 Water Street, Kelowna; Tel. 250 8 60 11 41; www.roses pub.com) ist ebenso beliebt wie die Bar des Hotel Eldorado (500 Cook Road; Tel. 250 7 63 75 00; www.hoteleldoradokelow na.com). Musik bietet The Grateful Fed (509 Bernard Avenue; Tel. 250/ 862-8621; www.thegratefulfed.ca). Auskunft über die Bühnen in Kelowna erteilt das Rotary Centre (421 Cawston Avenue at Water Street; Tel. 250 7 17 53 04; www.rotarycen treforthearts.com). Empfehlenswert in Vernon ist Sir Winston's (2705 32nd Street; Tel. 250 5 49 34 85; www.sirwinstons.ca).

KOOTENAYS

Ende Juli findet das Kaslo Jazz Festival (Tel. 250 3 53 75 77; www.kaslojazzfest. com) statt. Für Kunst und Theater ist die Langham Cultural Society (447 A Avenue; Tel. 250 3 53 26 61; www.thelangham.ca) zuständig. Mike's Place Pub (422 Vernon Street, Nelson; Tel. 250 3 52 53 31; www. hume hotel.com) ist für gutes Ale bekannt. Eher ruhig geht es zu in der Library Bar. Musikfans mögen das Royal (330 Baker Street, Nelson; Tel. 250 3 54 70 14).

Kanada wie man es aus den Prospekten kennt: Türkis schimmert der Payto Lake im Banff National Park.

Rocky Mountains

Man ist umgeben von Giganten, fühlt sich klein und unbedeutend. Hört sich denken. Willkommen in den Rocky Mountains!

Seite 124–161

Erste Orientierung

Die kanadischen Rockies können sich durchaus sehen lassen im Gesamtensemble dieses Felsengebirges im Westen Nordamerikas: himmelhoch ragende Gipfel, weite urtümliche Wälder, stille smaragdgrüne Seen und oft einsame Wildnis bis zum Horizont.

50 km
30 mi

40 Mount Robson

Yellowhead

R O C K

Die meisten Besucher hier streben in die vier herrlichen Nationalparks Banff, Jasper, Yoho und Kootenay, die 1985 zum UNESCO-Weltnaturerbe erklärt wurden. Banff ist der berühmteste von ihnen, Jasper der größte – doch auch die beiden kleineren müssen sich nicht verstecken.

Sie lassen sich bequem mit dem Auto erkunden, doch das lässt man gerne immer wieder einmal stehen, um die Reize der Landschaft abseits der Straße zu genießen – und sei es nur zu einem kurzen Spaziergang auf gut markierten Wegen.

Nicht nur die Wege sind in bester Verfassung – es gilt für alle Einrichtungen, zumindest an Hauptanlaufpunkten wie Banff Town, Lake Louise und Jasper, wo auch ganz schön was los ist. Doch nur einen Steinwurf entfernt wartet bereits die Wildnis. Gott sei Dank vermag

all der Trubel in den Rockies der Natur nichts anzuhaben – man achtet in Kanada peinlichst genau auf eine perfekte Balance von Belangen des Tourismus und des Landschaftsschutzes. Wer hier eine Woche weilt, kratzt lediglich an der Oberfläche – aber was für einer!

TOP 10
1 ★★ Icefields Parkway

Nicht verpassen!
35 Banff
36 Banff National Park
37 Jasper National Park
38 Yoho National Park
39 Kootenay National Park

Nach Lust und Laune!
40 Mount Robson
41 Head-Smashed-In Buffalo Jump
42 Waterton Lakes

ds Parkway

Saskatchewan
River Crossing

**Banff
National Park**
36

**Yoho
National Park**
38   36 **Lake Louise**
36 **Moraine Lake**

35 **Banff**

Cochrane

CALGARY

**Kootenay
National Park**
39

Radium
Hot Springs

High River

Head-Smashed-In
Buffalo Jump
41
Fort Mcleod

Lundbreck

Fort Steele

Cardston

Waterton Lakes
42

Mein Tag
in Banff

Die Canadian Pacific Railway brachte einst das Riesenland zusammen. Im Banff National Park hinterließ sie gleich zwei ihrer schönsten Luxushotels. Heute sind das Banff Springs und das Chateau Lake Louise (beide Fairmont) nationale Ikonen und Zeugnisse kanadischer Geschichte. Eine öde Geschichtsstunde ist indes nicht zu befürchten. Schließlich liegen die beiden an den schönsten Stellen eines der schönsten Nationalparks Kanadas!

8 Uhr: Breakfast à la Banff

35 Banff (S. 134) ist keine normale Stadt. Das Durchschnittsalter liegt weit unter dem Landesdurchschnitt, da junge Leute aus aller Welt hierher kommen, um jede freie Minute zu wandern, klettern, raften und Ski zu laufen. Finanziert wird dieser Lifestyle u. a. mit Jobs in der Gastronomie. Rechnen Sie also damit, dass Sie Ihre Blaubeeren-Crêpes mit breitem Lächeln und australischem oder estländischem Akzent serviert bekommen.

9.30 Uhr: Schlossbesichtigung auf kanadisch

Das Banff Springs Hotel (S. 156), eine Mischung aus schottischem Clanschloss und französischem Loire-Château, liegt hoch über der Stadt. Es wurde am 1. Juni 1888 eröffnet und ist heute das Flaggschiff der legendären kanadischen Eisen-

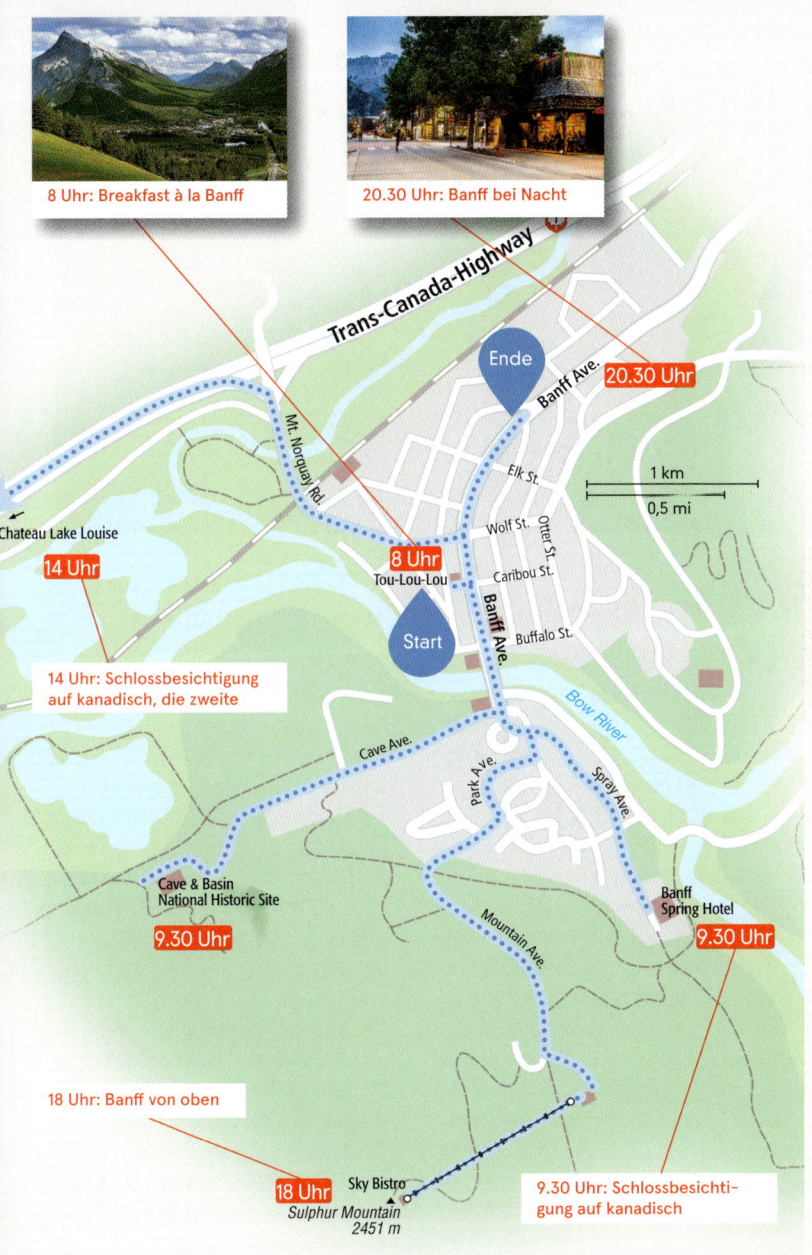

8 Uhr: Breakfast à la Banff

20.30 Uhr: Banff bei Nacht

Trans-Canada-Highway

Ende

20.30 Uhr

Banff Ave.

Mt. Norquay Rd.

Elk St.

1 km

0,5 mi

Chateau Lake Louise

14 Uhr

Wolf St.

Otter St.

8 Uhr
Tou-Lou-Lou

Caribou St.

14 Uhr: Schlossbesichtigung
auf kanadisch, die zweite

Start

Banff Ave.

Buffalo St.

Bow River

Cave Ave.

Park Ave.

Spray Ave.

Cave & Basin
National Historic Site

Banff
Spring Hotel

9.30 Uhr

9.30 Uhr

Mountain Ave.

18 Uhr: Banff von oben

18 Uhr Sky Bistro
Sulphur Mountain
2451 m

9.30 Uhr: Schlossbesichtigung auf kanadisch

In atemberaubender Lage: die Gipfelstation der Banff Gondola mit dem Sky Bistro auf dem Sulphur Mountain

bahnhotels. Eine historische Tour durch dieses beeindruckende Hotel ist ein echtes Vergnügen (bitten Sie an der Rezeption um die Broschüre »Self Guided Tour«).

Die Cave and Basin National Historic Site (S. 135) liegt im Übrigen nicht weit entfernt. Die Grotte mit der heißen Thermalquelle wurde 1883 von Bahnarbeitern entdeckt und ist sozusagen die Keimzelle des Banff National Park. Gönnen Sie sich einen kurzen Besuch, wenn Sie ein Geschichtsfan sind. Der Bummel danach am Ufer des Bow River entlang zurück nach Banff endet mit einem leichten Lunch in einem der vielen Restaurants rund um die Banff Avenue.

14 Uhr: Schlossbesichtigung auf kanadisch, die zweite

Ja, die Parkplätze werden wahrscheinlich voll sein. Und Sie werden den Abstecher hierher nicht bereuen. Diese Hotels, lautete ein Fairmont-Slogan einmal, genössen die beste Lage, weil sie die ersten vor Ort gewesen seien. Für kein anderes Hotel als das Chateau Lake Louise (S. 156) gilt das mehr: Seine Lage am Ufer des gleichnamigen Sees mit Blick in die gigantische, von Dreitausendern flankierte Felsenarena ist ein Anblick, den Sie nicht vergessen werden. Bevor um 16 Uhr die tägliche, »Heritage Presentation« genannte Führung beginnt, können Sie den Uferweg nehmen.

8 Uhr

14 Uhr

9.30 Uhr

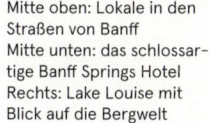

Mitte oben: Lokale in den
Straßen von Banff
Mitte unten: das schlossar-
tige Banff Springs Hotel
Rechts: Lake Louise mit
Blick auf die Bergwelt

18 Uhr: Banff von oben

Ein Tag in Banff, ohne die Banff Gondola (S. 136) auf den 2451 m hohen Sulphur Mountain genommen zu haben, ist nur schön, wenn man nicht weiß, was man verpasst. Der Blick von der Aussichtsterrasse aus über das Bow Valley auf die Versammlung mächtiger Dreitausender ist so spektakulär wie lehrreich: Inzwischen wissen Sie, welche Strapazen die Bahnarbeiter ertrugen und welche Leistungen sie erbrachten, um die Bahn durch die Wildnis zu treiben. Das elegante Sky Bistro ($$–$$$) führt übrigens nicht nur Gerichte aus regionalen Zutaten, sondern hat auch große Fenster. Sie werden den fantastischen Sonnenuntergang über dem Bow Valley nicht verpassen!

20.30 Uhr: Banff bei Nacht

In Banff ist abends immer irgendwo etwas los. Möglicherweise bleiben Sie den ganzen Abend in den Lokalen der Banff Avenue hängen. Beginnen Sie in den Pubs.

❶ ★★ Icefields Parkway

Warum?	Berge machen glücklich, aber die an dieser Straße machen sprachlos
Was?	Diese unglaubliche Landschaft mit aller Kraft auf dem Bow Lake Trail genießen
Wie lange	Einen ganzen Tag lang
Wann?	Am besten frühmorgens oder spätnachmittags, um den Tourbussen zu entgehen
Was noch?	In Saskatchewan Crossing auf den David-Thompson-Highway abbiegen und die grandiose Bergwelt mit erheblich weniger Verkehr genießen
Was nehme ich mit?	Den Kanada-Virus!

Der 230 km lange Parkway zwischen Lake Louise und Jasper zählt zu den schönsten Panoramastraßen der Welt: Sie führt mitten durch eine majestätische Berglandschaft mit schneebedeckten Giganten, riesigen Eisfeldern, schimmernden Gletschern und fotogenen Bergseen.

Hier fährt man meist durch reine Wildnis: Möglichkeiten zum Tanken und Einkaufen gibt es nur beim Besucherzentrum am Columbia Icefield (127 km von Lake Louise entfernt). Neben einer Handvoll Campingplätze und Jugendherbergen gibt es nur drei Hotels am Weg. Wanderwege und Sehenswürdigkeiten sind gut ausgeschildert.

Das erste Highlight nach Verlassen von Lake Louise ist der Hector Lake. Wer eine schöne Seewanderung vorhat, fährt besser weiter zum <u>Bow Lake</u> (37 km von Lake Louise) und wählt dort den Bow Lake und Bow Glacier Falls Trail (4 km). Bald erklimmt die Straße nun den <u>Bow Summit</u> (2082 m) und gelangt zum Hinweisschild zum <u>Peyto Lake Lookout</u>; nach 20 Gehminuten genießt man den Seeblick. Danach geht es hinab Richtung <u>Mistaya Canyon</u> nach <u>Saskatchewan River Crossing</u>. Bei Kilometer 134 von Lake Louise führt der Parkway zum »Big Hill«, einer Kurve mit herrlicher Aussicht. Weitere Panoramapunkte in der Nähe sind der <u>Cirrus Mountain Lookout</u> und die <u>Bridal Veil Falls</u>, von wo aus man zu den <u>Panther Falls</u> gelangt. 5 km weiter beginnt der <u>Parker Ridge Trail</u>. Der Saskatchewan-Gletscher gehört zum <u>Columbia Icefield</u>, wenige Kilometer hinter dem Sunwapta Pass (2035 m). Beim Athabasca-Gletscher erreichen Sie das <u>Icefield Centre</u> (Tel. 780 8 52 62 88) mit Laden

Der Glacier Skywalk, ein Steg aus Glas und Stahl, spannt sich über das Sunwapta-Tal.

und Zimmern. Brewster Transportation bietet Fahrten zum Gletscher sowie zum <u>Glacier Skywalk</u> (tägl. 10–18 Uhr, 34 $) an. Besucher können auf einem über die Felsenkante ragenden Spazierweg die Blicke ins Sunwapta Valley genießen. 55 bzw. 30 km bevor Sie nach Jasper kommen, warten noch zwei weitere Highlights auf Sie: die <u>Sunwapta Falls</u> und die <u>Athabasca Falls</u>.

KLEINE PAUSE

Unterwegs können Sie im Restaurant der **Num-Ti-Jah-Lodge** einkehren und den sagenhaften Blick auf den Bow Lake genießen (www.sntj.ca, Tel. 403-522-2167).

35 Banff

Warum?	Banff ist die ideale Basis für Tagestouren durch den Banff National Park
Was?	Gut essen, trinken und einkaufen
Wie lange?	Drei Tage
Wann?	Immer einen Aufenthalt wert
Was noch?	Von der »Surprise Corner« genannten Stelle an der Tunnel Mountain Road das tatsächlich überraschend – und spektakulär – auftauchende Banff Springs Hotel fotografieren
Was nehme ich mit?	Egal ob man Banff liebt oder hasst: Gleich vor der Stadtgrenze beginnt die Wildnis

Rund 4,5 Mio. Besucher strömen jährlich in den Banff National Park und lassen die Einwohnerschaft des Resortstädtchens im Sommer von bescheidenen 7500 auf gut 30 000 anschwellen. Allemal bildet der touristische Betrieb hier einen bemerkenswerten Kontrast zur Stille und Weite der umliegenden Wildnis der Rocky Mountains, wie man sie sich vorstellt.

Die Banff Avenue vor der Kulisse des Mount Rundle

Banff hat einiges zu bieten: ein hilfreiches Besucherzentrum, Museen, hübsche Geschäfte, gute Hotels, Restaurants und Pubs für Nachtschwärmer. Zudem ist die Stadt Ausgangspunkt interessanter Fahrten und Wanderungen – ein idyllischer Spaziergang am Bow River entlang beginnt direkt im Zentrum. In Banff lässt es sich also leicht ein paar Tage aushalten.

Im Ortszentrum

Geschäftige Hauptstraße des Ortes ist die Banff Avenue, an deren südlichem Ende das Banff Park Museum gelegen ist. In dem hübschen alten Haus ist anhand ausgestopfter Vögel und Säugetiere die Fauna der Gegend zu studieren. Zwar wurde die Jagd auf Raubtiere in Banff im Jahr 1913 verboten, Wölfen, Luchsen und Adlern aber trotzdem noch bis in die 1930er-Jahre nachgestellt. Hinter dem Museum beginnt ein Park. Und das benachbarte moderne Whyte Museum of the Canadian Rockies veranschaulicht mit Gemälden, Fotografien und Wechselausstellungen die Geschichte der Rocky Mountains und deren touristische Erschließung.

Im Whyte Museum of the Canadian Rockies

Etwas außerhalb

Ein schöner Weg führt über die Bow River Bridge am Fluss und unter Bäumen entlang zu den fotogenen Bow Falls, die auch über einen stilleren Pfad am anderen Ufer zu erreichen sind. Von den Wasserfällen aus kann man dem Spray River weiter südwärts folgen oder zum nahen Fairmont Banff Springs Hotel (S. 156) gehen, das eine Sehenswürdigkeit für sich darstellt. Hier in einem der 764 Zimmer und Suiten einzuchecken, ist natürlich grandios, aber ein Kaffee oder Snack im Lokal bei der Rezeption hat auch schon etwas – in jedem Fall haben Sie von der Terrasse aus einen fantastischen Blick auf Banff, das Bowe Valley und die Spalier stehenden schnee- bzw. gletscherbedeckten Berge.

Die Cave and Basin National Historic Site besteht aus einem Informationszentrum und der gleichnamigen Grotte mit Thermalquelle, die im Jahr 1883 entdeckt wurde. Als leichte Spazierwege bieten sich hier der Discovery Trail (1,2 km, ca. 15 Min.) und der Marsh Loop Trail (2,4 km, ca. 30 Min.) an. Letzterer führt zu den Vermilion Lakes, die trotz relativer Nähe zum Ort ein zauberhaftes, viel fotografiertes Pflanzen- und Tierparadies sind. Mit dem Auto kann man es vom Vermilion Lakes Drive aus erleben (Abzweigung von der Mount Norquay Road gleich südlich ihrer Kreuzung mit dem Trans-Canada Highway).

Eine weitere Attraktion im Stadtgebiet ist die Banff Gondola, eine 3 km lange Seilbahn, die zu Kanadas höchstgelegenem Restaurant führt, mit atemberaubendem Panoramablick und Wanderwegen hoch über der Baumgrenze. Unweit der Talstation befinden sich auch die Banff Upper Hot Springs, ein 32 °C warmer Thermalpool.

Eine etwa 25 km lange Rundfahrt führt um den von Bergen gesäumten Stausee Lake Minnewanka. Dort lässt sich eine einhalbstündige Schiffstour unternehmen – Auskunft erteilen das Banff Information Centre oder Banff Lake Cruise (Tel. 403 7 62 67 00; banffjaspercollection. com/attractions/lake-minnewanka-cruise).

Banff Upper Hot Springs: die höchsten heißen Pools in Kanada

KLEINE PAUSE

Unterwegs können Sie im Restaurant der **Num-Ti-Jah-Lodge** einkehren und den sagenhaften Blick auf den Bow Lake genießen (www.sntj.ca, Tel. 403-522-2167).

 ✚ 227 F2

Banff Information Centre
✉ 224 Banff Avenue
☎ 403 7 62 84 21;
403 7 62 15 50 ⊕ www.
banfflakelouise.com
❶ 18. Mai–9. Okt tägl.
8–20; 10. Okt.–31. Dez.
9–17, sonst 9–17 Uhr
✦ frei

Banff Park Museum
✉ 91 Banff Avenue
☎ 403 7 62 15 58 ⊕ www.
pc.gc.ca/lhn-nhs/ab/
banff/index.aspx
❶ Mitte Jan.–Anf. Feb.
Sa/So 12–16; Mitte Mai–
Juni Mi–So 10–17; Juli/
Aug. tägl. 10–17; Sept.–
Anf. Okt. Mi–So
10–17 Uhr ✦ 3,90 $

Whyte Museum of the Canadian Rockies
✉ 111 Bear Street
☎ 403 7 62 22 91 ⊕ www.
whyte.org ❶ 1. Juni–15.
Sept. tägl. 9.30–18,
sonst 10–17 Uhr ✦ 10 $

Cave and Basin National Historic Site
✉ 311 Cave Avenue
☎ 403 7 62 15 66 ⊕ www.
pc.gc.ca/lhn-nhs/ab/
caveandbasin/index.
aspx ❶ Jan.–Mitte Mai
Mi–So 11–17; Mitte
Mai–Juni Di–So 10–17;
Juli/Aug. tägl. 10–17;
Sept.–Anf. Okt. Di–So
10–17; Okt.–Dez. Mi–So
11–17 Uhr ✦ 3,90 $

Banff Gondola
✉ Mountain Drive
☎ 403 7 62 74 75

⊕ www.banfflakelouise.
com ❶ Ende Nov.–Mitte
Jan. tägl. 10–16; Ende
Jan.–März 10–17, April–
Ende Mai 8.30–18 (Sa
21); Ende Mai–Mitte Aug.
8.30–21; Mitte Aug.–Anf.
Sept. 8.30–20 (Sa 21);
Anf. Sept.–Anf. Okt.
8.30–18.30, Anf. Okt.–
Ende Nov. 8.30–
16.30 Uhr ✦ 64 $

Banff Upper Hot Springs
✉ Mountain Avenue,
5 km vom Zentrum
☎ 403 7 62 15 15 ⊕ www.
banfflakelouise.com/
banff-hot-springs
❶ Jan.–Mitte Mai So–Do
10–22, Fr/Sa bis 23;
Mitte Mai–Mitte Okt.
tägl. 9–23, sonst So–Do
10–22, Fr/Sa bis 23 Uhr
✦ 8,30 $

㊱ Banff National Park

Warum?	Ein Besuch in den Rocky Mountains ohne den Banff National Park ist so wie ein Besuch in Paris ohne Eiffelturm
Was?	Zu den ikonischsten Naturschauspielen Kanadas pilgern
Wie lange?	Drei Tage. Oder alle Jahre wieder
Wann?	Um die Bergseen im schönsten Türkis zu sehen, im Juli und im August
Was noch?	Am Lake Louise eines der roten Kanus mieten und für ein paar unvergessliche Stunden hinaus paddeln
Was nehme ich mit?	Glückseligkeit

Der bekannteste und beliebteste der vier Nationalparks in den kanadischen Rocky Mountains verfügt mit Banff und Lake Louise über zugkräftige Mountain Resorts sowie zwei außergewöhnliche Panoramastraßen, majestätische Bergriesen, zahllose Seen, ausgedehnte Wälder, Wasserfälle und immer wieder Aussichtspunkte – ein wahres Dorado für Wanderer, Reiter, Paddler, Golfer und Mountainbiker.

In der Umgebung des Thompson Mountain

Der Park lässt sich leicht erschließen, bevorzugt über das quirlige Banff (S. 134), das nur anderthalb Autostunden von Calgary entfernt ist. Dort kann man sich problemlos mit al-

Gut gesichert auf dem Via-Ferrata-Klettersteig

Begegnungen mit Grizzlies sind möglich.

lem Notwendigen für die Erkundung des Nationalparks versorgen.

Von Banff aus bietet sich als erstes Ziel das Servicezentrum Lake Louise an, das in einer Dreiviertelstunde auf dem Trans-Canada Highway erreicht ist. Ruhiger und schöner ist die parallele Strecke über den Bow Valley Parkway (S. 141).

Lake Louise

Kein Bild vermag den Zauber dieses einmaligen Sees einzufangen, dessen saphirfarbenes Wasser vor der Kulisse eines gewaltigen, von Gletschern durchzogenen Bergmassivs in der Sonne glitzert.

Der See liegt in den Bergen 5 km von Lake Louise Village entfernt. Den bescheidenen Ort lassen die meisten Touristen (im Sommer bis zu 10 000 täglich) links liegen, denn hier gibt es in der Tat wenig Aufregendes: ein paar Hotels, Jugendherberge, Tankstelle, Besucher- und kleines Einkaufszentrum. Auf den zweiten Blick aber registriert man dann das imposante Chateau Lake Louise Hotel (S. 156) – eine kleine Welt für sich, die wie das Banff Springs (S. 156) zu den Flaggschiffen der Fairmont-Kette gehört.

Der erste Weiße, der den See sah, arbeitete für die CPR – ein Stoney-Indianer, dessen Stamm das Gewässer »See der kleinen Fische« nannte, führte ihn im Jahr 1882 hierher. Wilson nannte ihn »Emerald Lake« (»Smaragdsee«); doch nur zwei Jahre später erhielt er seinen jetzigen Namen zu Ehren der Prinzessin Louise Caroline Alberta (1848–1939), einer Tochter Queen Victorias, die mit dem kanadischen Generalgouverneur verheiratet war.

Wer hier den Massen entfliehen möchte, unternimmt eine Wanderung zum Lake Agnes oder der Plain of Six Glaciers. Auch hier ist man nicht gerade allein unterwegs, genießt aber stets einen herrlichem Blick. Einen die enormen Größenunterschiede in dieser Kulisse veranschaulichenden Blick gibt es während der Fahrt mit der Lake Louise Gondola von der gegenüberliegenden Talseite aus.

Weniger bekannt und doch recht reizvoll ist der von hier nur wenige Kilometer Richtung Osten gelegene Moraine Lake. Da er ebenfalls ein gutes Standquartier für längere oder kürzere Wanderungen und Ausflüge abgibt, ist die Moraine Lake Lodge am Ort meist ziemlich ausgebucht.

Moraine Lake

Ebenso viele Besucher verzeichnet dieser nur 14 km von Lake Louise (Ort) im Valley of Ten Peaks liegende, kleinere See. Sein Bild ziert die Cover von zahlreichen Reisemagazinen in aller Welt. Zu Recht!

Das tiefblaue Wasser steht in wunderbarem Kontrast zu den schneebedeckten Gipfeln der Ten Peaks, die eine atemberaubenden Kulisse für den »Moränen-See« bilden. Dieser trägt eigentlich einen falschen Namen (die vermeintliche Moräne am Nordende geht auf einen Erdrutsch zurück).

Wer etwas länger verweilen möchte, findet, so rechtzeitig reserviert wurde, in der Moraine Lake Lodge (Hotel, Café, Restaurant; Tel. 403 5 22 37 33, 1 877 5 22 27 77; www.morainelake.com) eine unvergessliche Unterkunft, die auch Kanus verleiht und unterschiedlich lange Wanderungen organisiert, vom Spaziergang bis zur Tagestour. Der schönste Weg führt um den See herum, der attraktivste kurze zum Conso-

Die rustikale, aber gemütliche Moraine Lake Lodge lädt zur Rast oder bei frühzeitiger Buchung auch zur Übernachtung ein.

lation Lake. Die schönste Tageswanderung ist der Sentinel Trail mit Abstecher zum Eiffel Lake.

Anmerkung: Die 14 km lange Moraine Lake Road bleibt von Mitte Oktober bis zur Schneeschmelze (gewöhnlich Mitte Mai) geschlossen.

Auf dem Trans-Canada Highway

Während der Trans-Canada Highway von Lake Louise westlich zum Yoho National Park (S. 148) führt, verwandelt er sich gen Norden auf dem Weg zum Jasper National Park (S. 144) in eine der vielleicht hinreißendsten Panoramastraßen der Welt, den Icefields Parkway (S. 132). Schon die Autofahrt über diese rund 230 km ist faszinierend – doch sollten Sie sich Zeit zumindest für einen der zahlreichen Wanderwege nehmen, die unterwegs abzweigen (auch wenn Übernachtungsmöglichkeiten und selbst Campingplätze hier sehr dünn gesät sind).

Den Endpunkt des Icefields Parkway markiert schließlich das Städtchen Jasper (S. 145), Ausgangspunkt zum gleichnamigen Nationalpark. Wer nun wieder nach Banff möchte, sollte am besten auf demselben Weg über den Icefield Parkway zurückfahren. Anderenfalls wäre man zu einem erheblichen Umweg gezwungen: Richtung Westen auf dem Highway 5, vorbei am Mount Robson (S. 154), dem mit 3956 m höchsten Gipfel der kanadischen Rocky Mountains, und am Wells Gray Provincial Park (S. 110) im Herzen der Provinz British Columbia.

Bow Valley Parkway

Von der Landschaft am Highway 1 auf dem etwa 58 km langen Abschnitt zwischen Banff und Lake Louise werden Sie bestimmt nicht enttäuscht sein; noch besser aber dürfte Ihnen der parallele Routenverlauf über den <u>Bow Valley Parkway</u> gefallen – die Panoramen sind einfach großartig. Die ältere der Straßen ist gesäumt von <u>Aussichtspunkten und abzweigenden Wanderwegen</u>, wo sich die Fahrt leicht und angenehm unterbrechen lässt.

Den schönsten Fernblick genießen Sie vom Merrent-Abzweig und dem Backswamp Viewpoint (ca. 8 km Richtung Norden), ein attraktiver Spazierweg (400 m) ist der Johnston Canyon Trail, der über ein System geschickt angelegter Holzbohlenpfade zu zwei Wasserfällen führt (1 km bzw. 2,5 km vom Parkplatz an der Straße).

Oder wandern Sie die etwa 400 m Richtung Lizard Lake. Am Muleshoe Picnic Area (ca. 21 km südöstlich von Castle Junction) haben Sie eine gute Gelegenheit, Vögel und andere Wildtiere zu beobachten.

Moraine Lake im Banff National Park

Geburt eines Parks

Der Banff National Park entstand im Zuge der Erschließung der Rockies durch den Bau der Canadian Pacific Railway (CPR) – zuvor hatten sich allenfalls Ureinwohner und einige wagemutige Forscher wie Simon Fraser und Alexander Mackenzie hierher verirrt. Am 8. November 1883 stießen drei Bahnarbeiter bei der Goldsuche während der winterlichen Aussetzung der Gleisarbeiten auf heiße Schwefelquellen: die heutigen Cave and Basin Hot Springs.

Um den Erwerb von Besitzrechten daran bemühten sie sich vergebens, vielmehr erklärte die Regierung die Hot Springs Reserve im Jahr 1885 zum Schutzgebiet. Bereits zwei Jahre später wurde sie umgetauft in Rocky Mountains Park und bildete nun den dritten Nationalpark der Welt.

Das regierungsseitige Interesse am Nationalpark bezog sich nicht nur auf den Landschaftsschutz: Man spekulierte darauf, dass Besucherscharen die Region aufwerten und die Investitionen in die CPR teilweise wieder ausgleichen könnten. William Cornelius Van Horne, Vize-Präsident der Eisenbahngesellschaft, bemerkte lapidar: »Die Landschaft können wir nicht exportieren, wohl aber die Touristen hierher bringen.« Aus diesem Grunde initiierte er den Bau großer Hotels, als Vorgänger heutiger Paläste wie des Fairmont Banff Springs (S. 156), des Chateau Lake Louise und der Emerald Lake Lodge in Yoho (S. 161).

KLEINE PAUSE

Kleine Snacks und Kuchen, aber auch herzhafte Gerichte bekommen Sie in **Laggan's Mountain Bakery** in der Samson Mall (Juni bis 9. Okt. 7–19 Uhr).

✝227 E/F3
➥ Park: 9,80 $

Lake Louise Gondola
✉ Nahe Whitehorn Road, 0,8 km von Lake Louise Village
☎ 403 5 22 35 55 oder 1 877 9 56 84 73 ⊕ www.lakelouisegondola.com
🕐 Mitte Mai–Mitte Juni Mo–Fr 9.30–16,

Sa–So 9–16, Mitte Juni–Juli tägl. 9–17, Aug.–Anfang Sept. tägl. 9–18.30 Mitte/Ende Sept. tägl. 9.30– 16.30 Uhr ➥ 35,95 $

Lake Louise Visitor Centre
✉ neben der Samson Mall ☎ Parks: 403 5 22 38 33 ⊕ www.

pc.gc.ca/eng/pn-np/ab/banff/visit/visit1b.aspx
Tourismus:
☎ 403 7 62 84 21 ⊕ www.banfflakelouise.com
🕐 Mitte Okt.–April Do–So 9–16.30; Mai–Mitte Juni tägl. 9–17; Mitte Juni–Aug. tägl. 9–19; Sept.–Mitte Okt. tägl. 9–17 Uhr

Warte ein Weilchen

Die Bustouristen sind inzwischen fort, die Hotelgäste sitzen gerade beim Abendessen, am Moraine Lake kehrt endlich die lang ersehnte Stille ein. Der ganze Tag war verhangen. Es hat auch ein bisschen geregnet, das war enttäuschend für viele Besucher. Wer jedoch ausharrt, der kann letztendlich belohnt werden. Denn in nur wenigen Minuten kann sehr viel passieren. Wie ein gleißender Lichtspeer zum Beispiel, von der Sonne durch die scheinbar undurchdringliche Wolkendecke gejagt und den See wie ein Deckenstrahler ausleuchtend.

㊲ Jasper National Park

Warum?	Weil allein der Blick von dem mit der Skytram erreichbaren Whistler Mountain auf das Athabasca Valley und die Rocky Mountains den Besuch lohnt
Was?	Auf dem Maligne Lake nach Spirit Island schippern, tief in den Maligne Canyon blicken und in den Miette Hot Springs relaxen
Wie lange?	Drei Tage
Wann?	Für die schönsten Herbstfarben im September, für das schönste Türkis der Seen im Juli und August
Was noch?	Von Jasper (Ort) zum schönen Pyramid Lake hinauffahren und unterwegs Wapitis zählen
Resümee	Beim nächsten Mal mehr Zeit für diesen Park einplanen

Ein beliebter Tagesausflug ab Jasper führt zum Maligne Lake.

Mit fast 11 000 km² ist dieser Park so groß wie die anderen drei Nationalparks der kanadischen Rocky Mountains zusammen – und bei den Besucherzahlen rangiert er weit hinter dem Banff National Park. Die Landschaft sowie sein Hauptort Jasper sind ursprünglicher und ruhiger und atmen noch spürbarer den Geist der Pionierzeit. In puncto Natur und Freizeitangebot hingegen steht Jasper keineswegs hinter seinem Nachbarn Banff zurück.

Im Gegensatz zum relativ mondänen Banff (S. 134) ist Jasper ein eher hemdsärmeliger, von aktiven Einwohnern und Besuchern in Outdoor-Klamotten geprägter Ort. Die Szenerie ist zunächst weniger aufregend, da die Berge weiter entfernt liegen. Vor Ort erwartet den Gast wenig Sehenswertes (die Jasper Tramway Cable Car ausgenommen), dafür aber finden Sie einen angenehmen Ort zum Übernachten vor. Große Teile des Parks sind nur per Auto oder geführter Ausflugstour zugänglich, kurze Wanderwege gibt es weit weniger als im Banff National Park. Zu den Attraktionen gehören vor allem das Maligne Valley und die Thermalquellen Miette Hot Springs. Ein Dorado ist Jasper für Raftingfans, die hier alles vorfinden. Und gleich in der Nachbarschaft, 16 km von der westlichen Parkgrenze am Yellowhead Highway (Highway 16) entfernt, befindet sich mit dem Mount Robson (S. 154) der höchste Gipfel der Rocky Mountains.

Jasper

Namengeber der Stadt war Jasper Hawes, Angestellter der North West Company, der hier eine Handelsstation aufbaute. Der Ort, wie man ihn heute kennt, entstand erst vor gut 100 Jahren, als die Grand Trunk Pacific Railway den Erfolg der CPR durch den Bau einer eigenen transkanadischen Linie zu wiederholen suchte. Auch hier hatte man die Landschaft als Lockmittel für Besucher auserkoren, weshalb im Jahr 1908 der Jasper Forest Park gegründet wurde. Drei Jahre später legte man eine Zeltstadt auf dem Terrain der jetzigen Townsite an: Fitzhugh, benannt nach dem Vizepräsidenten der Gesellschaft, wurde umgetauft in Jasper. Im Jahr 1930 schließlich wurde der Jasper National Park eröffnet. Das heutige Jasper gruppiert sich um die Hauptverkehrsachsen Connaught Drive und Patricia Street. Dort findet man auch das exzellente Park Visitor Centre, die Chamber of Com-

Die spiegelglatte Wasserfläche des Patricia Lake

merce sowie Läden, Hotels und Restaurants. Maligne Tours, das ortsansässige Transportunternehmen (S. 161), residiert am Connaught Drive, gut 100 m südlich des Bahnhofs.

Einzige Attraktion im Ort selbst ist das Yellowhead Museum, das nüchtern einen Eindruck von der Geschichte von Stadt und Umgebung vermittelt. Schönster Spaziergang ist der Old Fort Loop östlich des Ortes (Auskunft beim Park Visitor Center).

Rund 6,5 km südlich des Städtchens wartet am Ende der Whistler Mountain Road, die vom Icefields Parkway abzweigt, eine Besonderheit: die Jasper Tramway. Im Sommer kommen die Fahrgäste in Scharen für einen Ausflug mit der Seilbahn – doch allein die Fernsicht von der 2300 m hoch gelegenen Bergstation ist eine kleine Wartezeit wert. Oben gibt es auch ein Restaurant, ein Info-Center und einen Wanderweg zum Whistler Mountain (2495 m), auf dem ein noch schönere Panoramablick lockt.

Auf dem Maligne Lake kann man eine Bootsfahrt unternehmen, Kajaks und Kanus ausleihen oder angeln.

Maligne Valley

Beliebtestes Ausflugsziel nahe Jasper ist das Maligne Valley. Auf knapp 50 km Länge führt die Maligne Lake Road durch dieses Tal, mit zwei bemerkenswerten Zwischenstopps: Maligne Canyon und Medicine Lake. Höhepunkt jedoch ist der Maligne Lake, der größte (und in den Augen vieler auch der schönste) See der Rockies. Wer seine Faszination wirklich auskosten möchte, beschränkt sich nicht auf eine Fahrt um das Gewässer, sondern entschließt sich zu einer kleinen Schiffstour. Da meist großer Andrang herrscht, bucht man am besten Tickets über Maligne Lake Boat Tours (S. 161).

Die Schlucht des etwa 11 km östlich von Jasper gelegenen Maligne Canyon grub einst der gleichnamige Fluss tief in den Felsen. Vom Parkplatz aus führt ein bequemer, etwa halbstündiger Weg hinab, gesäumt von Informationstafeln zur Entstehung des Canyons. Sein Name entstammt dem

Französischen und bedeutet »böse« – ein Epitheton, das ein belgischer Jesuitenpater dem Fluss nach einer Überquerung im Jahr 1846 verlieh. Da Pater de Smet als erfahrener Reisender angeblich an die 300 000 km zurückgelegt hatte, muss es wohl tatsächlich ziemlich übel gewesen sein.

32 km weiter treffen Sie auf den Medicine Lake mit unerklärlich stark schwankendem Pegel ohne oberirdischen Abfluss – Resultat sogenannter Schlucklöcher (einer Art unterirdischer Dränagen). Wie der unterirdische Komplex von Quellen und Kanälen im Kalkstein genau funktioniert, weiß man bis heute nicht. Die meisten Besucher streben jedoch schnell weiter zu der von Bergen und Wäldern gesäumten Pracht des Maligne Lake, wo man außer dem Parkplatz eine Betreuerstation, ein Restaurant und einen Kai vorfindet sowie mit dem Lake Trail einen Wanderweg (3 km) auf der Ostseite des Sees.

Maligne Falls im gleichnamigen Canyon

KLEINE PAUSE

Wer nach einer Wanderung Durst verspürt, kehrt in die **Jasper Brewing Co** ein. Das Bier ist mit Gletscherwasser gebraut und die Speisen sind gut (Jasper, 624 Connaught Dr, 11.30–1 Uhr).

✝226 C5

Parks Canada Information Centre
✉500 Connaught Drive, Jasper ☎780 8 52 6176 oder 780 8 52 6177 (Trail Office) ⊕www.pc.gc.ca/jasper ❶Mitte März–Mitte Mai tägl. 9–17, Mitte Mai–Mitte Juni 9–18, Mitte Juni–Mitte Sept. 8.30–19.30r, Mitte Sept. bis Okt. 9–17, Nov.–Mit-

te Dez. Fr–So 9–17 Uhr ✦frei

Tourism Jasper
✉500 Connaught Drive ☎780 8 52 62 36 ⊕www. Jasper.travel ❶Juli–Aug. tägl. 9–21, sonst tägl. 9–17 Uhr

Yellowhead Museum and Archives
✉400 Bonhomme Street ☎780 8 52 30 13 ⊕www.jaspermuseum.

org ❶Juni–Sept. tägl. 10–17, Okt.–April Do–So 10–17 Uhr ✦Spende

Jasper SkyTram
✉Whistler Mountain Road ☎780 8 52 30 93 oder 1 866 8 50 87 26 ⊕www.jasperskytram. com ❶Ende März–Ende Mai 10–17, Ende Mai–Ende Juni 9–20, Ende Juni–Anf. Sept. 8–21, Anf. Sept.–Okt. 10–17 Uhr ✦46,95 $

㊳ Yoho National Park

Warum?	Weil hier Wasserfälle talwärts donnern, Giganten gleich neben den Straßen himmelwärts ragen und man immer wieder den Kopf legen muss und einfach nur »Wow« sagt
Was?	Wenigstens einen der beiden ikonischen Seen umwandern und auf jeden Fall den Abstecher zu den Takakkaw Falls unternehmen
Wie lange?	Mindestens einen Tag
Wann?	Am besten zwischen 10 und 16 Uhr. Danach verschwindet die Sonne schon wieder hinter den Bergen
Was noch?	Auf dem Weg zum Emerald Lake die Natural Bridge, eine vom tosenden Kicking Horse River geschaffene Felsenpforte, besichtigen
Was nehme ich mit?	Dass sich das Cree-Wort »Yoho« wohl am besten mit »Wow« übersetzen lässt

Die Takakkaw Falls stürzen 256 m in die Tiefe.

Der Name dieses Nationalparks entstammt der Sprache der Cree und ist ein Ausdruck des Erstaunens oder der Ehrfurcht. Und diese überkommt den Besucher durchaus angesichts eines der majestätischsten Bergmassive der kanadischen Rocky Mountains, egal ob er sie als Wanderer erlebt oder »lediglich« von den herrlichen Straßen in den Tälern aus.

Der Trans-Canada Highway und die alte Trasse des Canadian Pacific Railway, die in Ost-West-Richtung dem Tal des Kicking Horse River folgen, teilen den Nationalpark in zwei Hälften. Im Herzen des Parks befindet sich als einzige Siedlung Field mit seinem Besucherzentrum. Von dort führen zwei Nebenstraßen zu einigen der schönsten Wanderwege – einer durch das Yoho Valley, der andere zum Emerald Lake. Kurzwanderwege und einige wenige Unterkünfte finden Sie am Trans-Canada

Der Yoho National Park, hier an der Emerald
Lake Road

Highway. Eine dritte Ausflugsoption eröffnet sich zum <u>Lake O'Hara</u> mit seiner wunderschönen Lodge und mehreren exzellenten Trails. Aufgrund des großen Andrangs ist die Zufahrt zur Lodge jedoch streng reglementiert.

Auf dem Steg liegende Kanus, die auf ihren Einsatz warten

Das Dörfchen Field

Wie Banff entstand auch Field während des Baus der Canadian Pacific Railway. Hier bauten die Eisenbahner im Jahr 1886 ihr erstes Hotel, verbunden mit der Einrichtung eines kleinen Schutzgebiets.

Im Jahr 1911 erweitert, entstand aus Letzterem der zweite Nationalpark des Landes. Die Eisenbahntrasse gehört heute noch zu den Sehenswürdigkeiten des Nationalparks, vor allem die <u>Spiral Tunnels</u>, etwa 7 km lange Wendetunnel östlich von Field. Dort kann man wunderbar beobachten, wie die Zugspitze schon wieder aus dem Berg heraustritt, während die letzten Waggons erst noch hineinfahren.

Field hat sich ein beschauliches Erscheinungsbild des 19. Jhs. bewahren können: ein bescheidenes »Frontierdorf«, überragt von den schneebedeckten Massiven des Mount Stephen und Mount Dennis.

An dessen Hängen ist, hoch über Field, die berühmte Schieferfossilien-Lagerstätte <u>Burgess Shale</u> zu besichtigen: Sedimentgesteinsschichten mit ungefähr 500 Mio. Jahre alten Fossilien von Weichtieren (rund 120 Arten), die eigentlich wegen ihrer Schalenlosigkeit für den Versteinerungsprozess nicht geeignet sind. Es gibt nur zwei weitere solcher Fundorte; dieser hier zählt zum Weltnaturerbe der UNESCO. Der Zugang ist allerdings reglementiert, am besten buchen Sie eine geführte Wanderung (Informationen: Visitor Center oder Tel. 1 800 3 43 30 06; www.burgess-shale.bc.ca).

Trans-Canada Highway

Reizvoll sind auch die Nebenstraßen des Trans-Canada Highways. Die erste, eine schmale Straße (nichts für Wohnmobile!), kommt von Lake Louise und führt rund 3 km östlich von Field nach Norden zum Yoho Valley. Nach etwa 15 km und diversen Haarnadelkurven erreichen Sie die Takakkaw Falls, mit 256 m Höhe einer der spektakulärsten Wasserfälle Kanadas. Vom Parkplatz gehen zahlreiche Wanderwege ab zu den Point Lace Falls (3 km einfach, kaum Steigung) und Laughing Falls (3,5 km einfach, 60 m Steigung).

Die attraktivste Tagestour bildet der Twin Falls Trail (8 km, einfach, 300 m Steigung), den Geübte mit dem Whaleback Trail (20 km Rundgang) verbinden können.

Die zweite Nebenstraße führt westlich von Field 8 km geradewegs nach Norden zum Emerald Lake – er ist sehenswert auch wegen der Emerald Lake Lodge (S. 161), dem hiesigen Pendant zu den Hotels Chateau Lake Louise und Banff Springs: Man kann sich in Bar und Restaurant stärken für leichte Wanderungen zu den Hamilton Falls (1,6 km Rundgang) oder auf dem Nature Trail um den See (5 km).

Rafting mit dem Schlauchboot auf dem Kicking Horse River

Anspruchsvoller sind die Wanderwege zum Emerald Basin (4,3 km, einfach, 252 m Steigung) und Hamilton Lake (5,5 km, einfach, 856 m Steigung).

KLEINE PAUSE

Köstliches Essen serviert das **Truffle Pigs Bistro** in Field. Und wer übernachten will, kann in der Lodge einchecken (www.trufflepigs.com, 100 Centre St, 7.30–21 Uhr).

✛ 225 D5

Park Visitor Centre
✉ Highway 1, 1,6 km östlich von Field
☎ 250 3 43 67 83

⊕ www.pc.gc.ca/yoho ❶ Mai–Mitte Juni tägl. 9–17, Mitte Juni–Aug. 8.30–19, Sept.–Mitte Okt. 9–17 Uhr, Rest des Jahres geschl. ➥ 9,80 $

➌➒ Kootenay National Park

Warum?	Weil es keiner der übrigen Nationalparks einem so leicht macht, die grandiosen Rocky Mountains aus allernächster Nähe zu erleben
Was?	Spazieren gehen, ein bisschen wandern, picknicken – und genießen
Wie lange?	Einen ganzen, langen Tag
Wann?	Am besten im Sommer, für das beste Licht September bis Anfang Oktober
Was noch?	Der Fototermin am Sinclair Canyon bei Radium Hot Springs, wo sich der Hwy. 93 durch eine nur wenige Meter breite Schlucht zwängt
Was nehme ich mit?	Der Kootenay National Park ist so großartig wie Banff und Jasper – nur mit viel weniger Touristen

An mangelndem landschaftlichem Reiz liegt es ganz bestimmt nicht, dass dieser Nationalpark weniger Besucher anzieht als seine drei Konkurrenten in den kanadischen Rockies. Obendrein lässt sich seine grandiose Bergwelt bequem von der Straße aus genießen.

Immerhin fast 3 Mio. Besucher zieht der Park alljährlich an. Dass es nicht noch mehr sind, liegt vermutlich daran, dass die meisten Touristen lieber auf dem Trans-Canada Highway durch den Yoho National Park fahren, obwohl sie es hier auf dem Kootenay- oder Banff-Windermere Parkway (Highway 93) fast genauso bequem hätten.

Der Park hat seinen Ursprung in der 1910 gebauten Verbindungsstraße zwischen Prärien und Häfen an der Westküste. Nach gut 20 km ging das Geld aus, weshalb man beiderseits der Route 8 km an die kanadische Regierung abtrat, die im Gegenzug die Finanzierung des Projekts sicherte. 1920 wurden dann 1406 km² als Nationalpark ausgewiesen.

Auf Schusters Rappen

Auch diesen Park können Sie als Sightseeing-Tour im Auto »abhaken«, lohnender ist allerdings, sich Zeit für die eine oder andere Wanderung zu nehmen. Erste Station aus Richtung Lake Louise ist der Vermilion Pass, wo der Fireweed Trail (1 km) durch eine Zone führt, die 1968 von Feuer heimgesucht wurde und sich allmählich regeneriert. 3 km südlich lockt der Stanley Glacier Trail (5 km, 366 m Steigung) mit schöner Sicht auf den gleichnamigen Gletscher.

Sehr leicht zu bewältigen ist der 1 km lange Wanderweg, der teils durch den Marble Canyon führt. Sie können ihn gut verbinden mit dem Trail zu den Paint Pots (»Farbtöpfe«) – einer Reihe Tümpel, die vom eisenhaltigen Wasser heißer Mineralquellen rötlich gefärbt sind.

Ein Wanderweg führt durch den Marble Canyon.

Im kleinen Weiler bei Vermilion Crossing findet man neben Laden und Tankstelle Unterkünfte und ein Besucherzentrum (nur im Sommer) mit Blick auf den Mount Verendrye. Als Aussichtspunkt lockt, kurz bevor die Straße bei den Radium Hot Springs den Park verlässt, der Kootenay Valley Viewpoint. Südlich davon, nahe den roten Felsen des Sinclair Passes, beginnt der Kindersley Pass Trail (9,5 km, Tagesausflug).

Kootenay ist benannt nach dem Stamm der Kootenai, die einst die Thermalquellen am Südende des Parks entdeckten. Heute ergötzen sich zahlreiche Badegäste in den Hot Springs Pools (9,55 $) kurz vor Radium Hot Springs. Beinahe geruchlos entspringt deren Wasser 44,5 °C heiß der Erde.

KLEINE PAUSE

Machen Sie ein zünftiges **Picknick** am Kootenay Valley Viewpoint oder am Ufer des Olive Lake.

✛ 225 D5/E4

Park Visitor Centre
✉ 7556 Main Street East, Radium Hot Springs ☎ 250 3 47 95 05, außerhalb

der Saison: 250 3 43 67 83
🌐 www.pc.gc.ca/kootenay
🕐 Mitte Mai–Mitte Okt. tägl. 9–17 Uhr ✦ frei

Nach Lust und Laune!

40 Mount Robson

Mit 3956 m ist der alleinstehende Mount Robson der höchste Berg der kanadischen Rocky Mountains und zugleich eines ihrer beeindruckendsten Massive, nicht zuletzt wegen der gewaltigen, rund 3000 m steilen Südwand.

Umgeben ist er vom Mount Robson Provincial Park, der an den Jasper National Park grenzt. Den schönsten Blick auf den Koloss haben Sie rund 90 km hinter Jasper vom Yellowhead Highway (Nr. 16). Zudem führt ein schöner Wanderweg, der Berg Lake Trail (22,4 km, einfacher Weg) zum See am Fuß des Bergs (komplett begehbar). Es ist die beliebteste Mehrtagesroute für Backpacker in den Rockies; unterwegs gibt es Campingplätze.

Tagesausflügler beschränken sich am besten auf das erste Drittel des Weges zum Kinney Lake (7 km). Achtung: Hier wartet Wildnis pur, sobald Sie das Besucherzentrum hinter sich lassen!

✣ 226 B5 ✉ Mount Robson Visitor Centre und Viewing Area, Hwy. 16 ☎ 250 5 66 40 38 🌐 www.env.gov. bc.ca/bcparks/explore/parkpgs/ mt_robson 🕐 Mai–Mitte Juni, Sept. tägl. 8–17, Mitte Juni–Aug. 8–19, Anfang–Mitte Okt. 9–16 Uhr; Mitte Okt.–April geschl.

Unterwegs auf dem Kinney Lake Trail

41 Head-Smashed-In Buffalo Jump

Streng genommen liegt dieser außergewöhnliche Schauplatz des Todes nicht in den Rockies, sondern in den Alberta Foothills unterwegs zum Waterton Lakes National Park. Er ist jedoch allemal den kleinen Umweg wert. Die aus der Prärie hervor ragende Felsklippe geht auf eine uralte Praxis der Ureinwohner bei der Büffeljagd zurück: In Ermangelung von Pferden kreisten sie die Tiere ein und trieben sie zu einer Felskante, über die sie unweigerlich hinabstürzten. Dort ließen sich die Kadaver dann bequem bis auf die Knochen ausweiden.

Der Name dieses Buffalo Jump geht wohl auf einen unerfahrenen Jäger zurück, der sich die Sache von

Eine Büffelbegegnung ...

unten besah, bis ihm die Büffel den Kopf zerschmetterten ... In ungefähr 10 000 Jahren entstand hier eine etwa 10 m tiefe Schicht aus Asche und Knochen, nunmehr Teil der Unesco-Weltkulturerbestätte, zu der auch ein gutes Besucherzentrum gehört.

✈ 228 B/C 2 ✉ Porcupine Hills, Hwy. 785, 18 km von Fort Macleod ☎ 403 5 53 27 31 ⊕ www.head-smashed-in.com ● 15. Mai–Labour Day tägl. 9–17, sonst 10–17 Uhr ✦ 15 $ 🍴 Café ($) 🚌 Regelmäßige Greyhound-Bus-Verbindung von Calgary nach Fort Macleod

42 Waterton Lakes National Park

Im Südwesten Albertas, nahe der Grenze zu den USA, liegt dieser etwa 523 km² große Nationalpark. Seiner bescheidenen Abmessungen (lediglich ein Achtel der Größe von Banff) und Randlage wegen wird er von den Besuchern der kanadischen Rocky Mountains im Allgemeinen links liegen gelassen, es sei denn, sie kommen aus Montana oder anderen nördlichen US-Bundesstaaten herüber. Die Anreise innerhalb von Kanada erfolgt am besten von Calgary auf dem Weg zum Banff National Park.

Mutter Natur ist hier nicht weniger bequem erlebbar als in den bekannteren Parks im Norden. Gute Tages- und Halbtagestouren bieten sich von Waterton aus an, dem einzigen Ort im Nationalpark. Zu den beliebtesten gehört der Waterton Lakeshore Trail (ca. 13 km) bis zur Grenze zu den USA.

Der Waterton Lakes National Park bildet gemeinsam mit dem Glacier National Park in Montana den Waterton-Glacier International Peace Park, seit 1995 Unesco-Weltnaturerbe. Sie können mit einem der täglich zwischen den beiden Parks verkehrenden Schiffchen auf die amerikanische Seite und zurück schippern, dürfen dabei aber keineswegs – es wird selbst hier noch streng kontrolliert – Ihren Reisepass vergessen.

Einzelheiten auch zu grenzüberschreitenden Wanderungen erfahren Sie im Besucherzentrum. Fahren Sie auf jeden Fall auch eine der Panoramastraßen ab, die beide in Waterton (Ort) beginnen.

✈ 228 B1 ✉ Entrance Road, Waterton Townsite ☎ 403 8 59 51 33 ⊕ www.pc.gc.ca/waterton ● Park: ganzjährig; Visitor Center: Mai–Ende Juni tägl. 9–17, Ende Juni–Aug. 8–19, Sept.–Mitte Okt. 9–17, sonst Mo–Fr 8–16 Uhr ✦ 7,80 $

Wohin zum ...
Übernachten?

Preise für ein Doppelzimmer pro Nacht
(ohne Steuern):

$	unter 100 CDN
$$	100–200 CDN
$$$	200–280 CDN
$$$$	über 280 CDN

BANFF

Banff Aspen Lodge $$ / $$$

Beliebte und stadtnahe Lodge mit zivilen
Preisen und herrlicher Sicht auf die Berge, auch von den meisten Zimmern aus.
Swimmingpool, Dampfraum, Sauna, Wä-
scherei und Internetzugang sind vorhanden. Im Zimmerpreis ist jeweils Continental Breakfast enthalten.
† 227 F2 ✉ 401 Banff Avenue, T1L 1A9
☎ 403 7 62 44 01, Reservierung:
1 877 8 86 88 57 ⊕ www.banffaspenlodge.
com

Buffaloberry Bed and Breakfast $$$

Schönes Haus mit allem erdenklichen Komfort. Vier geräumige Gästezimmer mit Bad,
Fußbodenheizung, Internetzugang, TV/DVD
und Musikanlage. Exquisiter Aufenthaltsraum
für die Gäste mit offenem Kamin und Patio
(wunderbarer Blick auf das Skigebiet des
Mount Norquay). Ein reichhaltiges und
exzellentes Frühstück ist im Zimmerpreis
inbegriffen.
† 227 F2 ✉ 417 Marten Street, T1L 1G5
☎ 403 7 62 37 50 ⊕ www.buffaloberry.com

Castle Mountain Chalets $$ / $$$

In einem der attraktivsten Teile des Nationalparks zwischen Banff und Lake Louise
gelegenes Ensemble von Hütten und Cha-
lets mit Schlafplätzen für vier bis sechs
Personen. Bestens ausgestattet mit Küchennische, manche mit Spülmaschine,
Whirlpool und Kamin.
† 227 F2 ✉ Bow Valley Parkway, nahe
Castle Junction, TL1 1B5 ☎ 403 7 62 38 68,
gebührenfrei 1 877 7 62 22 81 ⊕ www.castle
mountain.com

Fairmont Banff Springs $$$ / $$$$

Die Berühmtheit des 1888 von Stararchitekt
Bruce Price erbauten Hotels lässt zuweilen
seine Dimensionen vergessen: Es ist ein
Monstrum mit 764 Zimmern, von denen
durchaus nicht alle schönen Bergblick haben, stets jedoch ihren Preis – nächtigt
man hier doch im Bewusstsein, ein Stück
Historie unter dem Kopfkissen zu haben.
Das Fairmont liegt außerhalb der Ortschaft im Nirgendwo. Diese Einsamkeit
wird jedoch kompensiert durch größtmög-
lichen Komfort inklusive Mini-Bar, Telefon,
Fernseher und Kaffeemaschine. Auf den
Gast warten zudem Golf- und Tennisplatz,
Reitpferde, Fitnessraum und eines der
besten Spas der ganzen Gegend. Shuttle-
Busse bringen Skifahrer direkt zu den Lif-
ten in der Umgebung.
† 227 F2 ✉ 405 Spray Avenue, T1L 1J4
☎ 403 7 62 22 11, gebührenfrei
1 800 2 57 75 44 ⊕ www.fairmont.com

Rimrock Resort $$ – $$$$

Wenn Sie sich etwas gönnen wollen in Banff,
ist dieses moderne Hotel 2,5 km außerhalb
sicher eine gute Wahl. Es liegt nahe der
Banff Gondola (Shuttles von/nach Banff
gratis) inmitten einer herrlichen Landschaft.
Architektonisches Prunkstück ist die
Haupthalle mit riesiger Glasfront und
kolossalem Kamin; auch die 343 großzügigen Zimmer sind hervorragend ausgestattet. Der Gast kann sich zudem freuen auf
einen Indoor-Pool, Zimmerservice rund
um die Uhr, zwei Restaurants, Sauna, Mas-
sagen, Fitnessraum und Squashplatz.
† 227 F2 ✉ 300 Mountain Avenue, T1L 1J2
☎ 403 7 62 33 56, gebührenfrei
1 888 7 46 76 25 ⊕ www.rimrockresort.com

LAKE LOUISE

Fairmont Chateau Lake Louise $$$ / $$$$

Das Pendant zu den Fairmont-Hotels Banff
Springs und Jasper Park Lodge liegt im
Banff National Park und wird umgeben von
majestätischen Gipfel Banff National Park.
Es gibt 552 Zimmer, zahlreiche Freizeit-
möglichkeiten, einige sehr gute Restaurants und ein Luxus-Spa.

Lake Louise gehört zu den meist bestaunten Naturschönheiten. Hotel Fairmont Chateau liegt unmittelbar am Ufer dieses Moränenstausees.

✈ 227 E2 ✉ 111 Lake Louise Drive, Lake Louise, T0L 1E0 ☎ 403 5 22 35 11, gebührenfrei 1 866 5 40 44 13; ⊕ www.fairmont.com

Lake Louise Inn $$ – $$$$

Das Lake Louise Inn ist mit seinen fünf großzügigen Gebäuden immer noch die preiswerteste Unterkunft in und um Lake Louise. Freundliche, komfortable Zimmer in unterschiedlicher Preislage, darunter 27 mit Klimaanlage und 55 mit Küchennische. Indoor-Pool und andere Annehmlichkeiten sind ebenfalls vorhanden.

✈ 227 E2 ✉ 210 Village Road, Lake Louise Village, T0L 1E0 ☎ 403 5 22 37 91, gebührenfrei 1 800 6 61 92 37 ⊕ www.lakelouiseinn.com

Post Hotel & Spa $$$ / $$$$

Luxushotel in wunderbarer Tallage, preislich weniger atemberaubend als das exklusive Chateau Lake Louise. Das Angebot reicht von geräumigen Zimmern und Suiten bis zu Häuschen und großen Domizilen mit acht Betten, sämtlich mit Whirlpool im Bad, manche auch mit Kamin und Sitzgruppe, Balkon oder Terrasse. Die ruhigeren Zimmer gehen nach hinten hinaus und blicken auf Garten und Wälder, die vorderen haben eine fantastische Sicht auf die Berge. Das Spa ist ausgestattet mit allen Schikanen, das Restaurant im Haus genießt besten Ruf (S. 159).

✈ 227 F2 ✉ 200 Pipestone Road, T0L 1E0 ☎ 403 5 22 39 89 oder 1 800 6 61 15 86 ⊕ www.posthotel.com

JASPER

Alpine Village $$ – $$$$

Klassisches Ensemble von Blockhäusern (mit ein bis zwei Schlafzimmern) in herrlicher Umgebung, nur 2 km südlich von Jasper und mit Blick auf den Athabasca River und den Mount Edith Cavell. Stilvolle Interieurs, in traditionellem hellem Fichtenholzdesign gehalten.

✈ 226 C5 ✉ 93A Highway South, Jasper, T0E 1E0 ☎ 780 8 52 32 85 ⊕ www.alpinevillagejasper.com

Fairmont Jasper Park Lodge $$$ / $$$$

Das ehemalige Canadian Pacific Hotel, Pendant zu den Fairmont-Hotels Banff Springs und Chateau Lake Louise, liegt 5 km außerhalb des Orts am Lac Beauvert inmitten idyllischer Natur und ist eigentlich ein eigenständiges Resort Village, das kürzlich renoviert wurde. Etwa 340 Zimmer (modern oder im Landhausstil), Golfkurs, Tennisplätze, Reitstall, Bootsverleih, Anglerequipment, sechs Restaurants, beheizter Outdoor-Swimmingpool und Fitnessraum.

✢ 226 C5 ✉ 1 Old Lodge Road, T0E 1E0 ☎ 780 8 52 33 01, gebührenfrei 1 866 5 40 44 54 ⊕ www.fairmont.com

Wohin zum ... Essen und Trinken?

Preise für ein Drei-Gänge-Menü (ohne Getränke und Service):

$	unter 50 CDN
$$	50–100 CDN
$$$	über 100 CDN

BANFF

Eden $$$

Das Restaurant im Rimrock Resort bietet beste kanadische »regional cuisine«. Wer das kulinarische Spektrum ganz ausschöpfen möchte, bestellt das zehngängige »Grand-Degustation«-Menü; dazu gibt es preisgekrönte Weine, tadellosen Service und superbe Ausblicke.

✢ 227 F2 ✉ Rimrock Resort, 300 Mountain Avenue, Banff, T1L 1J2 ☎ 403 7 62 18 40, gebührenfrei 1 888 7 46 76 25 ⊕ www. rimrock resort.com/eden.html ❶ Mi–So 18–21.30 Uhr

Juniper Hotel Bistro $$ / $$$

West Coast Cuisine ist Trumpf im auch »Muk-a-muk« (Chinook-Wort für Fest) genannten Bistro des Juniper Hotels. Zu den Spezialitäten des Lokals gehören Bison-Stew und eine aparte Platte mit Elch-Pastrami, Bison-Wurst mit Whisky, kandiertem Lachs, Artischocken, Oliven, Chutney und Pickles. Abends bieten sich an: Tomatensuppe mit Bio-Gin (Juniper!) oder ein Fischeintopf mit Jakobsmuscheln, Wildlachs, Heilbutt, Garnelen und Pfahlmuscheln in einer leichten Fenchel-Tomaten-Brühe.

✢ 227 F2 ✉ 1 Juniper Way (Mount Norquay Road), Banff, T1L 1E1 ☎ 4 03 7 63 62 19, gebührenfrei 1 844 3 70 56 19 ⊕ www.the juniper.com ❶ Mai–Okt. 7–22, Nov.–April 7.30–21 Uhr

Traditionell und beliebt: saftige Bison-Steaks

Maple Leaf Grille & Spirits $$ / $$$

Traditional Canadian Cuisine? Die gibt es tatsächlich, und zwar hier in zeitgemäßer Form und mit ausgezeichneten Zutaten: Filet vom Bison mit deftigem Räucherspeck, Blauschimmelkäse aus Québec mit Rotwein oder Ente vom Brome Lake mit Vanilleschoten-Risotto und einer Sauce aus Rhabarber und geschmortem Ingwer. Zum Lunch serviert man Wild (Hirsch oder Reh, Bison und Ente), Bison Stroganoff oder Salt-Spring-Island-Muscheln in Sake, Kokos und Ingwer gedünstet. Auch der Brunch hier hält manch angenehme kulinarische Überraschung bereit.

✢ 227 F2 ✉ 137 Banff Avenue, T1L 1C8 ☎ 403 7 60 76 80 ⊕ www.banffmapleleaf. com ❶ tägl. 11–15 und ab 17 Uhr

Saltlik $$ / $$$

Wunderbares modernes Restaurant mit klassischen Alberta-Gerichten – vor allem saftige Steaks, aber auch Fisch und Meeresfrüchte. Kleine Mahlzeiten gibt es, falls das Hauptrestaurant geschlossen ist, auch in der gemütlichen Bar nebenan.

✢ 227 F2 ✉ 221 Bear Street, T1L 1B3 ☎ 403 7 62 24 67 ⊕ www.saltlik.com ❶ tägl. 11.30–2 Uhr

Silver Dragon $ / $$

Chinese (mit Filiale in Calgary, Chinatown), der eine exzellente Melange von Kanton-

und Pekinggerichten serviert. Tagsüber hat man von den Tischen am Fenster einen herrlichen Blick auf die Berge, während Peking-Ente, scharfes Rindfleisch mit Ingwer oder frischer Schellfisch auf der Zunge zergehen. In den Sommermonaten wird auch im Innenhof serviert. Essen auch zum Mitnehmen.

✢ 227 F2 ✉ 109 Spray Ave., T1L 1C4
☎ 403 7 62 39 39 ❶ tägl. 11.30–22 Uhr

LAKE LOUISE

Laggan's Mountain Bakery and Deli $

Gutes Deli für den Imbiss zwischendurch mit einer ordentlichen Auswahl an Suppen, Sandwiches, Bagels und Salaten sowie köstlichem Gebäck. Dazu gibt es diverse Kaffeespezialitäten. Hier lässt sich ausgezeichnet ein wahres Festmahl als Picknick zusammenstellen.

✢ 227 E2 ✉ Samson Mall, Lake Louise, TOL 1EO ☎ 403 5 22 20 17 ❶ Juni–Okt tägl. 6.30–19, sonst 7–18 Uhr

Lake Louise Station $–$$$

Einnehmendes Lokal im ältesten und schmucksten Gebäude der Stadt, dem alten Bahnhof von 1909. Dazu gehört sogar ein historischer Speisewagen (»The Delamere«), in dem es etwas vornehmer zugeht als im »Bahnhofsrestaurant«. Mit Lachs in Kräuterkruste, Burgern, Caesar Salad, Steaks und Büffelfleisch serviert man hier typische West-Coast-Gerichte. Es gibt außerdem noch eine Lounge Bar, bei schönem Wetter mitunter ein Barbecue im Garten.

✢ 227 E2 ✉ 200 Sentinel Road, TOL 1ED ☎ 403 5 22 26 00 ⊕ www.lakelouisestation. com ❶ Bahnhof: tägl. 11.30–22 Uhr (Tagesmenüs), Speisewagen: Fr, Sa 18–21 Uhr

Post Hotel $$$

Bei einer der führenden Gourmet-Adressen der Rocky Mountains wird der Gast verwöhnt mit einer Mischung aus europäischen, kanadischen, kalifornischen und asiatischen Elementen: So findet man neben Alberta Beef, Foie gras und englischer Erbsensauce frische Jakobsmuscheln auf Jicamawurzeln oder Jasminreis mit einer Salsa aus Paprika, Mango und Korianderöl. Im Keller schlummern etwa 850 verschiedene Weine.

✢ 227 E2 ✉ 200 Pipestone Road, TOL 1ED ☎ 403 5 22 39 89, gebührenfrei 1 800 6 61 15 68 ⊕ www.posthotel.com ❶ tägl. 11.30–14 und 17–21.30 Uhr

JASPER

Bear's Paw Bakery $

Ein gemütliches und beliebtes Café mit gesunder hausgemachter, gut zubereiteter Kost. Sehr zu empfehlen ist auch Coco's Café (608 Patricia Street; http://cocoscafe.ca).

✢ 226 C5 ✉ 4 Pyramid Rd., TOE 1EO ☎ 780 8 52 32 33 ⊕ www.bearspawbakery. com ❶ tägl. 6–18 Uhr (im Spätsommer)

Syrahs of Jasper $$ / $$$

Paradies für Gourmets und Weinkenner: Zwischen alten Weinfässern und bei gedämpftem Licht werden hier raffinierte Rezepte aus aller Welt mit den passenden Weinen gepaart. Nicht umsonst wurde der Weinkeller des Syrah of Jasper mit dem begehrten Wine Spectator Award of Excellence ausgezeichnet. Renner auf der Speisekarte sind Schwertfisch aus Alaska und die vegetarischen Gerichte.

✢ 226 C5 ✉ 606 Patricia Street, TOE 1EO ☎ 780 8 52 45 59, gebührenfrei 1 877 2 32 63 97 ⊕ http://syrahsofjasper. com ❶ Dinner tägl. ab 17.30 Uhr

Villa Caruso $$–$$$

Angesagte Adresse für Fleischliebhaber, außer Rind kommen aber auch Fisch und Holzofen-Pizza auf den Tisch. Die wunderbaren Steaks werden effektvoll in der offenen Küche gebrutzelt.

✢ 226 C5 ✉ 2. Stock, 640 Connaught Drive, TOE 1ED ☎ 780 8 52 39 20 ⊕ www. villacaruso.com ❶ tägl. Frühjahr–Herbst 11–24, Winter 15–23 Uhr

YOHO

Truffle Pigs Bistro $$ / $$$

Das »Trüffelschwein«-Bistro in der Kicking Horse Lodge ist gewissermaßen konkurrenzlos im Yoho National Park, da es in der Gegend kaum andere Lokale gibt. Dennoch werden Frühstück, Mittag- und Abendessenl hier sorgsam aus regionalen und bevorzugt biologischen Zutaten zubereitet, wobei man sogar auf spezielle Diätwünsche Rücksicht zu nehmen versucht. ✈ 225 D5 ✉ 100 Centre Street, Trans-Canada Highway, Field, V0A 1G0 ☎ 250 3 43 63 03 ⊕ www.trufflepigs.com ◑ tägl. 11–21, in der Hochsaison auch Frühstück 7.30–10.30 Uhr

Wohin zum ... Ausgehen?

KULTURELLES

Musik, Theater, Tanz und andere kulturelle Veranstaltungen in Banff finden vorwiegend im **Banff Centre**, St. Julien Road (Tel. 403 7 62 61 00; www.banffcentre.ca) statt, das alljährlich in den Sommermonaten auch das renommierte **Banff Festival of the Arts** ausrichtet.

NACHTLEBEN

In Banff haben Restaurants und Bars oftmals bis spätabends geöffnet, so **Elk and Oarsman** (119 Banff Avenue; Tel. 403 7 62 46 16; www.elkandoarsman.com) und **Rose and Crown** (202 Banff Avenue; Tel. 403 7 62 21 21; www.roseandcrown.ca), wo es Livemusik und Tanz gibt (meistens Do–Sa). Für Filmfreunde existiert das **Lux Cinema** (229 Bear Street; Tel. 403/ 762-8595); außerhalb der Ortschaft jedoch ist nachts tote Hose.

In **Lake Louise** empfehlen sich die **Bars und Lounges** der Hotels, wobei die Post vor allem im **Post Hotel** (200 Pipestone Road; Tel. 403 5 22 39 89) und **Lake Louise Inn** (210 Village Road; Tel. 403 5 22 37 91) abgeht.

Ähnlich sieht es in **Jasper** aus, wo es im **Athabasca Hotel** (510 Patricia Street; Tel. 780 8 52 33 86) am Abend häufig **Tanz und Livemusik** gibt.

EINKAUFEN

Die Rocky Mountains sind ein Natur-, kein Shoppingparadies, es gibt kaum Einkaufmöglichkeiten außerhalb von Banff. In der Ortschaft selbst findet man zahllose Läden mit Freizeitkleidung und -ausrüstung, die meisten an der Banff Avenue und in den angrenzenden Straßen. Eine große Auswahl an Büchern führt **Mooseprint Books** (208 Buffalo St.; Tel. 403 7 62 33 55, www.mooseprint.com).

Ein paar Geschäfte hat auch Lake Louise Village aufzuweisen, vor allem in der zentralen **Samson Mall** (die kaum eine echte Mall ist). Im besten Outdoor Store des Ortes, **Wilson Mountain Sports** (Samson Mall, 201 Village Rd., Tel. 403 5 22 36 36; www.wmsll.com), kann man Kleidung und Ausrüstung wie Zelte und Fahrräder nicht nur kaufen, sondern auch leihen und reparieren lassen.

Leihen und kaufen kann man in Jasper derartiges bei **On-Line Sports & Tackle** (600 Patricia Street; Tel. 780 8 52 36 30).

TOUREN

Einer der ältesten und auch größten Veranstalter im **Banff National Park** ist **Brewster Transportation** (Tel. 1 866 6 06 67 00; www.brewster.ca) mit Bussen und Ausflügen zu

Bei Trailritten wachsen Ross und Reiter zu einem gut eingespielten Team zusammen.

Herausforderungen für Mountainbiker

den Columbia Icefields von Banff, Lake Louise und Jasper aus. Sein Pendant in Jasper ist **Maligne Lake Boat Tours** (Tel. 780 8 52 33 70, gebührenfrei 1 866 6 25 44 63; www.malignelake.com) mit Touren zum Maligne Lake, Schiffsfahrten, Wildwasser-Rafting, Ausritten, geführten Wanderungen und Angelausflügen.

In Banff organisieren **Lake Minnewanka Boat Tours** (Tel. 403 7 60 50 07; www.bannff-tours.com) Bootsfahrten auf dem gleichnamigen See.

OUTDOOR-AKTIVITÄTEN

Neben organisierten Touren der Veranstalter können Sie in den Rocky Mountains eine Menge auf eigene Faust unternehmen – beispielsweise die Gegend per Mountainbike erobern. In Banff und Jasper sind zahlreiche Fachgeschäfte vorhanden, die Fahrräder stunden-, tage- oder wochenweise verleihen.

Auch das Glück **auf dem Rücken der Pferde** ist leicht zu haben, ob nun für eine Stunde oder bis zu zwei Wochen. Zu den Veranstaltern gehören **Banff Trail Riders** in

Banff (Tel. 403 7 62 45 51, gebührenfrei 1 800 6 61 83 52; http://horseback.com), **Emerald Lake Lodge** in Yoho (Tel. 250 3 43 63 21) oder **Skyline Trail Rides** in Jasper (Tel. 780 8 52 42 15, gebührenfrei 1 888 8 52 77 87; www.skylinetrail.com).

Freunde des Wildwasser-Raftings kommen auch auf ihre Kosten – ob gemächlich auf dem Bow River in Banff oder rasant in den schäumenden Fluten des Kicking Horse Canyon. Erkundigen Sie sich bei **Wild Water Adventures** in Lake Louise (Tel. 403 5 22 22 11, gebührenfrei 1 888 6 47 64 44; www.wildwater.com), in Jasper, wo die Auswahl am breitesten gefächert ist, bei **Jasper Raft Tours** (Tel. 780 8 52 26 65, gebührenfrei 1 888 5 53 56 28; www.jasperrafttours.com) und **Whitewater Rafting** (Tel. 780 8 52 72 38, gebührenfrei 1 800 5 57 72 38; www.whitewater raftingjasper.com).

Golf spielen kann man auf dem Banff Springs Golf Course und in der Jasper Park Lodge, die auch Ausrüstung verleihen.

Gleiches gilt in den meisten Nationalparks für Angler, in Banff beispielsweise bei **Alpine Anglers** (Tel. 403 7 60 11 33; www.alpineanglers.com). Schwimmbäder existieren in Jasper und Banff.

Aufstrebendes und pulsierendes Calgary – hier die
Stahlskulptur »Trees« im Bankenviertel

Calgary

Angesagte Restaurants, hiesige Designer und ein gutes Nahverkehrssystem: Calgary ist mit Vancouver fast auf Augenhöhe.

Seite 162–185

Erste Orientierung

Zwischen den Weiten der Prärien und den Rocky Mountains erhebt sich mit Calgary, als Phalanx glitzernder Türme und Wolkenkratzer, eine der modernsten Großstädte Nordamerikas. Ende des 19. Jhs. buchstäblich aus dem Nichts entstanden, konnte sie ab den 1970er-Jahren vom Boom in der Gas- und Ölindustrie profitieren, von deren einträglichen Geschäften moderne Kathedralen aus Glas und Stahl in Downtown Zeugnis ablegen.

Zunächst Jagdrevier der Blackfoot-, Sarcee- und Stoney-Stämme, wurde Calgary später Viehzüchterstadt – bis heute ist Rindfleisch ein wichtiger Wirtschaftsfaktor. Heute lässt besonders die Calgary Stampede die Cowboy-Vergangenheit wieder aufleben, während die Kultur der »First Nations« im hervorragenden Glenbow Museum höhere museale Weihen erfuhr.

Das Museum allein ist schon einen Besuch wert – denken Sie bei der Reiseplanung daran, denn viele betrachten Calgary primär als Ausgangsbasis zur Weiterfahrt in die Rockies: Schon nach etwa neunzig Autominuten erreicht man vom Flughafen aus das Städtchen Banff im Schatten hoher Berggipfel.

Widerstehen Sie also (erst einmal) dem verführerischen Sirenengesang der Rocky Mountains und widmen Sie sich ein paar Tage lang dieser unprätentiösen und sympathischen Stadt.

TOP 10
4 ★★ Calgary Tower
5 ★★ Royal Tyrrell Museum

Nicht verpassen!
43 Glenbow Museum
44 Eau Claire Market

Nach Lust und Laune!
45 Fort Calgary
46 Calgary Zoo
47 TELUS Spark. The New Science Center

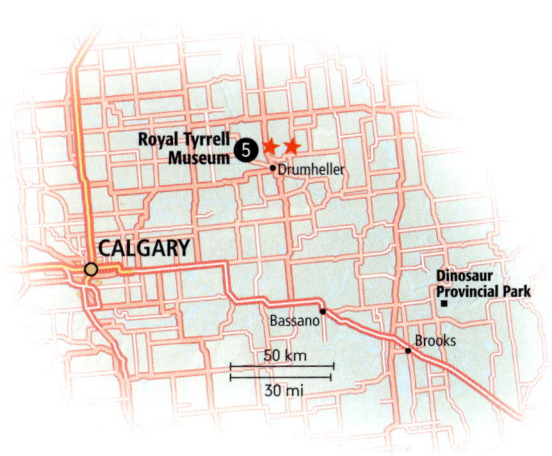

500 m
500 yd

Edmonton Trail

BRIDGELAND

TELUS Spark 47

Eau Claire Market

2nd Ave

3rd Ave

2nd St W

Centre St

4th Ave
5th Ave
6th Ave

NTOWN

Ave

Glenbow Museum 43

9th Ave

Fort Calgary 45

Calgary Zoo 46

Bow River

4 ★★
Calgary Tower

1st St W

11th Ave
12th Ave

IGLEWOOD

Royal Tyrrell Museum 5 ★★
•Drumheller

CALGARY ◯

Dinosaur Provincial Park ■

Bassano

•Brooks

50 km
30 mi

Mein Tag
in Calgary

Cowtown war mal. Mit der Calgary Stampede schmeißt die Stadt zwar immer noch eine der größten Partys in Nordamerika. Doch mit Strohballen und Cowboyhüten assoziiert wird Calgary nicht mehr. Und auch nicht länger mit konservativen Ölbaronen, die in ihren Bürotürmen Dollarmilliarden hin und her schieben. Auf einer Shoppingtour durch Bridgeland und Ingleton lernt man das neue, lebensfrohe Calgary kennen!

8.30 Uhr: Frühstück oder Brunch, das ist die Frage!

Brunch, die so üppige wie gesellige und weit bis in den frühen Nachmittag reichende Mahlzeit, die Frühstück mit Mittagessen kombiniert, wird in Kanada immer beliebter. In Calgary natürlich auch, beispielsweise im Blue Star Diner (809 1st Ave. NE, Bridgelane, Tel. 403 2 6 99 98, tägl. 8–23 Uhr.) – Calgarys Frühstücksinstitution. Die Schlange davor reicht oft bis auf die Straße hinaus. Der Versuchung, in dieser schönen Frühstückskneipe in Bridgeland, dem früheren Arbeiterviertel am Bow River, hängen zu bleiben, sollten Sie jedoch widerstehen, wenn Shopping angesagt sein sollte – und zwar nicht in den Malls in

10.30 Uhr: Inselhüpfen mitten in Calgary

9.30 Uhr: Lebendige Nachbarschaften

BRIDGELAND

Start

1st. Ave NE

Bridgeland Market

9.30 Uhr

Blue Star Diner

8.30 Uhr

8.30 Uhr: Frühstück oder Brunch, das ist die Frage!

George C. King Bridge

St. Patrick's Island

Elbow River

10.30 Uhr

DOWNTOWN

18 Uhr

Studio Bell National Music Centre

9the Ave SE

St. George's Island

Espy

Cody & Sioux

Ende

Lauren Bagliore Concept Shop

Kent of Inglewood

12 Uhr

Moonstone Creation

28 Blankets

9the Ave SE

IGLEWOOD

Bow River

9the Ave SE

200 m
200 yd

18 Uhr: Eintauchen in die Musikszene

12 Uhr: Shopping in Inglewood

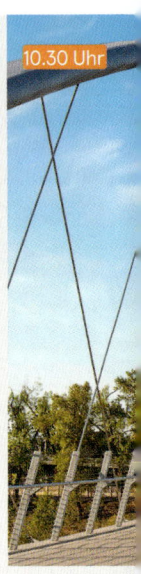

Die George C. King Bridge verbindet die Viertel von East Village im Süden und Bridgeland im Norden.

Downtown, sondern in den kleinen Indie-Läden der Viertel im Nordosten der Stadt.

9.30 Uhr: Lebendige Nachbarschaften

Seit seiner Gründung durch deutsche Immigranten als »Germantown« hat Bridgeland seine Kleinstadtatmosphäre bewahren können. Bestes Beispiel ist der Bridgeland Market (1104 1 Ave. NE, Tel. 403 2 69 23 81) an der alten Hauptstraße. Alles, was Sie hier finden, vom Aufschnitt über den frischen Ziegenkäse bis hin zum Truthahn stammt von Bio-Bauern aus der Umgebung oder aus eigener Produktion!

10.30 Uhr: Inselhüpfen mitten in Calgary

Ein paar Blocks weiter südlich überquert die George C. King Bridge, eine schöne neue Fußgängerbrücke, den Bow River und landet dabei auch auf St. Patricks Island, einem beliebten Naherholungsziel der Calgarians. Das Südufer gehört bereits zum East Village.

Machen Sie auf der 9 Avenue SE einen kurzen Abstecher Richtung Downtown, um sich das neue Studio Bell mit dem National Music Centre anzuschauen (850 4th St., SE Ecke 9th Ave., Tel. 403 5 43 51 15, Mi–So 10–17 Uhr, www.studiobell.ca, Eintritt 18 $). Neben Studios und Konzerträumen – gut möglich, dass

9.30 Uhr

Oben: frische Pilze auf dem
Bridgeland Market
Links: Die George C. King
Bridge überquert den Bow
River.

abends ein Rockkonzert stattfin-
det – beherbergt das spektakuläre
Gebäude wunderbare Ausstellungen zur kanadischen Musikindus-
trie und Popmusik.

Ab 12 Uhr: Shopping in Ingle-wood

Fürs Mittagessen bietet sich das
Without Papers an (9th Ave. SE,
Inglewood, Tel. 403 457 1154, Mo–
Do 11–20, Fr–Sa 11–1, So 12–21 Uhr),
hier treffen sich die Nachbarn bei
einer leckeren, knusprigen Pizza
aus dem Steinofen. Gehen Sie ein
Stück weit auf der 9th Ave. SE wieder zurück und überqueren Sie den
Elbow River. Die alte Brücke, ein
beliebtes Objekt hiesiger Graffiti-

Künstler, begrüßt Sie unübersehbar
mit dem Namen des Viertels. Inglewood wurde um die 9th Avenue,
einstmals Calgarys Hauptstraße,
herum gebaut. Während dieser
rund 140 Jahre entwickelte es sich
von einem Frontier-Nest zu einem
Industriegelände und dieser Tage
zu einem aparten, noch immer
kleinstädtisch geprägten Viertel
mit angesagten Restaurants, tollen
Galerien und netten kleinen In-
dependentshops, die alles haben,
was die große Konkurrenz nicht im
Sortiment hat.

Bleiben Sie nun auf der 9th
Avenue. Hier gibt es Läden für den
ganzen Nachmittag. Hier seien nur
ein paar Beispiele erwähnt: 28 Blan-

Studio Bell ist die Heimat des
National Music Centre. Hier
erfahren Sie alles über Musik.

kets (Nr. 1317) führt handbestickte
Tagesdecken, handgewebte Läufer
und andere schöne Accessoires für
die Inneneinrichtung. Cowboys
und -girls zeitgemäß einzukleiden
hat sich Cody & Sioux (Nr. 1226B)
auf die Fahnen geschrieben. Espsy
(Nr. 1009) ist bekannt für seine fach-
kundige Beratung – und natürlich
seine urbane Fashion für junge und
jung gebliebene Stadtmenschen.
Kent of Inglewood (Nr. 1319) wiederum ist ein Shop für Männer: Stilsicher gekleidete Verkäufer mit
Schnurrbärten beraten beim Kauf
von allem, »was ein echter Mann«
so alles braucht: Taschenmesser,
Feuchtigkeitscremes, Axt, Fernglas,
Landkarte usw. Und alles vom Al-
lerfeinsten – das versteht sich von
selbst. An die Dame wird auf der
9th Avenue allerdings noch mehr
gedacht. Zum Beispiel im Lauren
Bagliore Concept Shop (Nr. 917). Die

Shoppen auf der 9th Avenue (oben und unten), vielleicht einen Cowboy-Hut (rechts)?

aus Calgary gebürtige Modedesignerin stellt hier ihre eleganten Unikate aus. Und bei Moonstone Creation (Nr. 1219) können Sie Kunsthandwerk der First Nations erwerben.

18 Uhr: Eintauchen in die Musikszene

Ehe Sie sich versehen, wird es Abend sein. Nach einem Abendessen bietet Inglewoods quirlige Barszene vor allem klassische Pubs und einige Musikkneipen, in denen es beinahe jede Nacht Live-Acts gibt. Oder aber Sie gehen nochmals zurück zum Studio Bell, wo fast täglich Top-Bands und großartige Musiker ihren Auftritt haben.

❹ ★★ Calgary Tower

Warum?	Weil man von hier aus zum ersten – oder letzten – Mal die fantastischen Rocky Mountains sieht
Was?	Der Rundumblick über die endlose Prärie, die Stadt und die Rockies, und natürlich der Glasboden
Wie lange?	Wenigstens eine Stunde
Wann?	Am späten Nachmittag ist das Licht am schönsten
Was noch?	Im Sky 360 ein gutes Steak aus Alberta verspeisen

Der Calgary Tower zählt zu den ikonischsten Bauwerken der Stadt, auch wenn ihm seither immer wieder noch höhere Gebäude den Rang streitig machen. Er bietet nach wie vor unvergessliche Rundblicke über Stadt und Umland – an klaren Tagen sieht man bis zu den Rocky Mountains.

Bis heute wirkt der 191 m hohe Turm wie das Symbol einer auf Öl basierenden Dynamik und Wirtschaftskraft. Mittlerweile hat sich deren Fokus allerdings verlagert, was auch ihn selbst samt seiner unmittelbaren Umgebung in Downtown ein wenig in den Schatten geraten ließ. Und neuere Bürotürme, wie das 2012 eröffnete The Bow (236 m), setzen heute markantere Akzente in der Skyline.

Doch keine Sorge: Der Ausblick von seiner Observation Gallery ist heute nicht weniger eindrucksvoll, reicht er doch bis zu den schneebedeckten Rockies. 2005 wurde dieses Erlebnis noch gesteigert durch den Einbau eines Glasbodens in die Aussichtsplattform: Dort kann man beim Blick in 160 m Tiefe das Gefühl genießen, man schwebe in der Luft.

KLEINE PAUSE
Oben in der Turmkanzel lockt das Drehrestaurant **Sky 360** (Tel. 403 5 32 79 66; www.sky360.ca).

 ✚219 B3
✉101 9th Avenue SW ☎403 2 66 71 71
🌐www.calgarytower.com ❶Juli–
Aug. tägl. 9–22, sonst 9–21 Uhr ♥18 $

🍴Drehrestaurant und Steak House im Turm ($$ / $$$) 🚋C-Train bis Centre Street 🚌433

Schwindelerregend: der Blick in die Tiefe vom
Glasboden des Calgary Tower

❺ ★★ Royal Tyrrell Museum

Warum?	Weil dies eines der besten und modernsten Dino-Museen der Welt ist
Was?	35 rekonstruierte Dino-Skelette, Baby-Dinosaurier und Dino-Nester, interaktive Experimente und Einblick in die Forschungsarbeit hinter den Kulissen
Wann?	Das ganze Jahr hindurch
Was noch?	An einer von Paläontologen geführten Tour durch die Badlands hinter dem Museum teilnehmen
Was nehme ich mit?	Dino-T-Shirts für die Lieben daheim

Parade von furchterregenden Dinosauriern im Royal Tyrrell Museum

Das 140 km östlich in Drumheller liegende Royal Tyrrell Museum ist ein guter Grund für einen Ausflug in die Canadian Badlands: Es ist eines der populärsten Museen im gesamten Westen Kanadas.

Es ist nicht nur das Thema Dinosaurier, dem das Royal Tyrrell Museum seine Beliebtheit verdankt. Es profitiert auch von der Lage in den Canadian Badlands, einer semiariden Mondlandschaft, mit kargen, sonnengebackenen Hügeln, Lehmfurchen und Kalkstein-Hoodoos.

Die Badlands sind das Alter Ego der weltberühmten Nationalparks in den Rockies und einer der weltweit ergiebigsten Fundorte für Dinosaurierfossilien. So gehen hier drei Sehenswürdigkeiten der Provinz eine schöne Verbindung ein: das Royal Tyrrell Museum, das sich den Saurierfunden widmet; der Dinosaur Provincial Park (www.albertaparks.ca/dinosaur.aspx), UNESCO-Weltnaturerbe und Fundort vieler Museumsobjekte, und der Dinosaur Trail, der als 52 km langer Rundweg von Drumheller aus Highlights streift.

Hoodoos, geologische Formationen nahe dem Royal Tyrrell Museum

Höhepunkt ist das Museum in der wüstenhaften Landschaft am Stadtrand von Drumheller. Es wurde nach Joseph Tyrrell benannt, der 1884 einen Albertosaurus entdeckte.

Die Gebäude des Museums besitzen 35 vollständige Skelette, der weltgrößte Bestand in einem Museum. Unnachahmlich präsentiert, stehen sie im Zentrum ergänzender Exponate. Unter den Skeletten finden sich der erwähnte Albertosaurus und der Tyrannosaurus rex, aber auch ausgefallenere Arten wie der Raubfisch Xiphactinus mit gegabelter Schwanzflosse sowie der Flugsaurier Quetzalcoatlus.

Besucher erfahren Interessantes über die Schiefer-Fossilienlagerstätte Burgess Shale oder können im »Paleo-Conservatory« prähistorische Pflanzen bewundern.

KLEINE PAUSE

Nach einem langen Tag im Museum sind die Burger, Salate und Milchshakes im **Bernie & The Boys Bistro** im nahe gelegenen Drumheller eine gute Stärkung (305 4 St West, Di–Sa 11–0.30 Uhr).

✠228 C5 ✉6,5 km nordwestlich von Drumheller ☎403 8 23 77 07, gebührenfrei 3 10 00 00 in Alberta, 1 888 4 40 42 40 in Nordamerika ⊕www.tyrrellmuseum.com ❶Mitte

Mai–Aug. tägl. 9–21, Sept. tägl. 10–17, Okt.–Mitte Mai Di–So 10–17 Uhr ✦19 $ 🍴Museumscafé ($) 🚌Greyhound-Busverbindung bis Drumheller

⑬ Glenbow Museum

Warum?	Dieses Museum ist ein Schlüssel zum Verständnis dieses noch immer jungen Landesteils
Was?	Permanente, First Nations und weiße Pioniere dokumentierende Ausstellungen und oft gewagte Wanderausstellungen bis zu den Grenzen der Wahrnehmung
Wie lange?	Mindestens ein Nachmittag
Wann?	Jederzeit
Was noch?	Calgarys kleine Meerjungfrau, eine Nachbildung der weltberühmten Meerjungfrau in Kopenhagen, besuchen (120 9th. Ave. SE)
Was nehme ich mit?	Inspiration für die weitere Reise!

Stürzen Sie sich kopfüber von Calgary in die Rockies, so entgeht Ihnen mit dem Glenbow, einem der sehenswertesten Museen Westkanadas, der perfekte Einstieg – Kunst, Kultur und Völkerkunde mit Schwerpunkt auf den Ureinwohnerstämmen. Übertroffen wird es nur vom Royal British Columbia Museum in Victoria (S. 88).

Der Amerikanische Bison, das größte Landsäugetier Nordamerikas, gilt als potenziell gefährdet.

Das Glenbow gehört zu einer neuen Museumsgeneration – hell, modern und funktionsgerecht strukturiert. Im Jahr 1976 eröffnet, wurde es nach einem Ölmagnaten und Stifter des Großteils der Museumsbestände benannt.

Asiatische Kunst
Das zweite Stockwerk zeigt unter dem Motto Many Faces, Many Paths: Art of Asia Sakralobjekte aus buddhistischen und hinduistischen Kulturen. Skulpturen aus Stein, Holz oder Metallguss, Reliefs, Masken und Gemälde bis zum 18. Jh. werden hier präsentiert.

CALGARY

Geschichte(n) der Provinz Alberta

Im dritten Stock behandelt man mit <u>Mavericks: An Incorrigible History of Alberta</u> die Geschichte der Region. Basierend auf einem Buch von Aritha van Herks, stehen die Biografien 48 markanter Persönlichkeiten repräsentativ für den Geist Albertas. Fesselnde Geschichten, die auch noch wunderbar erzählt sind.

Kultur der Ureinwohner

Ein Teil des dritten Stockwerks widmet sich mit <u>Niitsitapiisini: Our Way of Life – The Blackfoot Gallery</u> der Geschichte und Kultur der kanadischen »First Nations«: Die halbnomadischen Stämmen der Blackfoot, Sarcee und Stoney aus den weiten Ebenen im Inneren Nordamerikas werden den Völkern von der Küste gegenübergestellt – besonders den Haida, deren sesshafte, auf Fischfang basierende Kultur sich um Victoria konzentrierte. Teilbereiche der Abteilung streifen auch die Inuit und Métis, gemischtrassige Nachfahren von Europäern und Ureinwohnern – ein Erbe, das sie lange Zeit vor allen anderen Einwohnern Kanadas diskriminierte.

Farbenprächtiger indianischer Tanzschmuck

Oberste Etage

Der vierte Stock zeigt mit Steinen, Edelsteinen und Mineralien Objekte zur <u>Gesteinskunde</u>. Eine Abteilung mit <u>Waffen und Rüstungen</u> unternimmt einen Überblick über diverse Völker und untersucht Kriegsbräuche in verschiedenen Kulturen. Die Ausstellung <u>Where Symbols Meet</u> widmet sich Errungenschaften afrikanischer Volksgruppen.

KLEINE PAUSE

Im Museum bietet **Manny's Café** kleine Erfrischungen und Snacks an.

✚ 219 B3 ✉ 130–9th Avenue SE
☎ 403 2 68 41 00 www.glenbow.org
◑ Di–Sa 9–17, So 12–17 Uhr ✦ 16 $

🚊 C-Train bis Centre Street oder Olympic Plaza

❹❹ Eau Claire Market

Warum?	Hier schlägt der Puls der Stadt am kräftigsten
Was?	Bummeln, shoppen, Leute gucken
Wie lange?	Bis man sich Gedanken um das Reisebudget macht
Wann?	Zur Mittagspause, wenn die Bürotürme den Market mit ihren Angestellten fluten
Was noch?	Einen Spaziergang am Bow River entlang zur Peace Bridge unternehmen, der fotogenen neuen Fußgängerbrücke

Der Eau Claire Market, ein pulsierendes Gemisch aus Läden, Cafés, und Restaurants, sorgte einst für die Belebung der Innenstadt von Calgary. Dieser Tage wird er mit großem Aufwand runderneuert: Neue Läden und Boutiquen werden ebenso dabeisein wie Kinos, Hotel und Bürogebäude.

Der Ölboom seit den 1970er-Jahren schuf in Calgary die materielle Basis, weite Bereiche des Zentrums zu sanieren bzw. mit viel Marmor, Beton und Glas neu zu erschaffen.

Läden und Boutiquen auf mehreren Etagen

Die Eröffnung des Eau Claire Market hauchte der Innenstadt Leben ein. Der mehrstöckige Komplex umfasst Cafés, Bars, Läden aller Art, Kinos und ein betriebsames Areal zum Sitzen, Essen und Trinken.

Flanieren Sie kurz nach Norden zum ruhigen Prince's Island-Park. Am Bow River entlang führt ein schöner Spazierweg, der zu einem Gesamtnetz mit 200 km langen Rad- und Fußwegen gehört.

KLEINE PAUSE
Verschiedene kleine, einfache **Imbissstände** im Gebäude.

 ✛ 219 C1 ✉ Ecke 2nd Avenue/ 2nd Street SW ☎ 403 2 64 64 50 oder 403 2 64 64 50 ⊕ www.eauclaire market.com ❷ Geschäfte: Mo–Mi

10–18, Do–Fr 10–20, Sa 10–18, So 11–17 Uhr ♥ frei ❣ Cafés und Imbiss-Stände ($) ⌖ C-Train bis 3rd Street SW 🚌 403

Nach Lust und Laune!

45 Fort Calgary

Fort Calgary bildete einstmals die Keimzelle der Stadt – eine schlichte Holzumfriedung, die die North West Mounted Police 1875 errichtete, um dem gesetzlosen Treiben der Whiskeyhändler aus den USA Einhalt zu gebieten.

Das Fort existiert nicht mehr. Schon 1882 wurden die alten Palisaden demontiert und die ganze Anlage 1887 nach einem Brand von Grund auf neu errichtet. Zunächst Polizeistation, fiel das Gelände 1914 an die Canadian Pacific Railway, die es tiefgreifend umwandelte. In den 1970er-Jahren war es nur noch eine, unter Gleisen begrabene Industriebrache, die die Stadt anlässlich ihrer Hundertjahrfeier 1975 für sich beanspruchte. Sie widmete einen breiten Streifen in einen Park um, wobei Fundamentreste des alten Forts zum Vorschein kamen.

Inzwischen wurden die Palisaden wieder aufgebaut, ergänzt durch ein Museum, in dem interessante Fotos und andere Objekte die Ursprünge des Forts (samt 50 Jahren Stadtgeschichte Calgarys) lebendig werden lassen. Der Park , der zum Flanieren einlädt schmiegt sich in eine Biegung von Bow und Elbow River, deren »klares fließendes Wasser« den einst gälischen Namen »Calgary« inspirierte.

Zwei historische Gebäude liegen in der Nähe: Hunt House, ältestes Gebäude Calgarys (1876, nicht zugänglich), und Deane House, errichtet 1906 von Richard Deane, Superintendent der Mounties.

Die nachgebauten Holzpalisaden des Fort Calgary, das 1875 errichtet wurde

↑ 219 E2 ✉ 750–9th Avenue SE
☎ 403 2 90 18 75 ⊕ www.fortcalgary.
com ● tägl. 9–17 Uhr ✦ Gelände:
frei; Museum: 12 $ ⛳ C-Train bis City
Hall 🚌 1, 14

46 Calgary Zoo

Kanadas zweitgrößter Zoo, der seine rund 1200 Tiere ihrer natürlichen Umgebung entsprechend unterzubringen versucht, wurde für Nachzucht und Auswilderungsbemühungen mehrfach ausgezeichnet. So findet man in den Canadian Wilds u. a. Lebenswelten des Aspen Parkland, der Rocky Mountains und Northern Plains samt typischer Flora und Fauna.

Hinter Glas kann man Bewohner der Arktis und Antarktis unter Wasser beobachten, Fische, Meeressäuger oder Eisbären. Daneben bieten die Botanical Gardens Einblick in verschiedene Klima- und Vegetationszonen (tropisch, arid, Regenwald, Schmetterlinge). Außer den Abteilungen Afrika, Australien, Eurasien und Südamerika findet man einen Prähistorischen Park mit lebensgroßen Dinosauriern. Für Kinder gibt es altersgemäß besondere Angebote (Website oder Infos am Eingang).

↑ 219 E2 ✉ 1300 Zoo Road NE
☎ 403 2 32 93 00 oder 1 800 5 88 99
93 ⊕ www.calgaryzoo.org ● tägl.
9–18 Uhr (letzter Einlass 17 Uhr)
✦ 24,95 $ 🍴 Fastfood-Anbieter ($)
⛳ C-Train Whitehorn-Linie bis Zoo
Station

47 TELUS Spark. The New Science Center

Ein Muss für alle, die mit Kindern reisen (mit riesigem Angebot für alle Altersgruppen vom Kleinkind bis zum Erwachsenen).

Zu den Highlights gehört zweifellos das stadionartig angelegte Dome Theatre mit seinen 230 Zuschauerplätzen. Mit seinem extravaganten Kuppeldach und der gebogenen Leinwand ermöglicht es gestochen scharfe Vorführungen von Dokumentarfilmen von den Gipfelregionen des Mount Everest bis hinab in die Tiefsee.

Das Creative Kids Museum gehört zu den unbestrittenen Attraktionen: In fünf Ausstellungsbereichen zu den Themenbereichen Kunst, Schauspiel, Musik und Literatur können Kinder bis acht ihre kreativen Fähigkeiten schulen. Sie können an Wänden (oder auf dem Computerbildschirm) malen und zeichnen, Musik hören und selbst produzieren oder kostümiert als Schauspieler »Theater«-Erfahrung sammeln.

Deshalb heißt die Devise (auch im neuen Gebäude): mit Vergnügen lernen durch Interaktion und aktive Teilnahme.

↑ 219 E1 ✉ 220 St. George's
Drive NE ☎ 403 8 17 68 00
⊕ www.sparkscience.ca ● tägl.
9–17 Uhr (temporäre Ausstellungen
auch länger) 🚌 17, 19, 119 ✦ Erw.
26 $, Jugendliche (13–17 J.) 22 $,
Kinder 19 $

Mondsüchtig

Dass dies nicht mehr die Rocky Mountains sind, ist klar. Aber ist dies überhaupt noch Kanada? Der Horsethief Canyon auf dem Dinosaur Trail rund um Drumheller ist eine halbtrockene Wildwestlandschaft aus Hoodoos, pyramidenähnlichen Felsendomen und engen, »Coulées« genannten Passagen. Arizona? Nevada? Utah? Früher versahen windige Pferdediebe hier ihre gestohlene Beute mit neuen Brandzeichen. Heute wandeln Sie hier durch eine surreale, absolut lautlose Mondlandschaft. Allerdings ohne Raumanzug.

Wohin zum ...
Übernachten?

Preise für ein Doppelzimmer pro Nacht (ohne Steuern):

$ unter 100 CDN $
$$ 100–200 CDN $
$$$ 200–280 CDN $
$$$$ über 280 CDN $

Hotel Arts $$

Mitten im Herzen der vibrierenden Downtown fügt sich das schicke Hotel wie eine kleine Oase mit viel Holz, Kunst und zwei Restaurants mit Asian-Fusion ein.

✛219 C2 ✉119–12th Ave SW, ☎403 266 46 11, ⊕www.hotelarts.ca

Kensington Riverside Inn $$$ / $$$$

Das intime 19-Zimmer-Boutiquehotel befindet sich direkt am Ufer des Bow River im angesagten Ausgehviertel Kensington. Downtown Calgary ist via Fußgängerbrücke sehr schnell zu erreichen. Die Zimmereinrichtung folgt urban-funktionalem Design, warme Farben sorgen für Gemütlichkeit, die Badezimmer sind sehr geräumig. Das zum Hotel gehörende Gourmet-Restaurant Chef's Table bietet eine raffinierte regionale Küche mit qualitativ sehr guten Produkten aus Alberta.

✛219 C1 ✉1126 Memorial Drive NW ☎403 2 28 44 42, für gebührenfreie Reservierung 1877 3 13 37 33 ⊕www.kensingtonriversideinn.com

Days Inn–Calgary Airport $$ / $$$

Die meisten Hotels in Downtown sind verhältnismäßig teuer – als lohnenswerte Alternative bieten sich Adressen etwas außerhalb an. Ist die Umgebung hier auch alles andere als idyllisch, so findet man doch bequeme Zimmer der Business Class. Eine Shuttle-Verbindung verkehrt zum Flughafen, nach Downtown dagegen sind es bequem mit dem Taxi oder dem öffentlichen Nahverkehr (vom Days Inn sind es nur etwa zehn Minuten Fußweg zur C-Train-Station).

✛219 bei E1 ✉2799 Sunridge Way NE, T1Y 7K7 ☎403 2 50 32 97 ⊕www.daysinn.com

Fairmont Palliser $$ – $$$$

Eines der legendären Hotels von Calgary, dank seiner einstigen Zugehörigkeit zur illustren Canadian-Pacific-Kette (die allerdings von Fairmont-Hotel-Gruppe übernommen wurde), zu der auch das Banff Springs (S. 156) und das Chateau Lake Louise (S. 156) gehören. Errichtet im Jahr 1914, war das Palliser immer erste Wahl bei VIPs, beispielsweise den gekrönten Häuptern und Stars der Musik- und Filmszene. Die geräumigen, traditionell möblierten Zimmer sind ausnahmslos klimatisiert, zu den Wellness-Einrichtungen des Hotels gehören eine Sauna, ein Health Club und ein Fitnessbereich.

✛219 B3 ✉133–9th Avenue SW, T2P 2M3 ☎403 2 62 12 34, gebührenfreie Reservierung in Nordamerika 1 866 5 40 44 77 ⊕www.fairmont.com/palliser

Sandman Hotel Calgary City Centre $$

Das Sandman Hotel ist ein modernes Hochhaushotel, das im mittleren Preissegment angesiedelt ist. Das Haus liegt verkehrsgünstig im Westen der Innenstadt (u. a. mit C-Train-Anschluss). Ein attraktiver Indoor-Swimmingpool lädt zum Verweilen und Schwimmen nach einem anstrengenden Sightseeingtag ein.

✛219 A3 ✉888–7th Ave SW, T2P 3J3 ☎403 2 37 86 26, für gebührenfreie Reservierung 1 800 9 16 43 39 ⊕www.sandmanhotels.com

The Westin Calgary $$$ / $$$$

Das schöne Hotel mit modernen, geschmackvoll ausgestatteten Zimmern und Luxus-Suiten liegt günstig in der Innenstadt. Zu den Einrichtungen zählen ein Indoor-Swimmingpool, eine Dach-Sauna, ein Whirlpool und ein Fitnessraum sowie ein hoteleigenes Restaurant. Kinder (die bis 18 Jahren sogar kostenlos im Zimmer bei den Eltern wohnen!) werden im Kids' Club betreut; auch Haustiere sind im Westin willkommen.

✛219 A3 ✉320–4th Avenue SW, T2P 2S6 ☎403 2 66 16 11, gebührenfreie Reservierung in Nordamerika 1 888 6 27 84 17 ⊕www.westincalgary.com

Wohin zum ... Essen und Trinken?

Preise für ein Drei-Gänge-Menü
(ohne Getränke und Service):
$ unter 50 CDN $
$$ 50–100 CDN $
$$$ über 100 CDN $

RESTAURANTS

Earls Calgary Downtown Tin Palace $$
Solide Restaurantkette im mittleren Preissegment. Oft überraschend originelle Gerichte aus aller Herren Länder.
✚219 bei A3 ✉2401-4th Street SW, T2S 1X5 ☎403 2 28 41 41 ⊕https://earls.ca/locations/calgary-tin-palace ⏱So–Di 11–24, Mi, Do 11–1, Fr, Sa 11–2 Uhr

Joey Eau Clair $ / $$
Auch diese Filiale der beliebten Restaurantkette am Rande des Eau Claire Market steht für eine lebhafte Atmosphäre sowie für ein vielfältiges Angebot der New World Cuisine: Vorspeisen, Salate, Steaks, Huhn und Fisch, zudem Pfannengerichte, kreativ abgewandelt und gewürzt. Lecker sind auch die Sandwiches.

✚219 C1 ✉208 Barclay Parade SW, T2P 4R5 ☎403 2 63 63 36 ⊕www.joeyrestaurants.com ⏱Mo–Sa 11–2, So 11–24 Uhr

River Café $$ / $$$
Unprätentiöse Top-Adresse für einen Restaurantbesuch. Es liegt auf einer parkartigen Insel im Bow River, nur eine Minute vom Eau Claire Market, und lässt sofort die Handschrift eines ambitionierten Küchenchefs erkennen (mit Sympathie für die Prinzipien von »Ocean Wise«). Regelmäßig wechselnde Karte mit Schwerpunkt Pacific Northwest Cuisine und zuweilen Wild. Nur mit Reservierung.
✚219 C1 ✉25 Prince's Island Park, T2P 0R1 ☎403 2 61 76 70 ⊕www.river-cafe.com ⏱Mittagessen: Mo–Fr 11–15 Uhr; Brunch: Sa, So 10–15 Uhr; Abendessen: tägl. 17–22 Uhr; Jan. geschl.

Teatro $$ / $$$
Hier liefert man sich mit dem River Café (oben; gleiche Betreiber) ein Kopf-an-Kopf-Rennen um den Titel: bestes Restaurant der Stadt – welchen das Teatro auch dadurch oftmals erringt, dass es sich, getreu seinem Namen, im Ambiente noch einen Tick gediegener und effektvoller zu

Zahlreiche Cafés, die den Kaffee sorgfältig aufbrühen, laden zum Verweilen ein.

inszenieren versteht. So logiert es im Herzen von Downtown in einem repräsentativen ehemaligen Bankgebäude – entsprechender Dresscode inbegriffen. Kulinarische Anregungen (neben Zutaten aus bevorzugt regionaler Öko-Produktion) bezieht man aus Norditalien (Hummer-Ravioli), aber auch aus Fernost und der West Coast Cuisine (Fisch und Meeresfrüchte).
✛219 B3 ✉200-8th Avenue SE T2G 0K7 ☎403 2 90 10 12 ⊕www.teatro.ca ❶Mo–Fr 11.30–14 Uhr; Abendessen: tägl. 17–22 Uhr

BARS

Brewsters Brewpub $ / $$
Mitglied der Saskatchewan-Brauereikette (mehrere Filialen in Calgary) mit 14 von deren ausgezeichneten, saisonal wechselnden Biersorten (neben internationalen Importbieren), darunter »Flying Frog« oder »Rig Pig Pale Ale«. Ausgezeichnetes Speisenangebot. In den Sommermonaten sitzt man draußen im Patio.
✛219 bei A3 ✉834-11th Avenue ☎403 2 65 27 39 ⊕www.brewsters.ca ❶Mo 11.15–23.30, Di/Mi bis 0.30, Do bis 1, Fr bis 1.30, Sa 11–1.30, So 11–23.30 Uhr

Joyce on 4th $$
Das beliebte Pub im Mission District hebt sich ab von der Masse pseudo-irischer Bars. So punktet es u. a. mit einer stilvollen, teilweise historischen Einrichtung mit einem schmucken viktorianischen Vordach und einer langen Bar aus Mahagoniholz. Frisch gezapftes Guinness trägt zur angenehmen Atmosphäre bei, begleitet von ordentlich zubereiteter rustikaler Pub-Küche mit Gerichten wie »Irish Stew« oder »Fish and Chips«. An Freitag- und Samstagabenden gibt es häufig irische Livemusik und Tanz.
✉506-24th Avenue SW, T2S 0K4 ☎403 5 41 91 68 ⊕www.calgarysbestpubs. com/Joyce/index.htm ❶Mo–Fr 11–2, Sa 9–2, So 10–24 Uhr

Ein Rodeo-Ritt auf dem elektrischen Bullen gefällig? Dann ab ins Ranchman's.

Mit traditionellen Pressen und mit Dampf werden in der Manufaktur Smithbilt Hats in Calgary die Cowboyhüte in die richtige Form gebracht.

Wohin zum ... Einkaufen?

Vor allem wegen des grimmingen Winters konzentrieren sich die Läden in Shoppingcentern, in **Downtown** besonders entlang der 8th Avenue zwischen 5th Street SW und 1st Street SE, darunter: **Hudson's Bay** (8th Avenue SW; Tel. 403 2 62 03 45; www.thebay.com) und die **Stephen Avenue Mall**. Spezialgeschäfte findet man im **Eau Claire Market** (S. 178) und im Kensington-Viertel (10th Street NW, Ecke Kensington Road).

Tipps bietet das Monatsmagazin *Where Calgary* (www.where.ca/calgary), gratis im Visitor Center und in den Hotels.

Wohin zum ... Ausgehen?

Calgary besitzt mehrere hervorragende Theater, Kinos und klassische Orchester, aber auch sehr gute Bars, Kneipen und Clubs mit Livemusik und Tanz. Kultureller Brennpunkt ist das **Epcor Centre for Performing Arts** mit seinen fünf Spielstätten (205-8th Avenue SE; Tel. 403 2 94 94 94; www.epcor centre.org). Das Visitor Center erteilt nützliche Auskünfte zu kulturellen Veranstaltungen wie den Konzerten des **Calgary Philharmonic Orchestra** (Tel. 403 5 71 02 70; www.cpo-live.com).

Bei **Ticketmaster** (www.ticket master.ca) erhält man Infos über **Sportereignisse** (wie Spiele der Eishockeymannschaft Calgary Flames) – außerdem Karten für Kultur- und Sportveranstaltungen.

Live-Blues gibt es bei **The Blues Can** (1429 9th Ave. SE, Tel. 403 2 62 26 66, www.thebluescan.com) in Inglewood, Rock- und Popmusik im **Broken City** (613 11th Ave. SW, Tel. 403 2 62 99 76, www.bro kencity.ca). Seit Jahren als führender Country-Tempel gilt das **Ranchman's** (9615 Macleod Trail; Tel. 403 2 53 11 00; www.ranchmans.com), fünfmal in Folge Gewinner des Canadian Country Music Association's Award als bester Club.

Bars wie das **Castle Pub** (1217 1st Street SW; Tel. 403 2 64 57 59) bieten häufig Livemusik. Diesbezüglich viel geboten wird auch an der **17th Avenue**, wegen der hohen Dichte von Bars und Clubs auch als »Electric Avenue« bezeichnet.

Die Weite von Kanadas Westen kann man gut mit dem Auto oder auf einem Motorrad erkunden; hier unterwegs auf dem Icefields Parkway, der Traumstraße zwischen Lake Louise und Jasper.

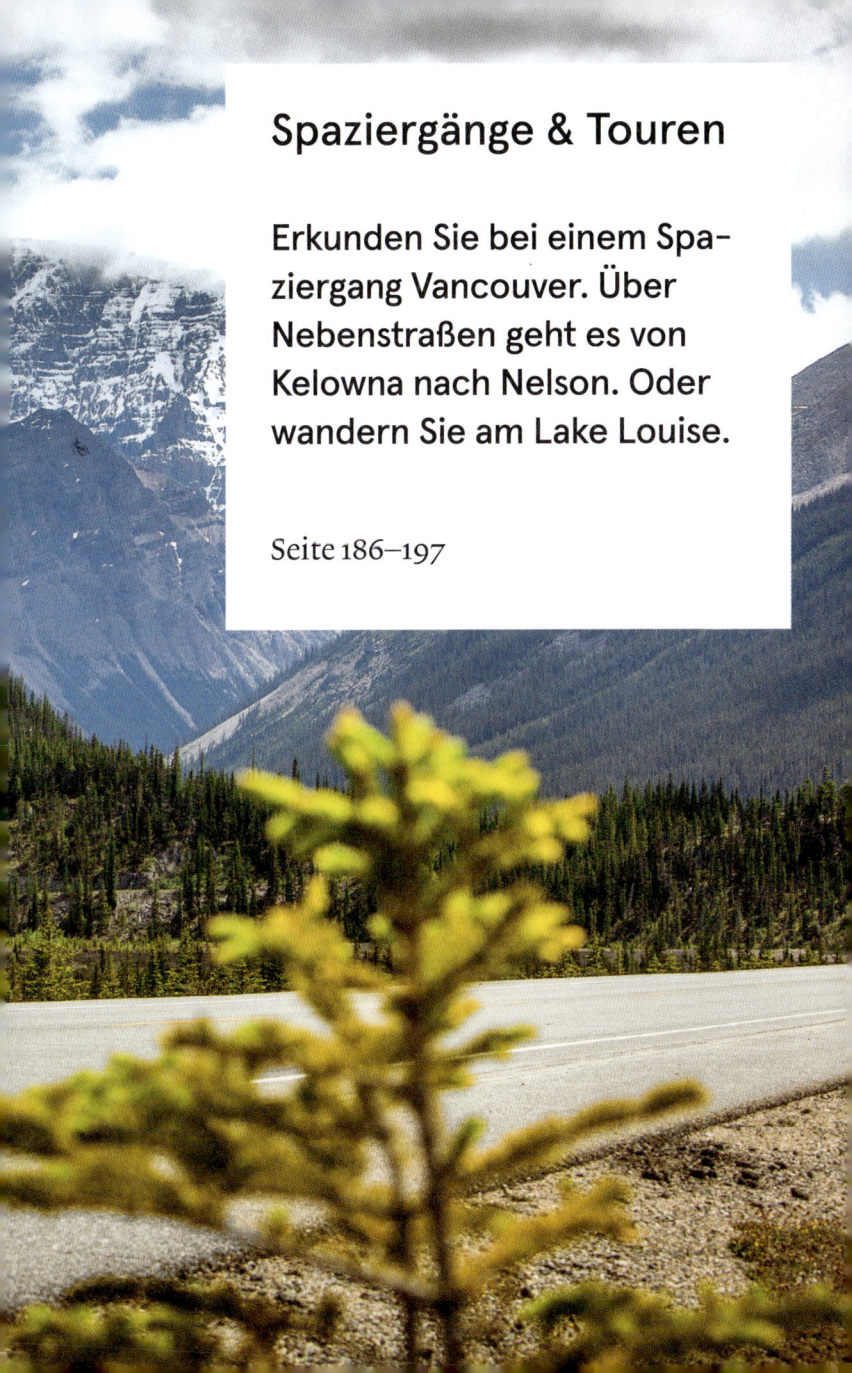

Spaziergänge & Touren

Erkunden Sie bei einem Spaziergang Vancouver. Über Nebenstraßen geht es von Kelowna nach Nelson. Oder wandern Sie am Lake Louise.

Seite 186–197

Vancouver

Was?	Spaziergang
Länge	3 km
Zeit	2 Stunden (plus Zeit für Schaufensterbummel, Erfrischungspause und Museumsbesuch)
Start	Canada Place ✚ 217 E3
Ziel	Granville Island ✚ 216 C1

Dieser Spaziergang führt von Nord nach Süd, ausgehend vom Canada Place über die beiden wichtigsten Straßen der Stadt (Burrard und Robson Street) zum Library Square, dann durch das Szene-Viertel Yaletown und schließlich per Fähre hinüber nach Granville Island.

1–2

Beginnen Sie mit einem Rundgang um den Canada Place (S. 50) und verlassen Sie dann den Platz Richtung Innenstadt über die Hauptstraße hinüber, nun erst ein paar Schritte nach rechts und dann links in die Burrard Street. Dort stoßen Sie bei Hausnummer 355 auf den Art-déco-Palast des Marine Building aus dem Jahr 1930. In seinem Aussehen an das Empire State Building in New York angelehnt, besitzt es

Das imposante und reich verzierte Portal des Marine Building

schönen Fassadenschmuck mit Reliefs zu den Themen Aeronautik und Meeresleben. Hinter dem Portal wartet eine monumentale Eingangshalle mit in den Marmorboden eingelassenen Tierkreiszeichen und Holzschmuck. Zwei Blocks weiter ragt links in einem Park mit Wasserfall die Christ Church Cathedral auf, ein neogotischer Bau von 1895. Mitte der 1930er-Jahre wäre er beinahe im Zuge eines Modernisierungsprogramms abgerissen worden. Heute steht er in interessantem Kontrast zum postmodern gestalteten Cathedral Place von 1991.

Gleich nebenan, wo der Cathedral Place in die West Georgia Street übergeht, erhebt sich der Koloss des Fairmont <u>Hotel Vancouver</u> von 1929 mit seinem markanten grünen Dach aus patiniertem Kupfer. Folgen Sie weiter der West Georgia Street bis zur Hornby Street und dieser links entlang bis zur <u>Bill Reid Gallery of Northwest Coast Art</u>. Nun geht es zurück zur West Georgia Street und der HSBC Bank mit ihrer stol-

Canada Place ragt wie ein Schiffsrumpf mit schnee- weißen Segeln in den Hafen.

zen Atrium Gallery, wo neben Kunstwerken ein gewaltiges Pendel zu sehen ist. Verlassen Sie jetzt die West Georgia Street und gehen auf der Hornby Street zur Vancouver Art Gallery (S. 54). Das Café des ehemaligen Gerichtsgebäudes im klassizistischen Stil eignet sich für eine Pause, vor allem bei schönem Wetter, wenn man draußen sitzen kann.

3-4

Der Hauptausgang geht hinaus auf den Robson Square, einen teilweise abgesunkenen Platz, an dem auch die Robson Street beginnt. Folgen Sie ihr nach links durchs Passantengetümmel und queren Granville Mall, Seymour Street, Richards Street und Homer Street, bis Sie die Konturen des Library Square erblicken. Die Ähnlichkeit des Gebäudes, das die Vancouver Public Library beherbergt, mit dem Kolosseum in Rom ist nach Aussage der Architekten Zufall.

Stadtbibliotheken stehen für gewöhnlich selten auf touristischen Besichtigungslisten, doch in diesem Fall sollten Sie eine Ausnahme machen: Der siebenstöckige Bau ist eine architektonische Sensation. Und unter seinen Arkaden lockt gleich eine ganze Phalanx hübscher Cafés.

4-5

Vom Centre in Vancouver for Performing Arts erblickt man am Ende der Robson Street die mächtige Kuppel des BC Stadium. Einst für die Expo 1986 gebaut, ist es heute Domizil von Sportveranstaltungen und Messen. Das auffällige Fiberglasdach des von den Einheimischen respektlos »mushroom« (Pilz) oder »marshmallow in bondage« (»gefesselter Mäusespeck«) genannten Gebäudes ist eines der weltweit größten aufblasbaren Luftkissendächer; 16 Ventilatoren speisen es. Gehen Sie nun die Homer Street gen Süden, vorbei an Chintz & Company, einer Fundgrube für Einrichtungsgegenstände.

5-6

Auf der Homer Street gibt es sonst nichts Nennenswertes zu sehen, biegen Sie daher links in die Helmcken Street, wo Sie sich unversehens im einstigen Glasscherbenviertel Yaletown wiederfinden, heute einer der angesagtesten Bezirke der

Stadt. Ehemalige Speichergebäude wurden zu schicken Apartmenthäusern umgebaut und die Straßen quellen über von Kunstgalerien, Buchhandlungen, Bars und Restaurants.

Hier kann man wunderbar herumbummeln oder auch in einem der Straßencafés abhängen und das bunte Völkchen an sich vorüberziehen lassen (die Laderampen der Speicherhäuser sind ideale Terrassen).

6-7
Von Yaletown kommen Sie westlich zunächst durch eine Wohngegend, von der Hamilton Street rechts via Davie oder

Drake Street. Überqueren Sie nun Granville und Howe Street und halten Sie sich dann auf der Hornby Street linker Hand, dann landen Sie irgendwann am Ufer des False Creek. An einem kleinen Landungssteg kann man eine Fähre nach Granville Island (S. 48) besteigen und dort als Abschluss des Spaziergangs noch ein wenig herumflanieren. Ins Stadtzentrum zurück kommt man bequem mit dem Bus.

Die Yaletown Brewing Company bietet Gästen genügend Plätze im Innenbereich und im Freien an.

KLEINE PAUSE
Die **Yaletown Brewing Company** ist eine gelungene Kombination von Bar, Pub und Restaurant mit hauseigener Brauerei - ein echter Publikumsmagnet.

1111 Mainland Street, tägl. 11.30-24 Uhr

Von Kelowna nach Nelson

Was?	Tour
Länge	363 km
Zeit	2–3 Tage (eventuell ein zusätzlicher Aufenthalt in Kaslo)
Start	Kelowna ✝ 223 F2
Ziel	Nelson ✝ 224 C2

Es gibt zwei Hauptrouten durch British Columbia: den Trans-Canada Highway (Nr. 1) und den Highway 3 entlang der Grenze zu den USA. Landschaftlich noch reizvoller und abwechslungsreicher präsentiert sich ein Weg über Neben-straßen, der über Okanagan und die Kootenays sowie die Städtchen Kelowna und Nelson führt: Highlights statt Highways sozusagen. Und anschließend sind Sie, wenn Sie möchten, schnell in den Rocky Mountains.

1–2

Ist die Zeit knapp, fährt man von Kelowna (S. 108) über den Highway 97 am Ostufer des Oka-nagan Lake ent-lang nach Vernon

Das Okanagan Valley ist Kanadas berühmtes-tes Weinbaugebiet.

(46 km). Zu Beginn ist dies eine unattraktive Strecke. Emp-fehlenswerter ist daher, stattdessen über die Pontonbrücke das Westufer anzusteuern und der Westside Road nordwärts zu folgen. Nach dem Besuch der O'Keefe Ranch (S. 109) kommt man auf den Highway 97 und nach Vernon (S. 109).

2–3

Halten Sie sich in Vernon auf dem Highway 6 Richtung Coldstream und Lumby (26 km). Nach dem Ortsausgang führt die Straße durch das Coldstream Valley, vorbei an Obstgärten, Wiesen und Hügeln, aus denen Bauernhöfe mit alten Holzscheunen auftauchen. In Lumby gibt es ein nur im Sommer geöffnetes Besucherzentrum (www.monashee

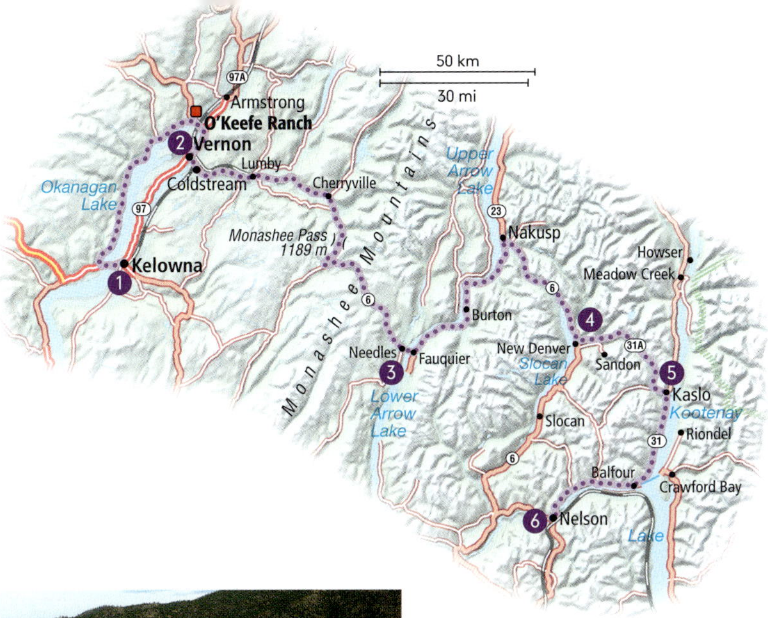

tourism.com), das Informationen zum Monashee Provincial Park bereithält. Er ist 33 km nördlich von hier über ein holpriges Sträßchen und den Weiler Cherryville erreichbar. Hinter Lumby wird die Szenerie am Highway 6 eindrucksvoller: Wälder, zerklüftete Berge, blumenübersäte Täler. Bald kommt man zum Monashee Pass (1205 m) und zur Fähre von Needles.

3-4

Nun geht es mit der Fähre (5–22 Uhr, www.th.gov.bc.ca/marine) über den Lower Arrow Lake nach Fauquier, einem Flecken mit Tankstelle, Laden und Motel, dann 58 km über die Nr. 6 nordwärts am See entlang über Burton und East Arrow Park bis Nakusp (S. 118). Dies ist ein hübsches Badeörtchen mit kleinem Strand vor der Kulisse der Selkirk Mountains im Osten, wo man auch übernachten, Boot fahren und die

Thermalquellen besuchen kann. Südöstlich des Ortes entfaltet sich auf dem Weg nach New Denver (48 km) die Gebirgslandschaft des Summit Lake Provincial Park (16 km von Naskup), wo es hervorragende Wanderwege und im Winter ein kleines Skigebiet (www.skisummitlake.com) gibt.

4-5

Lakeside New Denver (www.slocanlake.com) verdankt seinen Ursprung dem Bergbau, vor allem dem Silberboom der 1890er-Jahre. Seine Sträßchen bergen noch einen Hauch von Pionierflair. Nach einem Zwischenstopp geht es weiter südwärts auf dem Highway 6 Richtung Slocan, am Slocan Lake Viewpoint (6 km von Denver) vorbei. Und wer sich an Bergen und Seen nicht sattsehen kann, sollte noch den Valhalla Provincial Park besuchen. Statt direkt nach Nelson zu fahren (Hwy 6), bietet sich ein Abstecher über Highway 31A in die Geisterstadt Sandon an (13 km östlich von New Denver). Danach strebt die Straße mit schöner Panoramasicht hinauf zum Fish und Bear Lake, dann am Kaslo River entlang ins reizvolle Kaslo (S. 118).

Sharon Bond präsentiert stolz im Kekuli Café »Bannok«, ein Grundnahrungsmittel der First Nations.

5-6

Kaslo ist ein hübscher Ort, in dem man ein paar Tage verweilen kann. In der Umgebung gibt es gute Ausflugsmöglichkeiten, etwa eine Seenumrundung über Lardeau oder Argenta im Norden und südlich über Balfour nach Nelson (70 km). Hinter Nelson gelangt man via Highway 6 und 3 (Crowsnest Highway) sowie Creston und Highway 95 zu den nördlich gelegenen Nationalparks der Rockies (S. 134-153).

505-3041 Louise Drive, Kelowna

KLEINE PAUSE
Starten Sie mit Bannok, einer Mischung aus Scone und Brot, im **Kekuli Café** (www.kekulicafe.com) in den Tag.

Lake Louise

Was?	Wanderung
Länge	Chateau Lake Louise bis Lake Agnes 3 km, einfach (400 m Steigung). Plain of Six Glaciers bis Chateau Lake Louise 5,3 km, einfach (367 m Steigung)
Zeit	3 bis 5 Stunden, je nach Fitness und Abstechern
Start/Ziel	Chateau Lake Louise ✛ 225 D5

Bei einer Wanderung um den Lake Louise bekommt man Vielerlei geboten: das glitzernde Wasser des Sees vor gewaltiger Bergkulisse, sanfte Täler und endlose Gletscher.

Im kristallklaren, aber kalten Wasser des Lake Louise spiegeln sich die umliegenden schneebedeckten Berggipfel.

1–2

Wenden Sie sich auf der Promenade vor dem Hotel Chateau Lake Louise dem Pfad zu Ihrer Rechten zu und nehmen dann denjenigen, der erneut rechts abzweigt und weiter führt in Richtung Lake Agnes. Der Weg führt nun aufwärts durch den Fichtenwald, der Ausblicke auf das Bow Valley freigibt. Jenseits des Lake Louise Village erhebt sich der Mount Whitehorn (2686 m), südlich der Fairview Mountain (2744 m) und zur Rechtender Mount Aberdeen (3152 m).

2–3

Die erste größere Weggabelung erreichen Sie am Mirror Lake, wo Sie dem ausgeschilderten, steilen Pfad rechts zum Lake

Agnes folgen. Als Naturwunder tut er sich vor Ihnen auf, in seiner Erscheinung nur übertroffen vom Anblick des Lake Agnes Tea House (Juni–Anf. Sept. tägl. 9–18; www.lakeagnes teahouse.com). Nach einer Teepause geht es zurück, was auf zwei Wegen möglich ist. Man kann dem markierten Pfad nordöstlich des Teehauses Richtung Little Beehive (Fernblick) folgen oder den längeren Weg um den See nehmen.

3-4

Im letzteren Fall geht es vom Teehaus die Nordseite des Lake Agnes entlang. Am Ende des Sees steigt der Pfad zu einem Felssattel hinauf, wo Sie nun links einem schmäleren Pfad zum Gipfel des Big Beehive Lookout (2270 m) folgen. Nach etwa 200 m erwartet Sie dort ein schöner Rundblick. Vom Sattel gelangen Sie wieder hinab auf den Hauptweg und gehen diesen links durch den Wald entlang steil bergab, bis Sie auf den nächsten größeren Wanderweg treffen.

4-5

Hier biegen Sie links ab und kommen zum Mirror Lake. Jetzt geht's zurück in Richtung Chateau Lake Louise. Wenn Ihnen das zu langweilig erscheint, nehmen Sie den Weg nach rechts, der irgendwann den Plain of Six Glaciers Trail kreuzt. Vom Lake Louise kommend, führt dieser mitten durch die Bergwildnis und bietet eine Alternative als Rückweg zum Hotel Chateau Lake Louise. Folgen Sie dem Weg links hinab, dann landen Sie am See und wieder beim Hotel.

Chateau Lake Louise ist Ausgangspunkt zahlreicher schöner Wanderungen unterschiedlichster Länge und Schwierigkeit.

5-6

Wer sich noch etwas vornehmen möchte, wählt die rechte Abzweigung des Plain of Six Glaciers Trail und hat dann mit größerer Anstrengung zu rechnen, wenn dieser Trail die »Ebene der sechs Gletscher« erreicht. Dort hat man einen schönen Blick auf den Victoria Glacier und die Gipfel des Mount Victoria

Plain of Six Glaci

Plain of Six Glaciers Tea House 6

Mt. Victoria
▲
3564 m

Victoria Glacier

(3564 m) sowie seiner Nachbarberge am Talschluss. Der Gletscher reichte einst bis an den Lake Louise heran, ist in den vergangenen 150 Jahren über 1 km geschrumpft.

Wandern ist auf einfachen Wegen um Banff möglich.

6-7

Nun können Sie im Plain of Six Glaciers Tea House (geöffnet Juli/Aug. tägl. 9–18, Sept. bis Mitte Okt. tägl. 10–17.30 Uhr) rasten oder weitere 1,5 km bis zu einem schmalen Felsgrat oberhalb des Gletschers gehen, genannt The Lookout. Wagen Sie sich hier vorsichtig so weit bis zum steilen Abgrund vor, wie Sie es sich zutrauen – die Sicht ist in jedem Fall überwältigend! Nach einer Pause im Teehaus winkt der lange Weg zurück zum Lake Louise.

KLEINE PAUSE
Wie wäre es mit einer selbst gemachten Brotzeit an einem der vielen fantastischen **Aussichtspunkte** am Wegesrand?

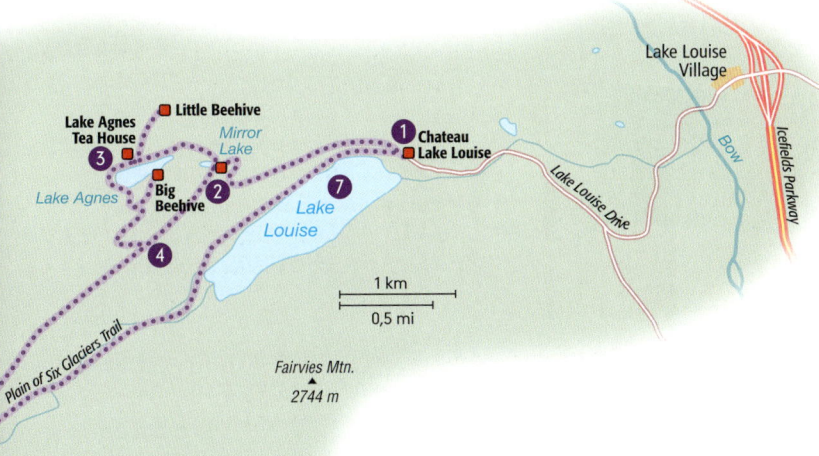

Eine gemütliche Pause am Duffey Lake in faszinie-
render Natur vor noch schneebedeckten Bergen